Leonardo Boff

Die Erde ist uns anvertraut

Leonardo Boff

Die Erde ist uns anvertraut

Eine ökologische Spiritualität

Aus dem Portugiesischen übersetzt
von Bruno Kern

Butzon & Bercker

Bibliografische Information der Deutschen Nationalbibliothek

Die Deutsche Nationalbibliothek verzeichnet diese Publikation in der Deutschen Nationalbibliografie; detaillierte bibliografische Daten sind im Internet über http://dnb.d-nb.de abrufbar.

Das Gesamtprogramm
von Butzon & Bercker
finden Sie im Internet
unter www.bube.de

ISBN 978-3-7666-1355-4
E-BOOK ISBN 978-3-7666-4125-0
EPUB ISBN 978-3-7666-4126-7

© 2010 Butzon & Bercker GmbH, 47623 Kevelaer,
Deutschland, www.bube.de
www.religioeses-sachbuch.de
Alle Rechte vorbehalten.
Umschlagfoto: © Clinton Friedman – getty images
Umschlaggestaltung: Christoph Kemkes, Geldern
Satz: Schröder Media GbR, Dernbach
Druck: Bercker Graphischer Betrieb, Kevelaer

Inhalt

Einleitung: Das Prinzip Erde 9

Erstes Kapitel:
Die Lebensgeschichte der Erde 15
1. Wie die Erde entstand und Gestalt gewann .. 16
2. Die Besonderheit der Erde 19
3. Wie die Kontinente entstanden 22
4. Die schönste Ausdrucksgestalt: das Leben ... 26
5. Das menschliche Leben bricht sich Bahn 31
6. Die große Zerstreuung und die Zivilisationen 33
7. Die aktuelle Phase der Erdgeschichte: die Mundialisierung 35

Zweites Kapitel:
Die Erde als Gaia und Gemeinsames Haus 47
1. Die Entdeckung der Erde 49
2. Gaia, die neue Weise, die Erde zu sehen 53
3. Die Verwüstungen, denen die Erde ausgesetzt war und ist 59
4. „Wir sind Erde, die empfindet und liebt." – Was bedeutet dieser Satz? 65

Drittes Kapitel:
Die Bedrohungen, denen Gaia
ausgesetzt ist 71
1. Die gekreuzigte Erde 72
2. Warnende Stimmen 81
3. Das Fallbeispiel Amazonien 86

Viertes Kapitel:
Das Ende der Gattung Mensch? 91

1. Die Erde wird eines Tages verschwinden 91
2. Bedeutet der weltweit durchgesetzte
   Kapitalismus Selbstmord? 93
3. Reale Möglichkeit des Endes der Gattung
   Mensch 95
4. Konsequenzen des Verschwindens der
   Menschheit 100
5. Wer könnte uns in der Evolution des
   bewussten Lebens ersetzen? 103
6. Wie sieht die Theologie das mögliche Ende
   der Gattung Mensch? 105

Fünftes Kapitel:
Die Option für die Erde
und die Dringlichkeit der Ökologie 111

1. Die Ökologie als Antwort auf die Krise
   der Erde 112
2. Die unterschiedlichen Dimensionen von
   Ökologie 117
   a) Umweltökologie: die Gemeinschaft
      des Lebens 118
   b) Politische und soziale Ökologie:
      nachhaltige Lebensweise 122
   c) Mentale Ökologie: ein neues Denken
      und ein neues Herz 130
   d) Integrale Ökologie:
      Wir gehören dem Universum an 136
3. Kann uns die Nanotechnologie retten? 141
4. Die ökologische Ethik: Sorge
   und Verantwortung für den Planeten 144

Sechstes Kapitel:
Ein neues Paradigma der Zivilisation 147

1. Überwindung des herrschenden Paradigmas .. 147
2. Das Paradigma und seine Grundzüge 151
3. Die Gemeinschaft des Lebens 154
4. Das Universum: Ausdehnung, Selbstschöpfung und Selbstorganisation 158
5. Das Paradigma der Komplexität und die Logik der Gegenseitigkeit 163
6. Hat das Universum eine geistig-spirituelle Dimension? 170
7. Der Gottespunkt im Gehirn 174
8. Das Ganze in den Teilen und die Teile im Ganzen 179

Siebentes Kapitel:
Planetarische Ethik und Spiritualität 187

1. Tragödie oder Krise und Chance? 188
2. Ein neues Modell der Produktion, der Verteilung und des Konsums 191
3. Orientierungspunkte für eine notwendige Moralität 193
4. Spiritualität der Erde 204

Achtes Kapitel:
Die Erdcharta: jenseits der Entzauberung 209

1. Wie die Erdcharta entstand 210
2. Die wichtigsten Inhalte der Erdcharta 215
3. Verständnis, Mitgefühl und Liebe zur Erde .. 217
   a) Für die Gemeinschaft des Lebens in Verständnis sorgen 218

b) Für die Gemeinschaft des Lebens
     in Mitgefühl sorgen 219
  c) Für die Gemeinschaft des Lebens
     in Liebe sorgen 222
4. Die Erdcharta: von Neuem bezaubert 226

**Neuntes Kapitel:
Praktische Vorschläge,
um Gaia zu schützen** 231

1. Veränderungen in unserem Denken 232
2. Veränderungen im alltäglichen Leben 235
3. Veränderungen in Bezug auf die Umwelt 237
4. Ökologische Ratschläge des
   Padre Cícero Romão 240
5. Ökologische Prinzipien eines Meisters
   und Weisen 241

Schluss: Feier der Mutter Erde 245

Anmerkungen 249

Literaturverzeichnis 250

Einleitung

Das Prinzip Erde

Niemals zuvor wurde so viel über die Erde gesprochen wie in jüngster Zeit. Man könnte fast meinen, die Erde sei erst vor Kurzem entdeckt worden. Die Menschen haben unglaublich viele Entdeckungen gemacht: Indigene Völker, die in noch nicht erkundeten Waldgebieten verborgen lebten, neue Lebewesen, ferne Länder und ganze Kontinente ... Doch die Erde selbst ist nie wirklich entdeckt worden. Es bedurfte erst der Tatsache, dass wir die Erde verließen und sie von außerhalb sahen, um sie als Erde zu entdecken, als das Gemeinsame Haus und die Weltkugel, wie sie sich vom dunklen Hintergrund des Universums abhebt.

Dies geschah in den Sechzigerjahren des vorigen Jahrhunderts im Zuge der sowjetischen und nordamerikanischen Raumfahrten. Die Astronauten übermittelten uns Bilder, die man niemals zuvor gesehen hatte, und sie beschrieben sie mit bewegenden Worten. So sagten sie zum Beispiel: „Die Erde kommt einem wie ein Weihnachtsbaum vor dem dunklen Hintergrund des Universums vor"; „sie ist unbeschreiblich schön, leuchtend, blau-weiß, sie hat in meiner Hand Platz und ich kann sie mit meinem Daumen verdecken." (White 1987) Andere zeigten angesichts der Erde Gefühle der Ehrfurcht und Dankbarkeit, ja sie beteten sogar. Alle kehrten sie aus dem Weltall mit einer neu entfachten Liebe zum Gemeinsamen Haus, unserer guten, alten Erde, unserer Mutter, zurück.

Dieses Bild von der von außerhalb betrachteten Weltkugel wurde via Fernsehen in der ganzen Welt verbreitet und findet sich auf großen Postern in den Schulklassen. Es erweckt in uns ein Gespür für die Heiligkeit und schafft ein neues Bewusstseinsstadium. Aus der Perspektive der Astronauten, vom Weltall aus, bilden Erde und Menschheit eine Einheit. Wir leben nicht nur auf der Erde. Wir sind die Erde, die aufrecht geht, wie es der argentinische Dichter und Sänger Atahualpa Yupanqui ausdrückte (Galasso 1992, 102 und 184). Wir sind die Erde, die denkt, die Erde, die liebt, die Erde, die träumt, die Erde, die verehrt, die Erde, die sich um Andere sorgt. Wir gehören zu den vielen Söhnen und Töchtern, die die Erde hervorgebracht hat und die gemeinsam die große Gemeinschaft des Lebens bilden, angefangen von den Bakterien, den Pilzen, den Viren, den Pflanzen, den Fischen und den Tieren bis hin zu uns Menschen.

Doch in jüngster Zeit sind schwerwiegende Bedrohungen sichtbar geworden, die die Erde in ihrer Gesamtheit betreffen. Daher rührt die neuerliche Sorge um sie, denn sie ist die Vorbedingung von allem: Sie ist es, die die Existenz aller Lebewesen aufrecht erhält und allererst ermöglicht; sie ist die Grundbedingung aller unserer Vorhaben. Ohne die Erde ist nichts möglich (Hart 2006, 61–78). Doch die Erde ist nun erkrankt, weil sie Jahrhunderte lang die Aggression vonseiten der Gattung Mensch zu ertragen hatte – jenes Menschen, der zugleich *homo sapiens* (intelligent) und *demens* (dumm) ist. Beim Menschen handelt es sich um eine Gattung, die nur allzu oft bewiesen hat, dass sie zum Brudermord, zum Völkermord fähig ist, indem sie Menschen und ganze Ethnien ausgerottet hat, und die nun möglicherweise die Ökosysteme und das Leben vernichtet und auf tragische Weise auch die lebendige Erde selbst töten kann.

Die Daten, die der IPCC (Intergovernmental Panel on Climate Changes, das heißt der wissenschaftliche Beirat der UNO zu Fragen des Klimawandels) im Zeitraum vom 2. Februar 2007 bis zum 17. November in Valencia veröffentlicht hat, machen uns bewusst, dass wir in eine neue Epoche der Erde eintreten, in die Phase der globalen Erwärmung, die plötzliche und irreversible Veränderungen bewirken wird. Diese Erderwärmung kann je nach Region zwischen 1,4 und 6 Grad Celsius schwanken. Im globalen Durchschnitt wird sie sich zwischen 2 und 3 Grad Celsius bewegen. Diese Erwärmung, die grundsätzlich etwas sein könnte, was der Physiologie der Erde eigen ist, hat sich in den letzten Jahrhunderten durch das Handeln des Menschen stark beschleunigt. Das menschliche Handeln ist nun ihre Hauptursache. Die klimatischen Veränderungen sind anthropogen, das heißt, der Mensch und der von ihm ins Werk gesetzte Industrialisierungsprozess, der nun schon drei Jahrhunderte andauert und seine Spuren in der Umwelt hinterlässt, sind deren Hauptverursacher.

Diese Veränderungen machen sich im Abschmelzen der Polkappen, in Taifunen, in länger anhaltenden Dürreperioden, verheerenden Überschwemmungen, im kontinuierlichen Rückgang der Artenvielfalt, in einer noch nie da gewesenen Wüstenbildung (die bereits 40 % des Bodens betrifft), in einer alarmierenden Trinkwasserknappheit und einer Zerstörung der Wälder bemerkbar. Wenn wir hier nichts unternehmen, erwartet uns ein trostloses Szenario: Das Leben von Millionen Menschen könnte ernsthaft bedroht sein.

So wie wir auf unverantwortliche Weise zur Zerstörung beigetragen haben, müssen wir nun dringend an der Regeneration der Erde arbeiten. Die Heilung der Erde fällt nicht vom Himmel, sie muss vielmehr das Ergebnis unserer Mitverantwortung und einer erneuten Sorge der gesamten Menschheitsfamilie sein (Colon 2007, 108–119). Deshalb bildet die Option für die Erde den neuen zentralen Bezugspunkt des weltweiten Denkens und der weltweiten historisch-gesellschaftlichen Praxis. So dramatisch die Situation auch ist: Wir glauben dennoch fest daran, dass der Mensch nach Millionen Jahren Evolutionsgeschichte nicht für ein solch tragisches Ende vorherbestimmt ist. Er hat keinen Grund, zum Satan der Erde zu werden, er kann vielmehr ihr Schutzengel sein. Seine Berufung ist es, für die Erde Sorge zu tragen wie jemand, der einen Garten – wie den Garten Eden – kultiviert (Boff 2002, 89–93). Dies ist die Lehre, die den ersten Seiten der Heiligen Schrift der Juden und Christen, die mit dem Buch Genesis beginnt, entnommen werden kann.

Angesichts dieser Situation ist die Erde tatsächlich zum großen Objekt der Sorge und Liebe der Menschen geworden. Sie ist nicht das physische Zentrum des Universums, wie man in der Antike und im Mittelalter annahm, doch sie wurde in den letzten Jahren zum Zentrum der Affektivität der Menschheit (Toolan 2001, 22–44). Wir haben keinen anderen Planeten, auf dem wir wohnen könnten. Hier haben wir uns entwickelt. Von hier aus betrachten wir das gesamte Universum. Hier lieben, weinen, hoffen, träumen wir und empfinden Ehrfurcht. Von der Erde aus beginnen wir unsere große Reise zum Jenseits, zum neuen Himmel und zur neuen Erde.

Allmählich entdecken wir, dass der höchste Wert darin besteht, das Weiterbestehen des Planeten Erde – des

Erbes, das uns das Universum und Gott übereignet haben, um es zu behüten und zu vervollkommnen – sicherzustellen. Doch dieser Wert besteht auch darin, die physisch-chemischen, ökologischen und geistigen Bedingungen für die Selbstverwirklichung der Gattung Mensch, der gesamten Gemeinschaft des Lebens und jedes einzelnen ihrer Mitglieder so umfassend und solidarisch wie möglich zu garantieren (O'Murchu 2002, 197–206).

Aufgrund dieses neuen Bewusstseins sprechen wir vom *Prinzip Erde*, das eine neue Radikalität begründet. Jeder Wissenszweig, jede Institution, jede spirituelle und religiöse Tradition und jede einzelne Person müssen sich folgende Frage stellen: Was mache ich, um die gemeinsame Heimat, die Erde, zu erhalten und ihre Zukunft zu sichern, die aus dem bereits 13.700 Millionen Jahre alten Universum hervorgegangen ist und es wert ist, weiter zu bestehen? Auf welche Weise trage ich dazu bei, dass die Menschheit weiterhin am Leben bleiben, sich entwickeln und ihr weltweites Projekt verwirklichen kann? Das ist der Sinn unseres vorliegenden Buches „Die Erde ist uns anvertraut": Die Lösung für die Erde fällt nicht vom Himmel.[1]

Die hier dargebotenen Überlegungen stehen in engem Bezug zum Hauptanliegen, das uns in den letzten Jahren beschäftigt und seinen Niederschlag in Vorlesungen, Tagungen und Artikeln gefunden hat (s. meine einschlägigen Zeitschriftenartikel und Bücher im Literaturverzeichnis).

All diese Überlegungen haben zum Ziel, eine neue Liebe und ein überwältigendes Gefühl der Ehrfurcht für die Erde zu erwecken. Diese Erde ist, wie wir weiter unten sehen werden, ein lebendiger Großorganismus, sie ist Gaia (griechisch: Erde), unsere gemeinsame Heimat, die Pacha Mama (Mutter Erde) unserer lateinamerikanischen Völker, die Mutter und Schwester des Franz von Assisi und von uns allen. Unser Schicksal ist an das ihre geknüpft. Und weil wir Erde sind, wird es ohne die Erde keinen Himmel für uns geben.

Angesichts der dramatischen Situation aufgrund der Klimaveränderungen scheint es uns dringend notwendig zu sein, das Prinzip Erde und die Option für die Erde zu betonen. Die Heilung der Erde wird das Ergebnis einer neuen Praxis sein, die von der Logik des Herzens, der Sorge, dem Mitleid, der Mitverantwortung, der empfindsamen Vernunft und der spirituellen Intelligenz geprägt ist. Diese Eigenschaften werden uns helfen, zu einem vernünftigen, solidarischen und demokratischen Umgang mit den Ressourcen und Gaben zu finden – sie alle sind endlich, einige sind erneuerbar und andere nicht –, die die Erde für die Gemeinschaft des Lebens bereithält.

Erstes Kapitel:
Die Lebensgeschichte der Erde

Die überwiegende Mehrheit der Menschen kennt nicht die Geschichte des Hauses, das sie bewohnt: der Erde. Sie kennt nicht einmal ihr eigenes unmittelbares ökologisches Umfeld. Sie weiß nicht, wie sich die Böden gebildet haben, wie alt die Berge ihrer Region sind, wie viele Tier- und Pflanzenarten das lebendige Ökosystem bilden. Sie kennt kaum die Geschichte der Menschen in der eigenen Gegend, weiß kaum, wer sie früher bewohnt hat, welche Helden, Künstler, Dichter, Heilige und Weise es dort gab. Wir alle sind mehr oder weniger ökologische Analphabeten, wissen nichts über den Ursprung der Erde und unsere eigenen Anfänge. Viele interessiert es nicht einmal, warum sie auf dieser Welt sind, was ihre besondere Stellung innerhalb der Gesamtheit der Lebewesen ist, und noch viel weniger beschäftigt sie die Frage, welches ihre Aufgabe angesichts des Universums und der Gemeinschaft des Lebens ist.

Nun, da die Erde und die Menschheit Gefahr laufen, großen Schaden zu nehmen, möchten wir dringend wissen, wie wir in diese Situation geraten sind. Doch zuvor ist es notwendig, die Biographie der Erde zu kennen und zu wissen, wie wir selbst aus ihrem Inneren, aus ihrem geheimnisvollen und aufnahmebereiten Mutterschoß hervorgegangen sind.

1. Wie die Erde entstand und Gestalt gewann

Im Folgenden möchten wir in knapper Form die Hauptabschnitte des Lebens der Erde beschreiben (vgl. Boff 1995; Brahic 2001; De Duve 1997; Hawking 1992, 2001; Küng 2007).

Zuerst gab es die Ursprungsquelle allen Seins, diesen unbenennbaren und praktisch unendlichen energetischen Hintergrund, der dem gesamten Universum und jedem einzelnen Wesen, das existiert, zugrunde liegt. Die Astrophyiker nennen das „Quantenvakuum". Das ist eine in gewisser Weise unzutreffende Bezeichnung, denn das Vakuum, auf das man sich bezieht, ist alles andere als ein Vakuum im landläufigen Sinne. Es ist von einer unergründlichen und geheimnisvollen Energie erfüllt. Es ist das Zuvor des Zuvor, allem vorausliegend, was existiert und existieren kann, selbst dem Raum und der Zeit.

Zweitens: Aus diesem geheimnisvollen energetischen Hintergrund ging ein unendlich kleiner Punkt hervor, der jedoch von außerordentlicher Dichte und unvorstellbar heiß war. In ihm war alles in verdichteter Form da: Energie, Materie, Information, Raum, Zeit und praktisch alle Wesen, die später im Lauf der Evolution entstanden sind. Wir wissen nicht, warum, aber dieser Punkt dehnte sich aus, bis er schließlich die Größe eines Apfels erreichte, und explodierte mit einem Knall, der so gewaltig war, dass die Wissenschaftler sein entferntes Echo noch heute über die sogenannte „Hintergrundstrahlung des Universums" vernehmen können. Dabei handelt es sich um eine Strahlung von äußerst niedriger Frequenz und konkret von drei Grad Kelvin.

Unmittelbar nach dieser großen Explosion entstanden Materie und Antimaterie zu praktisch gleichen Anteilen. Innerhalb einer Milliardstel Sekunde begann alles so weit abzukühlen, dass die ersten Elementarteilchen, die Quarks und die Antiquarks, entstehen konnten. Diese stießen nun miteinander zusammen und begannen sich gegenseitig zu zerstören. Sie setzten dabei ein energiehaltiges Photon frei. Die Symmetrie war aber nicht vollkommen. Innerhalb einer jeden Einheit von je einer Milliarde Quarks und Antiquarks gab es ein Quark zu viel. Und genau aus dieser überaus kleinen Restmasse bildete sich das gesamte Universum, das sich über eine riesige Ausbreitung von Gasen und daraus entstehender Materie entwickelte. In dem Maße, in dem es sich abkühlte, bildeten sich weitere Elementarteilchen wie die Protonen, die Neutronen, die Elektronen, die Positronen und die dunkle Materie. Aus der Verschmelzung dieser Elementarteilchen entstand das erste, einfachste Element, das Helium, das das gesamte Universum erfüllt. Es entstand Hunderttausende von Jahren vor dem Wasserstoff.

Die Ursprungsenergie, die einfach „Energie X" genannt wird, entwickelte sich zu den vier Kräften, die dem gesamten Kosmos und jedem Wesen in ihm zugrunde liegen: Die Gravitation, die elektromagnetische Kraft, die starke und die schwache Kernkraft. Zusammen mit der Lichtgeschwindigkeit bilden diese vier Kräfte die kosmologischen Grundkonstanten. Sie alle wirken stets zusammen und verwandeln so das ursprüngliche Chaos in neue Ordnungen und komplexe Strukturen. So machen sie aus der Expansion einen Prozess der Evolution, der Entwicklung zu immer höherer Komplexität, Ordnung und Selbstorganisation *(Autopoiese)*.

Drittens: Nach Abermillionen von Jahren verdichtete sich dieses erste Gas immer mehr. Es bildeten sich daraufhin die großen roten Sterne, die wie wahrhafte Hochöfen funktionierten, denn in ihrem Inneren herrschte ein andauernder Zustand der Blasenbildung und atomarer Explosionen. Daraus gingen die ersten physisch-chemischen Elemente hervor, die uns vom Periodensystem Mendelejews her bekannt sind, wie Kalzium, Schwefel, Silizium usw. Die roten Sterne leuchteten Abermillionen Jahre lang, dann hörten sie auf zu strahlen, und alle Elemente wurden aus ihrem Inneren in alle Richtungen hinausgeschleudert.

Viertens: Mit der Explosion bildeten sich im Universum auf unregelmäßige Weise unvorstellbar große Gaswolken, die sich aufgrund der Schwerkraft verdichteten und so zirka hundert Milliarden Milchstraßen und Milchstraßenhaufen entstehen ließen. Jede von ihnen umfasste etwa 200 Milliarden Sterne, in deren Innerem sich andere, schwerere Elemente bildeten, die für den heutigen Zustand des Universums wesentlich sind. Unsere Galaxie, die unter dem Namen „Milchstraße" bekannt ist, hat eine Größe, die hunderttausend Lichtjahren entspricht.

Fünftens: Einer dieser Sterne ist von besonderer Art, denn er ist unsere kosmische Großmutter, der Vorfahr unserer heutigen Sonne. In seinem Inneren bildeten sich die übrigen Elemente wie Sauerstoff und Schwefel, die die Grundlage des Lebens bilden, Phosphor, der die Photosynthese ermöglicht, Kohlenstoff und Stickstoff, die für die Kombinationen, die den Strukturen des Lebens zugrunde liegen, für die Erbinformation, das Gedächtnis und das reflexive Bewusstsein fundamental sind. Auch dieser Stern explodierte, nachdem er Abermillionen Jahre lang geleuchtet hatte, und auch seine Elemente wurden über das gesamte Universum hinausgeschleudert. Ohne das Opfer seiner Existenz wären die Erde, das Leben allgemein und das menschliche Leben im Besonderen unmöglich gewesen.

Sechstens: Die riesige Gaswolke, die sich im Anschluss an die Explosion bildete und die voller Trümmer jeglichen Typs und jeglicher Größe war, wurde immer immer dichter, bis sie einen leuchtenden Stern bildete. So entstand vor fünf Milliarden Jahren die Sonne, wie wir sie heute kennen, die Herrscherin unseres Sonnensystems. Die Trümmer, die unter dem Namen Planetoiden bekannt sind, bildeten Haufen, aus denen schließlich die Planeten entstanden, die noch heute die Sonne umkreisen. Einer davon ist die Erde, die erst ca. 100 Millionen Jahre nach Bildung des Sonnensystems entstand.

2. Die Besonderheit der Erde

Die Erde ist im Vergleich mit den anderen Planeten des Sonnensystems etwas Besonderes, denn sie weist einige optimale Eigenschaften auf, die dafür sorgen, dass sie das sein kann, was sie heute ist. Sie hat die ideale Entfernung zur Sonne, um eine große Menge an flüchtigen chemischen Elementen anzuziehen bzw. zu bewahren und zu vermeiden, dass das Wasser verdampft. Wenn sie der Sonne näher wäre, wie etwa die Venus, hätten sie die Solarwinde verbrannt. Wenn sie, wie Jupiter oder Saturn, weiter weg von der Sonne wäre, dann bestünde sie hauptsächlich aus Gasen, Helium und Wasserstoff, und die physisch-chemischen Elemente wiesen nicht jene Dichte auf, die die Bildung einer Atmosphäre, der Ozeane, der Flüsse und der Gesamtheit der Faktoren ermöglichte, die die Biosphäre ausmachen – die Biosphäre als die geeignete Umgebung für das Leben in all seinen Formen.

Doch bis dahin bedurfte es einer Reihe von dramatischen Prozessen. Achthundert Millionen Jahre lang war die Erde in einem Schmelzzustand aufgrund ihrer ungeheuren Hitze, die von ihrem stellaren Ursprung herrührte und die noch durch Einschläge von Asteroiden und Meteoriten vergrößert wurde. Ein Teil von ihr löste sich ab und ermöglichte die Entstehung des Mondes. Als sich dank der geeigneten Entfernung von der Sonne die Erdoberfläche abkühlte, bildeten sich die für die Entstehung des Lebens in all seinen Formen nötigen Bedingungen heraus (Lovelock 1991).

Das Leben ist ein Teil der Evolution des Kosmos und gehorcht der Logik der Quantenphysik und den chemischen und physikalischen Gesetzen unter den Bedingungen hoher Komplexität und eines Zustandes, der weit entfernt ist vom Gleichgewicht. (Absolutes Gleichgewicht wäre der Tod). Wenn die Gravitation nicht das richtige Maß hätte und die Gesetze auch nur leichte Abweichungen von ihrer faktischen Geltung aufwiesen, dann wäre diese Art von Leben niemals entstanden.

Simulationen, die man unter höchst ausgeklügelten Versuchsanordnungen realisiert hat, legen es nahe, dass das Leben zwangsläufig entsteht, wenn eine Reihe von Aminosäuren, Proteinen und Nukleinsäuren ein bestimmtes Maß an Wechselwirkung und Komplexität erreichen (De Duve 1997).

Nachdem das Leben einmal entstanden war, schuf es sich die für seine Selbstentfaltung günstigsten Bedingungen. Wir können deshalb in Übereinstimmung mit James Lovelocks Gaia-Hypothese behaupten, dass die Biosphäre eine Schöpfung des Lebens selbst ist. Es entwickelt sich also eine Art *Feedback:* Das Leben bringt die Biosphäre hervor, und diese wiederum bringt das Leben hervor. Beide unterstützen sich gegenseitig darin, dass die Erde allen Formen des Lebens stets förderlich ist. Das Leben entwickelte sich innerhalb unserer Galaxie, des Sonnensystems und des Planeten Erde immer weiter, erreichte immer höhere Stufen von Komplexität, bis es als menschliches Leben hervorbrach, das heißt als ein mit Bewusstsein ausgestattetes, zur Liebe fähiges, fürsorgliches, der Synergie und der Wahrnehmung Gottes im Universum fähiges Leben. Das geschah vor etwa sieben Millionen Jahren. All diese Entwicklungen stellen auch für die Wissenschaften ein Geheimnis dar. Diese sind zwar in der Lage, zu beschreiben, wie diese Prozesse vonstatten gingen, doch den tieferen Grund ihres Ursprungs können sie nicht entdecken (Collins 2007, 70–71).

Möglicherweise gibt es ein inneres kosmologisches Prinzip, einen geheimnisvollen Impuls, der das gesamte Universum mitsamt allem, was in ihm existiert, nach vorne und nach oben bewegt, der ihm die Richtung zu immer höher entwickelten Formen von Ordnung, Komplexität und Bewusstheit vorgibt. Wohin wird dieser Prozess letztendlich führen? Die Wissenschaft hüllt sich in Schweigen. Die Religionen und spirituellen Weltanschauungen hingegen haben den Mut, eine Wette dafür einzugehen, dass dieser gewaltige Prozess einen Kulminationspunkt hat, einen „Punkt Omega", der ins Innerste des großen Mysteriums hineinreicht, das Gott genannt wird.

Bereits vor 4,4 Milliarden Jahren erreichte die Erde ihre endgültige Gestalt mit den Größen, wie wir sie heute kennen: einem Radius von 6400 Kilometern und einem Erdumfang von ca. 40.000 Kilometern. Und sie wird von konzentrisch angeordneten Schichten, ähnlich einer Zwiebel, gebildet. Die äußerste Schicht bildet die aus Gasen bestehende Atmosphäre. Auf der Oberfläche gibt es die Hydrosphäre, die aus den Ozeanen, den Meeren und den Flüssen auf den Kontinenten besteht. Dann haben wir die aus dem Wasser ragenden Landmassen und den Meeresgrund. Dann kommt der

Erdmantel, der etwa 70 % des Erdvolumens ausmacht, und 2900 Kilometer unter unseren Füßen befindet sich der Erdkern, der im Wesentlichen aus flüssigem Eisen und festem Nickel besteht (Morris 2001).

Dies ist nur eine oberflächliche, ich würde sogar sagen dürftige Beschreibung. In Wirklichkeit ist die Erde viel mehr: Sie ist das Zusammenleben und die gegenseitige Vernetzung all dieser Faktoren, die stets voneinander abhängig und auf eine solche Weise miteinander verbunden sind, dass sie aus unserem Planeten ein lebendiges und dynamisches System machen, das stets in Bewegung und in Entwicklung begriffen ist.

Während ihrer ganzen langen Geschichte hat sich die Erde im geologischen Sinn als äußerst aktiv erwiesen. Immer wieder brachen Vulkane aus oder es schlugen riesige Meteoriten ein, die riesige Krater auf der Erdoberfläche hinterließen, aber auch beträchtliche Mengen von Wasser und mineralischen Stoffen mit sich brachten. Einigen Forschern zufolge haben wir diesen Meteoriten die Moleküle zu verdanken, die die Grundlage für das Entstehen des Lebens bildeten (Collins 2007, 94–100).

3. Wie die Kontinente entstanden

Die Geologen und Paläontologen sagen uns, dass im Archaikum (das ist die älteste Epoche der Erdgeschichte von ihrer Entstehung vor etwa 4,4 Milliarden Jahren bis 2,7 Milliarden Jahre) die Kontinente noch nicht existierten. Vielmehr bedeckte das Wasser die gesamte Erdoberfläche, nur da und dort gab es riesige Vulkaninseln.

Vor etwa 3,8 Milliarden Jahren tauchten da und dort verstreut liegende große Landflächen auf, die ständig in Bewegung waren. Diese Landflächen vereinigten sich und produzierten so große Brüche, Seebeben und Verwerfungen. Eine Milliarde Jahre später hatten sich auf diese Weise bereits große Teile des Festlandes gebildet. Sie glitten auf einer Basaltschicht, veränderten ihre Lage, bis sie sich schließlich zu einem einzigen großen Kontinent vereinigten, dem man den Namen *Pangäa* gab. Fünfzig Millionen Jahre lang bewegte sich dieser Superkontinent frei über den Globus hinweg. Millionen Jahre später zerfiel Pangäa in Teile, und nach und nach traten an seine Stelle die Kontinente, wie wir sie heute kennen. Unter ihrer Oberfläche befinden sich die tektonischen Platten, die ständig aktiv sind, miteinander zusammenstoßen (und auf diese Weise Gebirge hervorbringen) oder sich überlagern bzw. sich in einer Bewegung, die man „Kontinentaldrift" nennt, voneinander entfernen. Jedes Mal, wenn die tektonischen Platten aufeinanderstießen, löste das unvorstellbare Katastrophen aus, so wie auch vor 245 Millionen Jahren, als Pangäa auseinanderbrach. Dabei wurden 75 % bis 95 % der damals existierenden Lebewesen vernichtet.

Die Erde hat bereits mehrere große Massenvernichtungen der auf ihr existierenden Lebewesen erfahren. Zwei davon haben zu einer völligen Neuorganisation der Ökosysteme auf dem Festland und im Meer geführt. Die erste dieser Massenvernichtungen haben wir bereits beschrieben: Sie ereignete sich, als Pangäa auseinanderbrach und verschiedene Kontinente bildete. Die zweite fand vor 65 Millionen Jahren statt. Sie wurde von Klimaveränderungen, deutlichen Veränderungen des Meeresspiegels und dem Einschlag eines Meteoriten von etwa 9,6 Kilometern Durchmesser in Yucatan im Südosten Mexikos ausgelöst. Es brachen höllische Brände aus, unvorstellbar heftige Tsunamis (Seebeben) entstanden, zahlreiche giftige Gase breiteten sich aus und verursachten eine lang andauernde Verdunkelung der Sonneneinstrahlung. Die Dinosaurier, die 130 Millionen Jahre lang die Erde beherrscht hatten, verschwanden vollständig und erlitten damit dasselbe Schicksal wie 50 % aller lebenden Arten. Die Erde brauchte zehn Millionen Jahre, um sich zu erholen und ihre immense Artenvielfalt wiederzuerlangen. Doch da sie Gaia ist, das heißt ein lebendiger Großorganismus, verfügt sie über „Resilienz"[2], das heißt eine große Fähigkeit, Einflüssen von außen standzuhalten und aus den Katastrophen Chancen entstehen zu lassen, um neue Formen des Lebens hervorzubringen und Anpassungen der Ökosysteme zu bewerkstelligen. Die eben geschilderte Katastrophe war der Ausgangspunkt dafür, dass den Säugetieren das Überleben ermöglicht wurde und dass schließlich der Mensch entstehen konnte.

Geologen und Biologen behaupten, dass eine weitere große Katastrophe in Gang sei. Ihnen zufolge habe sie vor 2,5 Mio. Jahren ihren Anfang genommen: Große Eisflächen begannen den Planeten zu bedecken und veränderten so das Klima und den Meeresspiegel. In dieser Zeit sei der *homo habilis* entstanden, der den Werkzeuggebrauch erfand (ein Stein, ein Stock ...), um effektiver ins Naturgeschehen eingreifen zu können. Später, als er sich bereits zum *homo sapiens sapiens* weiterentwickelt hatte, legte er nicht nur eine unglaubliche schöpferische Kraft, sondern zugleich auch eine Zerstörungskraft von solchem Ausmaß an den Tag, dass er mit einem gewaltigen Meteoriten verglichen werden kann.

In den letzten drei Jahrhunderten hat der Mensch aufgrund eines verantwortungslosen und gedankenlosen Konsums eine systematische Zerstörung der Ökosysteme praktiziert. Er beschleunigt deshalb den

Prozess der massenhaften Auslöschung der lebenden Arten in einem Tempo, das selbst den unerbittlichen Rhythmus der Natur bei Weitem übersteigt. Die „Treibhausgase" (Kohlendioxid, Methan, Stickoxid, Wasserdampf und Ozon) sind die Hauptverursacher der globalen Erwärmung und der Klimaveränderungen, unter denen die Erde spürbar leidet.

Wir sind also von einigen Kräften abhängig, die sich unserer Kontrolle entziehen und die unsere Gattung vernichten können, so wie sie in der Vergangenheit bereits so viele andere Arten vernichtet haben. Doch das Leben selbst wurde niemals ausgelöscht. Nach jeder Vernichtung fand eine neue Genesis statt. Da die Intelligenz in erster Linie im Universum selbst angelegt ist und erst sekundär eine Qualität von uns Menschen ausmacht, kann man davon ausgehen, dass sie in anderen Lebewesen weiter existieren wird, die hoffentlich ein besseres Verhalten an den Tag legen als wir. Peter Ward, Geologe an der Universität Washington, meinte:

„Was spricht dagegen, dass einige Arten, die heute unbedeutend sind, zu Vorläufern irgendeiner großen Intelligenz werden, die Größeres vollbringt, und mehr Weisheit und Weitsicht an den Tag legt als wir? Wer hätte es denn vorhergesehen, dass die kleinen auf Bäumen lebenden Säugetiere, die vor 75 Millionen Jahren vor den Dinosauriern aus Furcht zitterten, eines Tages uns hervorbringen würden?" (Ward 1997, 289) Hier liegt ein Grund dafür, warum wir alle Arten erhalten sollten: nicht, weil sie wirtschaftlich, medizinisch und wissenschaftlich für uns wertvoll sind, sondern wegen ihres evolutiven Potenzials, das sie möglicherweise enthalten. Die Zukunft der Intelligenz und des Bewusstseins kann anfanghaft in ihnen vorhanden sein.

Schließlich haben wir die Erde in ihrer bereits reifen Gestalt mit ihren heutigen Merkmalen vor uns: mit ihren Ozeanen und Flüssen, ihren Vulkanen, ihrer Atmosphäre, ihrer Flora und Fauna mitsamt deren immenser Artenvielfalt. Die verschiedenen Bestandteile (Felsen, Berge, Gewässer, Pflanzen, Tiere, Menschen und Mikroorganismen) sind einander nicht entgegengesetzt, sie alle sind vielmehr eng miteinander verknüpft und voneinander abhängig, sodass sie ein einziges komplexes und lebendiges System bilden. Dieses System ist Gaia; es weist ein so fein abgestimmtes Gleichgewicht seiner verschiedenen Bestandteile auf (Sauerstoffgehalt der Luft, Stickstoff im Boden, der Salzgehalt der Ozeane und die Gesamtheit der übrigen physisch-chemischen Elemente), wie es nur ein Lebewesen aufweisen kann. Innerhalb dieses komplexen und weitergehenden Prozesses bildet das Leben das erstaunlichste Phänomen, das auf unserem Planeten und möglicherweise innerhalb unserer Galaxie, der Milchstraße insgesamt, entstanden ist.

4. Die schönste Ausdrucksgestalt: das Leben[3]

Bis vor einiger Zeit hat man sich das Leben als etwas außerhalb des Entstehungsprozesses des Kosmos vorgestellt, als etwas Mirakulöses, das direkt von Gott kommt. Doch seit 1953, als Watson und Crick den genetischen Code entdeckten, wie er in der DNA von Zellen lebendiger Organismen vorhanden ist, änderte sich unsere Auffassung von der Entstehung des Lebens radikal. Es befindet sich nicht außerhalb des universalen Prozesses der Entstehung des Kosmos. Ganz im Gegenteil, es ist seine höchste Ausdrucksform. Die Forschung hat gezeigt, dass das Leben aus denselben physikalisch-chemischen Elementen besteht wie alle anderen Entitäten des Universums; sie organisieren sich in hoch komplexen Beziehungen zueinander. Alle lebenden Organismen verfügen über dasselbe grundlegende Alphabet: Zwanzig Aminosäuren und vier in den „Nukleotiden" enthaltene Basen als Grundstoffe: Adenin, Cytosin, Guanin und Thymin. Wir alle sind Brüder und Schwestern, Cousins und Cousine. Wir unterscheiden uns jedoch durch unterschiedliche Silbenkombinationen dieses lebendigen Alphabets (Watson 2005).

Zu Beginn der 70er-Jahre begriff man im Zuge der thermodynamischen und physikalische Chaosforschung (wir erinnern an dieser Stelle nur an einen bedeutenden Wissenschaftler dieser Richtung, an den im Jahr 2003 verstorbenen russisch-belgischen Wissenschaftler Ilya Prigogine), dass das Leben auf einer sehr hohen Komplexitätsstufe der Materie und im Zusammenhang mit Turbulenzen und chaotischen Verhältnissen der Erde selbst entsteht. Das Chaos ist niemals nur chaotisch. Von Anfang an, seit dem Urknall, erweist es sich als produktiv, indem es immer komplexere und höhere Ordnungen hervorbringt. Das Leben ist eine Ausdrucksform dieser Organisation des Chaos. Es stellt die Selbstorganisation der Materie dar, wenn diese sich in einem Zustand außerhalb ihres Gleichgewichts befindet. Durch das Leben überwindet die Materie das Chaos, findet zu einem neuen dynamischen, sich selbst organisierenden und sich selbst regenerierenden Gleichgewicht. Sobald ein bestimmter Grad an Komplexität erreicht ist, entsteht das Leben als kosmischer Imperativ, wie dies der Mediziner, Biologe und Nobelpreisträger C. De Duve so unübertrefflich zum Ausdruck gebracht hat (Duve 1997).

Das Leben bricht überall dort im Universum hervor, wo diese Komplexitätsstufe erreicht ist. Das Leben ist die schönste uns bekannte Kreatur des Universums, das entzückendste Kind, das die Evolution jemals hervorgebracht hat, es ist stark und zärtlich zugleich, zerbrechlich und dennoch bis heute unzerstörbar.

Es geschah vor ungefähr 3,8 Millionen Jahren, möglicherweise in den Tiefen eines Urozeans oder in einem der alten Sümpfe auf diesem winzigen Planeten Erde innerhalb eines Sonnensystems von nur einem winzigen Bruchteil der Größe der Galaxie in einem ihrer Winkel (29.000 Lichtjahre von ihrem Zentrum entfernt, im Inneren des Orion-Spiralnebels): Die erste lebendige Zelle brach hervor, ein Urbakterium, das *Aries* genannt wurde. Es ist die Mutter aller Lebenden, die wahre Eva, denn von ihm ausgehend entwickelten sich alle Lebewesen, auch die Menschen.

Mit dem Entstehen dieses Neuen beginnt ein äußerst intensiver Dialog zwischen dem Leben, der Sonne, der Erde mit all ihren Elementen und mit dem ganzen Universum. Die Erde arbeitet ebenso mit dem Leben zusammen wie umgekehrt. Wie James Lovelock mit seiner Gaia-Theorie aufzeigte, ist die Atmosphäre zum großen Teil eine Schöpfung des Lebens selbst, das sich die geeigneten Bedingungen dafür schuf, dass sich sein Umfeld reproduzieren und erweitern kann. Langsam hörte die Erde auf, Erde zu sein, und wurde zu Gaia. James Lovelock definiert sie folgendermaßen: „Gaia ist ein evolvierendes System, bestehend aus allem Lebendigen und seiner Oberflächenumwelt, den Meeren, der Atmosphäre, dem Krustengestein ... ein System, das aus der gemeinsamen und wechselseitigen Evolution der Organismen und ihrer Umwelt im Laufe der Entwicklungszeitalter des Lebens auf der Erde hervorgegangen ist. In diesem System geschieht die Regulation von Klima und chemischer Zusammensetzung völlig selbsttätig. Die Selbstregulation bildet sich mit der Evolution des Systems heraus ... Das Leben oder die

Biosphäre regelt oder stabilisiert das Klima und die Zusammensetzung der Atmosphäre so, wie sie für den eigenen Bestand optimal sind." (Lovelock 1991, 11)

Ausgehend von den Studien des deutschen Physikers Winfried Otto Schumann stellte man auch fest, dass die Erde von einem komplexen System elektromagnetischer Wellen umgeben ist. Es entsteht aus der Interaktion zwischen der Sonne, der Erde (ihren Böden, dem Magma, den Gewässern, den Ökosystemen) und dem unteren Teil der Ionosphäre in etwa 55 km Höhe. Es produziert – von einigen Abweichungen abgesehen – eine mehr oder weniger konstante Resonanz von 7,8 Hertz, die auch Schumann-Resonanz genannt wird. Dies entspricht der Frequenz, die vom Gehirn von Säugetieren, auch des Menschen, ausgeht. Es ist, als würde der Herzschlag der Erde als Schrittmacher alle Verhältnisse ins Gleichgewicht bringen, die das Leben aufrechterhält. Dieses Gleichgewicht ist von grundlegender Bedeutung für die Meteorologie, für die Folge der Jahreszeiten, das Leben der Vulkane, den Rhythmus der Ozeane und die Bewegung der tektonischen Platten.

Es gibt nicht wenige Wissenschaftler, die in Übereinstimmung mit diesen Tatsachen behaupten, dass das Gleichgewicht der Herztätigkeit und das emotionale Gleichgewicht der Lebewesen, besonders der Menschen, von der Schumann-Resonanz abhängig sei. Wir haben es hier jedenfalls mit einem Hinweis mehr darauf zu tun, dass die Erde tatsächlich einen lebenden Gesamtorganismus bildet: Gaia. Doch zu Beginn der Achtzigerjahre des 20. Jahrhunderts änderte sich dieser Rhythmus. Von 7,8 Hertz beschleunigte er sich auf 11 und bis zu 13 Hertz. Das Herz der Erde begann zu rasen. Möglicherweise ist die Veränderung der Magnetresonanz eine der Ursachen für Naturkatastrophen,

Klimaveränderungen, ja sogar der Zunahme von gesellschaftlichen Konflikten auf der ganzen Welt.

Innerhalb von mehr als drei Milliarden Jahren brachte die Erde eine riesige Vielzahl von Viren, Bakterien, Protozoen, Pilzen, Pflanzen und Tieren hervor. Aufgrund der zahlreichen Krisen, die sie durchmachte und die zu Massenvernichtungen führten, verschwand der größere Teil dieser Arten wieder. Vielleicht blieb nur 1 % erhalten. Und selbst das ist noch viel. Man schätzt, dass es 5000 Arten von Bakterien, 100.000 Arten von Pilzen, 300.000 verschiedene Baumarten und 850.000 verschiedene Arten von Insekten gibt. Niemand weiß das genau. Die Biologen vermuten 30 Millionen verschiedener Arten insgesamt.

Mit dem Auftreten des Menschen nach dem Verschwinden der Dinosaurier gab es eine Vermehrung der Arten wie niemals zuvor in der Evolutionsgeschichte. Die Erde glich tatsächlich einem Paradies und einer wunderbaren Wiege. Plötzlich, ohne dass wir wissen, warum, wurde der Planet, der durch das Chlorophyll völlig grün war, bunt. Ein Frühling voller bunter Blüten brach herein. Genau zu diesem Zeitpunkt erschien auf der Welt das komplexeste, das zerbrechlichste, das am stärksten auf andere bezogene und deshalb das Lebewesen, das mit der größten Fähigkeit zu widerstehen ausgestattet ist: der Mensch, Mann und Frau. Niemand fasste dieses Wunder des Universums besser in Worte als die alte Weisheit der Mayas, eines der Ursprungsvölker Mexikos: „Dass es hell werde, dass das Morgenrot erstrahle im Himmel und auf Erden! Es wird weder Ruhm noch Größe geben, bis die menschliche Kreatur, der gestaltete Mensch ins Leben tritt." (Popol Vuh)

5. Das menschliche Leben bricht sich Bahn

Gleichsam als ein Unterkapitel des Lebens tauchten vor etwa 75 Millionen Jahren, als Nordamerika, Grönland und Europa noch einen einzigen Kontinent bildeten, die ersten Affen auf, entfernte Vorfahren des Menschen. Diese kleinen Tiere, die etwa so groß waren wie Mäuse, ernährten sich von Blütenpflanzen, und nicht mehr nur von Insekten wie ihre Vorfahren. Da sie die Bäume hinauf- und hinunterklettern mussten, entwickelten sie die oberen Gliedmaßen. Die Pfote wies einen Finger auf, der in Opposition zu den anderen stand (den Daumen), was es diesen Tieren ermöglichte, etwas zu ergreifen, zum Beispiel eine Frucht oder einen Stein.

Als sich diese Affen weiter entwickelten, tauchten vor etwa 35 Millionen Jahren die ersten Primaten auf, die gemeinsamen Vorfahren der Menschen und der großen Menschenaffen. Sie waren immer noch recht klein und hatten etwa die Größe einer Katze. Sie lebten isoliert in Afrika, wo sie sich den klimatischen Veränderungen – zum einen der großen Trockenheit und zum anderen den vermehrten Niederschlägen und der Ausdehnung der Wälder – anpassten.

Diese Primaten entwickelten sich und wurden größer. Es tauchten die großen afrikanischen Affen auf, die Schimpansen und Gorillas. Vor etwa 7 Millionen Jahren vollzog sich eine Aufspaltung von entscheidender Konsequenz: Auf der einen Seite gab es weiterhin die Schimpansen (sie haben mit uns 99 % der Gene gemeinsam), und auf der anderen Seite entstand der Australopitecus, ein Primat auf dem Weg zur Menschwerdung. Diese Aufspaltung verdankt sich einem geologischen Unfall. Das Gebiet des heutigen ostafrikanischen Grabensystems (Great Rift Valley) stürzte ein:

Es entstand ein riesiger Spalt von 6000 Kilometern. Auf der einen Seite befanden sich die tropischen Regenwälder, die gut bewässert waren und wo die höheren Primaten einen angenehmen Lebensraum hatten. Auf der anderen Seite regierten die Trockenheit und die Savanne, und dort befand sich der Australopitecus (Lagney 2002). Diese Veränderung der Umwelt verursachte zwei Evolutionstypen. Im Regenwald existierten nach wie vor die Primaten, Gorillas und Schimpansen. Sie mussten sich kaum anpassen, denn sie lebten in ihrer Umwelt in einer biologischen Siesta. Die anderen waren zur Trockenheit verdammt und mussten Fertigkeiten für das Überleben entwickeln. Sie bedurften der Intelligenz und der Strategie. Die biologische Basis ihrer Arterhaltung war ein höher entwickeltes Gehirn. Sie gingen auf ihren Füßen, um weiter sehen zu können, und sie zwangen sich, alles zu fressen, was sich ihnen darbot (sie sind Allesfresser).

Wie man aus den Knochen von Lucy, einer jungen Frau, die 1974 in Äthiopien entdeckt wurde, ersehen kann, wiesen sie bereits vor drei bis vier Millionen Jahren die Merkmale der Humanoiden auf.

Im Verlauf der Evolution fand ein in höchstem Maß beschleunigter Prozess der Entwicklung des Gehirns statt. Ab einem Zeitpunkt von vor 2,2 Millionen Jahren tauchten nach und nach der *homo habilis, erectus* und *sapiens* auf, der bereits in vollem Sinne Mensch war. Es handelte sich um soziale Lebewesen, die sich kooperativ verhielten und sprachen. Wenn sie jagten, aßen sie die Beute nie allein, sondern teilten sie mit Ihresgleichen, angefangen von den Jüngsten bis hin zu den Ältesten.

Im Verlauf von einer Million Jahren verdoppelte sich die Gehirnmasse dieser drei Menschentypen *(habilis, erectus* und *sapiens)*. In den darauf folgenden eine

Million Jahren, in denen der *homo sapiens* herrschte, wuchs das Gehirn nicht mehr. Das war nicht mehr nötig, denn es wuchs das äußere Gehirn, die künstliche Intelligenz, das heißt die Fähigkeit, zu wissen, Werkzeuge und Kunstgegenstände herzustellen, die Welt zu verändern und Kultur zu schaffen: Dieses Merkmal zeichnet einzig und allein den *homo sapiens* aus.

Er besitzt kein spezialisiertes Organ. Deshalb ist er, biologisch gesehen, ein Mängelwesen: Er muss den Austausch mit der Natur vollziehen und in diese eingreifen, um zu überleben. Er erweitert seine Sinne mit Hilfe von Techniken, selbst wenn es sich um die rudimentärste handelt, und auf diese Weise entsteht die Sphäre der Kultur. Die Kultur ist das Ergebnis der Aktivität des Menschen in Bezug auf die Natur und in Bezug auf sich selbst, entweder, indem er sich ihr anpasst, oder, indem er die Natur seinen Bedürfnissen entsprechend gestaltet. Dies vollzieht sich immer in einem spannungsreichen Dialog, der nicht immer ausgewogen ist.

6. Die große Zerstreuung und die Zivilisationen

Kaum waren die Menschen aus der Evolutionsgeschichte hervorgegangen, begann ihre Zerstreuung. Von Afrika aus breiteten sie sich über Eurasien, in den Orient und nach Amerika aus und kamen schließlich nach Ozeanien und Polynesien. Zu Ende der Altsteinzeit vor etwa 40.000 Jahren bewohnten sie bereits den gesamten Planeten. Die Bevölkerung erreichte eine Größe von einer Million Menschen. In der Jungsteinzeit, zwischen 10.000 und 5000 v. Chr., fand die Revolution des Ackerbaus statt, eine der größten Umwälzungen in der Geschichte der Menschheit. Die

Menschen zähmten Tiere, züchteten Saatgut, führten Bewässerungen durch und schufen die ersten Siedlungen. Zu dieser Zeit gab es etwa fünf bis zehn Millionen Menschen auf dem Planeten.

Seit etwa 3500 v. Chr. entstanden die großen klassischen Zivilisationen der Sumerer in Mesopotamien und zur gleichen Zeit am Nil in Ägypten und der Hindus in Indien. Es entstanden die Kulturen Chinas, der Olmeken und Tolteken in Mittelamerika, der Griechen und Römer in Europa und viele andere. Um 1500 v. Chr., als diese Periode zu einem Abschluss kam, gab es 500 bis 600 Millionen Menschen auf der Welt.

Ab dem 15. Jahrhundert unserer Zeitrechnung bildeten sich die modernen Nationalstaaten, die mittels Grenzen voneinander getrennt sind und sich häufig bekriegen. Im 18. Jahrhundert beginnt die industrielle Revolution, die das Verhältnis des Menschen zur Natur veränderte, denn nun unterwirft er sie seinen Interessen ohne Rücksicht auf den Eigenwert der unterschiedlichen Lebewesen und deren Verhältnis zueinander. Die industrielle Revolution findet ihren Höhepunkt in der Informationsgesellschaft mit ihrer technischen Durchdringung der gesellschaftlichen Beziehungen, mit der atomaren und kybernetischen Revolution und in jüngster Zeit mit einer neuen Art von Technik, die alles verändern könnte: der Nanotechnologie. Unsere Zeit ist auch die Zeit der Eroberung des Weltraums zur Erforschung unseres Sonnensystems und der Weiten des Kosmos. In dieser Phase brachte der Mensch das Prinzip der Selbstzerstörung hervor. Er erweist sich nicht nur als *homo sapiens sapiens*. Er kommt einem ebenso wie ein *demens demens* vor. Er besitzt bereits 83 % der Erdoberfläche, bedroht alle Gleichgewichte und alle Arten und führt sich in einigen Fällen wie der Satan des Lebens auf. Er verschaffte sich die Mittel, um die Biosphäre schwer zu schädigen und sich selbst zu zerstören. Zur gleichen Zeit aber setzt er dieser Unvernunft das Prinzip der Fürsorge, der Mitverantwortlichkeit und des Mitleids entgegen. Mit Hilfe dieser Qualitäten nimmt er sein eigenes Geschick, das mit dem der Erde untrennbar verbunden ist, in einer Perspektive der Selbstbeschränkung und der Kontrolle der Zerstörungsmechanismen an. Vom möglichen Satan der Erde verwandelt er sich in deren Schutzengel, einem dem Leben gegenüber guten und wohltuenden Engel. Seine Aufgabe ist es, der Hüter der Natur und der Gärtner des irdischen Paradiesgartens Eden zu sein.

7. Die aktuelle Phase der Erdgeschichte: die Mundialisierung

Trotz der Verwurzelung in ihren jeweiligen Kulturen und Nationalstaaten unternahmen die Menschen unablässig Expeditionen über den gesamten Planeten. Und mit ihnen zogen ihre Bazillen, ihre Krankheiten, ihr Saatgut, ihre Tiere, ihre Bräuche und Weltanschauungen. Unter den Menschen fand immer eine große Vermischung statt. Es gibt keine Rassen, schon gar keine reinen Rassen. Die Gene jeglicher Herkunft vermischten sich, ohne zu verschmelzen. Alle Menschen sind Mischlinge. Dies ist das ständige Ferment einer Globalisierung, wie sie immer stattfindet.

Doch von 1492 an begann ausgehend vom Westen ein überaus großer Expansionsprozess. Columbus brachte den Europäern Kenntnis von der Existenz anderer bewohnter Kontinente mit völlig anderen Kulturen – den Kulturen Amerikas, das er bis ans Ende seiner Tage für Indien hielt. Fernão de Magalhães trat den

Beweis dafür an, dass die Erde tatsächlich rund ist und dass jeder beliebige Ort von jedem beliebigen anderen Ort aus erreicht werden kann. Die Hegemonialmächte des 16. Jahrhunderts, Spanien und Portugal, entwickelten zum ersten Mal ein Projekt von weltweiter Dimension. Sie dehnten ihren Einfluss nach Afrika, Asien und Amerika aus. Sie verwestlichten die Welt (Ianni 1966; Touraine 2006).

Dieser Prozess fand seine Fortsetzung im 19. Jahrhundert mit dem westlichen Kolonialismus, der mit Feuer und Schwert die gesamte bekannte Welt den kulturellen, religiösen und vor allem kommerziellen Interessen der Kolonialmächte unterwarf. Dies alles wurde unter extremer Gewaltausübung und Verbreitung von Terror unter den unterlegenen Völkern vorangetrieben. Gewehr und Kanone sprachen lauter als Vernunft und Religion. Der europäische Westen erwies sich als die Hyäne der Völker. Wir, die wir im äußersten Westen leben, sind schon in einer globalisierten Welt geboren und wissen aus eigener Erfahrung, was Globalisierung bedeutet, die als Globokolonialisierung empfunden und erlitten wird.

Die einzelnen Länder haben sich nicht als Nationen konstituiert, die in Gemeinschaften von Bürgern mit einem Sinn für Rechte und Pflichten ihre Grundlage haben; sie wurden vielmehr zu Unternehmen mit weltweitem Aktionsradius gemacht, deren einzige Funktion darin bestand, die natürlichen Reichtümer auszubeuten und sie in die europäischen Märkte zu exportieren. Auf diese Weise (so haben es einige Politikwissenschaftler wie Luiz Gonzaga de Souza Lima, Darcy Ribeiro und Evaldo Cabral de Mello aufgezeigt) entstand zusammen mit dem Nationalstaat der internationalisierte Wirtschaftsstaat als seine tatsächliche Wirtschaftskolonie. Brasilien weist bis heute Spuren dieser Struktur auf. Sie werden in einer geschwächten Souveränität, einem blutleeren staatsbürgerlichen Bewusstsein, einer Beherrschung der Politik durch eine international verflochtene Ökonomie und einer Unterwerfung unter die Interessen der wirtschaftlich und politisch dominierenden Industrienationen (der Länder des „Zentrums") sichtbar.

Dieser Prozess erreichte seinen Höhepunkt in der Mitte des 20. Jahrhunderts mit der hegemonialen Ausbreitung der USA. Technik und Wissenschaft, die so viele Erleichterungen mit sich brachten, werden nun als Instrument der Beherrschung und Bereicherung eingesetzt. Die transnationalen Konzerne kontrollieren die nationalen Märkte. Eine westliche Einheitskultur löst die regionalen Kulturen auf. Eine einzige Produktionsweise, nämlich die kapitalistische, gewinnt die Oberhand. Ihre Grundlage ist das Konkurrenzprinzip, und so zerstört sie die gesellschaftlichen Bindungen und die Formen der Kooperation. Das einzig gültige, neoliberale Denken breitet sich über alle Teile der Welt aus und entwertet jede Andersheit und jede Alternative. Das Schlimmste daran ist, dass aus der Erde eine Handelsbank gemacht wird, die alles zur Ware macht. Metalle, Pflanzen, Saatgut, Wasser, Gene – alles wird verkauft und zu etwas gemacht, aus dem man Profit schlagen kann. Die Eigenständigkeit und Subjektivität Gaias werden nicht respektiert. Unsere eigenen irdischen Wurzeln und unser Ursprung werden verleugnet, denn als Menschen kommen wir aus der Erde, aus dem Humus, der fruchtbaren Erde. Als Söhne und Töchter Adams (der Name „Adam" bedeutet Sohn der Erde) entstammen wir dem fruchtbaren Ackerboden (auf hebräisch *adamah*).

Dies ist das Eisenzeitalter der Globalisierung, das wir auch nach dem Tyrannosaurus benennen können.

Wir bezeichnen es als solches, weil es in seiner Vernichtungstendenz eine Analogie zum Tyrannosaurus aufweist, dem gefräßigsten aller Dinosaurier. Tatsächlich prägt die Wettbewerbslogik des Marktes ohne jede Spur von Kooperation dem herrschenden Globalisierungsprozess den Stempel der Gnadenlosigkeit auf. Sie grenzt etwa die Hälfte der Menschheit aus. Sie saugt das Blut der Ökonomien der schwachen und rückständigen Länder aus und gibt Abermillionen von Menschen dem Hunger und der Ohnmacht preis. Sie richtet ökologischen Schaden in solchem Maße an, dass sie die Biosphäre gefährdet, denn sie verschmutzt die Luft, vergiftet die Böden, kontaminiert die Gewässer und durchsetzt die Lebensmittel mit Chemikalien. Sie legt ihrer dinosauriergleichen Gefräßigkeit keine Zügel an und stellt sich nicht der Realität, dass das Projekt Mensch auf dem Planeten nicht mehr möglich sein wird. Sie nimmt lieber das Risiko des Todes in Kauf als den Rückgang ihres materiellen Gewinns. Der französische Genetiker Albert Jaquard hat dies treffend angeprangert: „Das Ziel einer Gesellschaft ist der Austausch. Eine Gesellschaft, deren Hauptantriebskraft der Wettbewerb ist, ist eine Gesellschaft, die mir den Selbstmord nahelegt. Wenn ich gegen den anderen in Wettbewerb trete, kann ich mich mit ihm nicht austauschen, ich muss ihn eliminieren, zerstören." (2004)

Dieser skandalöse und perverse Prozess hat dazu geführt, dass nur 20 % der Menschheit 80 % der Ressourcen und natürlichen Reichtümer konsumieren. Fünfhundert große Unternehmen vereinigen 52 % des Reichtums des Planeten auf sich. Das entspricht dem Bruttoinlandsprodukt der 135 ärmsten Länder. Niemals hat man auf der Erde ein solches Übermaß an Ungleichheit und sozialer Ungerechtigkeit gesehen. Jedes Jahr vermehrt sich die Zahl der Slumbewohner um

25 Millionen. Sie geben dem ganzen Planeten nach und nach ein elendes, heruntergekommenes und „verslumtes" Aussehen (Davis 2006). Dieses auf Ausgrenzung beruhende Modell von Globalisierung (in Brasilien gibt es 120.400 Millionäre neben mehr als 50 Millionen Armen!) läuft Gefahr, die Menschheit in zwei Teile aufzuspalten: Auf der einen Seite sind die Nationen, die im Überfluss leben, im materiellen Konsum ersticken und gleichzeitig im spirituellen und menschlichen Sinne erschreckend arm sind. Sie nehmen alle Wohltaten der Technik und Wissenschaft für sich in Anspruch. Auf der anderen Seite gibt es die großen Massen, die ihrem eigenen Schicksal überlassen und der Barbarei ausgeliefert werden. Sie dienen der Produktionsmaschine als Brennstoff, sind zu einem Tod vor der Zeit verdammt, leiden unter chronischem Hunger, unter den Krankheiten der Armen und unter der allgemeinen Verschlechterung des Zustandes der Erde.

Das alles zeigt, dass dieses System ökonomisch gesehen gescheitert ist und von einer stärker integrierenden Alternative abgelöst werden muss. Es gibt tausend Gründe, uns dieser Art von Globalisierung zu widersetzen. Sie darf nicht von Dauer sein, wenn es uns um die Zukunft der Menschheit geht.

Trotz der aufgezeigten Widersprüche leistet die Globalisierung des Eisenzeitalters einen unverzichtbaren Beitrag zur Globalisierung in einem weiteren Sinne. Sie schafft die Infrastruktur und die materiellen Voraussetzungen für die anderen Formen der Globalisierung: Sie hat die großen weltweiten Kommunikationskanäle hervorgebracht, sie hat das Netz von Handels- und Finanzbeziehungen geschaffen, sie hat den Austausch zwischen allen Völkern, Kontinenten und Nationen gefördert. Ohne diese Voraussetzungen wäre es unmöglich, von Globalisierungen ganz anderer Art zu träumen. Sie gingen immer mit der Ökonomie einher, ohne jedoch die Hegemonie innezuhaben. Nun, nachdem die materielle Globalisierung geschaffen ist, muss sich die menschliche Globalisierung ihrer innerhalb eines größeren und umfassenderen Rahmens bedienen und die Vorherrschaft anstreben. Sie vollzieht sich gleichzeitig auf mehreren Ebenen: der anthropologischen, der politischen, der ethischen und der spirituellen. Dies sind die anderen Formen der Globalisierung, die zur Zeit nicht die Oberhand haben. Doch unser Überleben auf der Erde hängt davon ab, ob es uns gelingt, dafür zu sorgen, dass diese anderen Formen der Globalisierung den Verlauf unserer Geschichte bestimmen und die gemeinsame Zukunft von Erde und Mensch garantieren.

Immer mehr breitet sich die – vom Westen ausgehende, aber keineswegs ausschließlich westliche – Überzeugung aus, dass jede Person, sofern sie Mensch ist, heilig und mit Würde ausgestattet ist *(res sacra homo)*. Der Mensch ist ein Zweck an sich und kann niemals zum bloßen Mittel für irgendetwas degradiert werden. Er stellt ein unendliches Projekt dar, das sichtbare Antlitz des Mysteriums der Welt, Sohn und Tochter Gottes. Im Namen dieser Würde wurden die grundlegenden Menschenrechte, die Rechte der Person und die sozialen Rechte, kodifiziert. Sie wurden präziser gefasst als Rechte der Völker, der Minderheiten, der Frauen, der Homosexuellen, der Kinder, der Alten und der Kranken. Zuletzt wurde die *dignitas terrae* explizit ausformuliert. Sie umfasst die Rechte der Erde als eines lebendigen Superorganismus, der Ökosysteme, der Tiere und alles dessen, was lebt. Diese Rechte wurden unübertrefflich in der *Erdcharta* dargelegt. (Erdcharta, 2001)

Die Demokratie als universaler gelebter Wert auf allen Ebenen – in den Familien, den Schulen, den Gemeinden, den sozialen Bewegungen und Regierungsformen – durchdringt nach und nach die politischen Vorstellungen weltweit. Das heißt, jeder Mensch hat das Recht zur Teilhabe an der gesellschaftlichen Wirklichkeit, der er angehört und die er mit seiner Persönlichkeit und Arbeitskraft mitzugestalten hilft. Die Macht muss der Kontrolle unterworfen werden, damit sie nicht zur Tyrannei verkommt. Der Weg zu dauerhaften Lösungen ist der unermüdliche Dialog, die beständige Toleranz und die permanente Suche nach Übereinstimmungen in den Unterschieden, und nicht die Gewalt. Der Friede ist zugleich Methode (der Imperativ, stets friedliche oder die am wenigsten zerstörerischen Mittel zu gebrauchen) wie auch Ziel. Er ist die Frucht der Fürsorge eines jeden für alle, für das Gemeinsame Haus und für die unverzichtbare gesellschaftliche Gerechtigkeit. Die Institutionen, so sehr sie sich auch voneinander unterscheiden mögen, müssen ein Mindestmaß an Gerechtigkeit, Gleichheit und Transparenz verwirklichen.

Ein Minimalkonsens für eine globale Ethik konzentriert sich auf die *humanitas* (Humanität); wir alle und jeder Einzelne von uns sind deren Träger. Die *humanitas* ist mehr als ein Begriff; sie ist das tiefe Empfinden dessen, dass wir Brüder und Schwestern sind, denselben Ursprung haben, dieselbe natürliche Ausstattung in physikalisch-chemischer, biologischer, soziokultureller und spiritueller Hinsicht haben und dasselbe Schicksal miteinander teilen. Wir müssen alle der Goldenen Regel entsprechend menschlich behandeln: „Handle am anderen so, wie du selbst von ihm behandelt werden willst."

Die Ehrfurcht vor dem Leben, die unbedingte Achtung den Unschuldigen gegenüber, die Wahrung der physischen und psychischen Integrität der Personen und aller Schöpfung, die Anerkennung des Rechtes des Anderen, in seiner jeweiligen Besonderheit zu leben – das sind die Grundpfeiler, auf denen die Gesellschaftsfähigkeit des Menschen, die Werte und der Sinn unserer kurzen Reise auf diesem Planeten ruhen.

Es begegnen einander die spirituellen Erfahrungen aus Ost und West, der Ureinwohner und der heutigen Kulturen, und es kommt zu einem Austausch ihrer Weltsichten. Durch sie macht sich der Mensch von Neuem fest an der ursprünglichen Quelle allen Seins, er knüpft ein geheimnisvolles Band, das das gesamte Universum durchläuft und alle untereinander verbundenen Dinge wieder vereint in einem dynamischen, nach oben und vorne offenen Ganzen. Diese spirituellen Erfahrungen, die sich in unterschiedlichen Religionen und Wegen konkretisieren, sind es, die des Menschen Innerlichkeit bilden und die weitesten Horizonte entwerfen, die dieses Universum überschreiten und sich dem Unendlichen öffnen. Nur in dieser Dimension der Überschreitung und Überwindung eines jeden Maßes, von aller Raum-Zeit und aller Sehnsucht empfindet sich der Mensch wahrhaft als Mensch. Diese Lektion haben uns bereits die griechischen Meister gelehrt, als sie sagten, dass der Mensch nur im Raum des Göttlichen in vollem Sinne Mensch sei.

Das menschliche Zeitalter der Globalisierung hat sich noch nicht durchgesetzt. Doch man kann bereits seine Elemente erkennen, die wie ein Sauerteig Geschichte und Bewusstsein durchdringen. Dieses Zeitalter wird eines Tages ruhmreich anbrechen. Es wird die neue Geschichte der Menschheitsfamilie einleiten, die so lange ihre gemeinsamen Ursprünge und ihr Mutterhaus gesucht hat.

Nach und nach bricht eine neue Ära an, die sich durch eine neue gemeinsame Hochachtung, Verehrung und Zusammenarbeit zwischen Erde und Mensch auszeichnet. Es handelt sich um die Ära der ganzheitlichen Ökologie und der im Herzen verankerten Vernunft. Die Menschen nehmen die Tatsache ernst, ein Moment innerhalb eines Gesamtprozesses von Milliarden anderen Momenten zu sein. Sie werden sich dessen bewusst, dass sie ein Netz von lebendigen Beziehungen bilden, für welche sie mitverantwortlich sind. Sie können das Leben, die Ökosysteme und die Zukunft Gaias entweder stärken oder sie weiterhin bedrohen, sie können das Scheitern heraufbeschwören und die Biosphäre vernichten.

Nach so vielen Eingriffen in die Rhythmen der Natur werden wir uns dessen bewusst, dass wir das, was von der Natur noch übrig ist, erhalten und wir sie von den Wunden heilen müssen, die wir ihr zugefügt haben.

Diese Sorge muss alle betreffen und die neue Ära der Globalisierung begründen. Der utopische Traum dieser Phase ist es, den Menschen zu humanisieren zu versuchen – den Menschen, der vor der Herausforderung steht, ausgehend von seiner Besonderheit als gemeinschaftsfähiges, kooperatives, zum Mitleid fähiges und ethisches Wesen zu leben, das in seinem Handeln die Verantwortung dafür übernimmt, dass es dem Ganzen zum Wohl gereicht. Diese Utopie muss innerhalb der Widersprüche, wie sie für jeden historischen Prozess unvermeidlich sind oder wie sie aus Interessenskonflikten hervorgehen, konkrete Gestalt annehmen. Doch sie wird einen neuen Horizont der Hoffnung erschließen, der den Weg der Menschheit in die Zukunft ermöglicht.

Es wird immer Widersprüche und Stolpersteine geben, denn die Wirklichkeit ist stets *sym-bolisch* und *dia-bolisch* zugleich. Diese Tatsache muss man im

Auge behalten, doch im Glauben daran, dass der gesamte Prozess von einer kosmischen Kraft durchdrungen ist, die ihn stets vorwärts treibt und nach oben bewegt.

Aus dieser Sichtweise geht eine neue Ethik hervor. Von allen Richtungen her werden anfanghaft Kräfte sichtbar, die ein neues menschliches und ökologisches Verhaltensmuster anstreben oder bereits ausprobieren. So groß die Schwierigkeiten auch sein mögen: Es wird immer stärker werden und schließlich die Oberhand gewinnen. Es wird das werden, was Teilhard de Chardin (1959; 1961) die *Noosphäre* nannte. Es wird jene Sphäre sein, innerhalb derer das Denken und die Herzen der Menschen eine neue, fein abgestimmte Harmonie bilden, die sich durch zunehmende Durchdringung von Liebe, durch Fürsorge, durch gegenseitige Anerkennung aller, durch eine zunehmende spirituelle Sinngebung der gemeinsamen Vorhaben auszeichnen wird. Die Menschen werden in ihrem Planen zusammenwirken, um den Frieden sicherzustellen, um die Integrität der Schöpfung zu gewährleisten und um die ausreichende und sogar im Überfluss vorhandene materielle Basis für die gesamte Gemeinschaft des Lebens zu sichern. Befreit von den Fesseln unserer konsumistischen und überheblichen Zivilisation, können wir in wahrhaft menschlicher Weise als Brüder und Schwestern zusammenleben, und wir werden imstande sein, das Lokale mit dem Globalen, die Teile mit dem Ganzen zu verknüpfen, Arbeit mit Poesie zu verbinden, Effizienz mit Großzügigkeit in Einklang zu bringen und die Subjektivität wiederherzustellen; wir werden als Söhne und Töchter zusammen im Hause zu spielen und zu loben verstehen.

Dieses Bewusstsein von der Zusammengehörigkeit von Erde und Menschheit wird auf eindrucksvolle

Weise von jenem Blick auf den Planeten gestärkt, den uns die Astronauten ermöglicht haben. Von ihren Raumschiffen oder vom Mond aus haben sie existenziell erfahren, dass Erde und Menschheit ein einziges Ganzes bilden, das behütet, respektiert und geliebt werden muss. Dieses Bewusstsein in einen dauerhaften Zustand zu verwandeln, ohne dass wir ständig daran denken müssen, bedeutet, bereits innerhalb des neuen zivilisatorischen Paradigmas zu leben (László 2001).

Die Erdcharta ist von dieser ganzheitlichen Sichtweise geprägt. In der Einleitung heißt es: „Die Menschheit ist Teil eines sich ständig fortentwickelnden Universums. Unsere Heimat Erde bietet Lebensraum für eine einzigartige und vielfältige Gemeinschaft von Lebewesen … Der Geist menschlicher Solidarität und die Einsicht in die Verwandtschaft alles Lebendigen werden gestärkt, wenn wir in Ehrfurcht vor dem Geheimnis des Seins, in Dankbarkeit für das Geschenk des Lebens und in Bescheidenheit hinsichtlich des Platzes der Menschen in der Natur leben … Unsere ökologischen, sozialen und spirituellen Herausforderungen sind miteinander verknüpft, und nur zusammen können wir umfassende Lösungen entwickeln … Wir haben die Wahl: Entweder bilden wir eine globale Partnerschaft, um für die Erde und füreinander zu sorgen, oder wir riskieren, uns selbst und die Vielfalt des Lebens zugrunde zu richten. Notwendig sind grundlegende Änderungen unserer Werte, Institutionen und Lebensweise." (Erdcharta 2001, 7–8)

Trotz aller Hindernisse aus dem Eisenzeitalter der Globalisierung vollziehen sich diese Veränderungen im Schoß der Menschheit, unter all jenen Menschen, die nicht länger die Geiseln eines entmenschlichenden und den Horizont des Glücks zerstörenden Paradigmas sein wollen. Alternativ engagieren sie sich dafür, ausgehend von ihrer eigenen Situation Revolutionen im Kleinen anzuzetteln – in Form von eigenständigen Genossenschaften, Produzentenverbänden des ökologischen Landbaus etc. – die im Sinne des „Schmetterlingseffekts" auf die Gesamtentwicklung der Gesellschaft ausstrahlen.

Zweites Kapitel: Die Erde als Gaia und Gemeinsames Haus

Nachdem wir die Biographie der Erde in groben Zügen betrachtet haben, wollen wir uns einer ihrer ganz besonderen Eigenschaften zuwenden. Die Erde ist „unsere Heimat", „Lebensraum für eine einzigartige und vielfältige Gemeinschaft von Lebewesen" – so ruft es uns die Erdcharta in Erinnerung (Erdcharta 2001, 7). Die Erde beherbergt nicht nur Leben innerhalb ihrer Atmosphäre und bringt es auf diese Weise hervor, sie ist vielmehr selbst ein lebendiger Großorganismus.

Bis zur Entstehung der modernen Wissenschaften mit den Gründungsvätern des herrschenden Paradigmas (Descartes, Galileo und vor allem Francis Bacon) wurde die Erde als eine lebendige Wirklichkeit empfunden und erlebt, die eine Ausstrahlung hat und zu Furcht, Respekt und Verehrung Anlass gab. Sie erwies sich als großzügige Mutter, aber auch als grausame Stiefmutter.

Mit dem Aufkommen der instrumentellen analytischen Vernunft der Vertreter der Moderne und der technisch orientierten Wissenschaften im 17. und 18. Jahrhundert wurde die Erde nur mehr als *res extensa* betrachtet, als ein Gegenstand mit den physikalischen Eigenschaften Ausdehnung und Trägheit, der den Menschen als Mittel an die Hand gegeben ist, damit er seinen Willen zur Macht verwirklichen und schöpferisch oder zerstörerisch mit ihr umgehen könne. Eine solche Sichtweise machte es möglich, alle Reichtümer der Erde rücksichtslos auszubeuten, bis das aktuelle Ausmaß einer wahrhaften Vernichtung der Artenvielfalt, des Raubbaus an den nicht erneuerbaren Ressourcen und der Zerstörung des ökologischen Gleichgewichts des Systems Erde erreicht wurde. Wenn wir gemäß dieser Logik fortfahren, ist es möglich, dass wir am Ende des 21. Jahrhunderts der Biosphäre schwersten Schaden zugefügt haben werden, wovor uns bereits zahlreiche Wissenschaftler und offizielle Studien gewarnt haben (vgl. z.B. die Daten des IPCC, des Intergovernmental Panel on Climate Changes, das ist der wissenschaftliche Beirat der UNO für die Fragen des Klimawandels).

Im Gegensatz zu diesem Zerstörungsprozess entsteht überraschend ein neues Gespür dafür, dass die Erde und die Menschheit dasselbe Schicksal haben und dass es die notwendigen Voraussetzungen gibt, um aus der möglichen Tragödie eine Krise des Übergangs von einem prometheischen Paradigma der Eroberung und Zerstörung hin zu einem anderen Paradigma der Sorge und der Erhaltung allen Lebens zu machen. Es eröffnet sich also eine einmalige Chance zur Veränderung. Dieses neue Bewusstsein hat seine Grundlage in den Erkenntnissen der Wissenschaften, die sich mit der Erde beschäftigen, der neuen Biologie, der modernen Kosmologie, der Astrophysik und nicht zuletzt der Tiefenökologie. Daraus entsteht eine neue Mystifizierung im Hinblick auf die Erde, eine neue Utopie, die uns Hoffnung geben und uns zu einer Praxis der Rettung, Erhaltung und Förderung des Lebens ermutigen kann. Und schließlich wird Raum geschaffen für eine neue spirituelle Erfahrung, die dem Leben neuen Sinn verleiht und die Verantwortung für die gemeinsame Zukunft weckt.

1. Die Entdeckung der Erde

Eine überzeugende Einführung in diese neue Utopie stellt der Beitrag der Astronauten dar, deren Zeugnis wir bereits weiter oben erwähnten. Das Zeugnis des Astronauten Russel Scheikhart bringt all diese Berichte auf den Punkt: „Wenn du die Erde von außerhalb siehst, dann bemerkst du, dass all das, was für sie wichtig ist: die gesamte Geschichte, die Kunst, Geburt, Tod, Liebe, Freude, Tränen ... all das in diesem kleinen weißen und blauen Punkt enthalten ist, den du mit deinem Daumen verdecken kannst. Und von dieser Perspektive aus versteht man, dass sich alles verändert hat, dass etwas Neues angefangen hat, dass das Verhältnis nicht mehr so ist, wie es früher war ..." (Linfield 1992, 6) Von diesem Ort aus, vom Raumschiff oder dem Mond aus, erscheint die Erde tatsächlich als einer der zahlreichen Himmelskörper innerhalb des unermesslichen Kosmos. Sie ist der dritte Planet der Sonne, und zwar einer Sonne, die ein Stern mittlerer Größe unter anderen 200 Milliarden Sonnen unserer Galaxie ist. Und diese Galaxie ist wiederum eine unter hundert Milliarden Galaxien, die wiederum in Galaxienhaufen gruppiert sind ... Das Sonnensystem ist 28.000 Lichtjahre vom Zentrum unserer Galaxie, der Milchstraße, entfernt und befindet sich auf der Innenseite des Orion-Spiralnebels.

Isaac Asimov schrieb im Jahr 1982 in einem Artikel, um den ihn die New York Times anlässlich des 25-jährigen Jubiläums der Sputnik – mit ihr begann die Raumfahrt – gebeten hatte: „Das Vermächtnis dieses Vierteljahrhunderts der Raumfahrt ist die Einsicht, dass von den Raumschiffen aus gesehen die Erde und die Menschheit eine einzige Entität bilden." (New York Times, 9. Oktober 1982) Man achte darauf, dass er nicht sagt, sie würden „eine Einheit" bilden, also das Ergebnis eines Ganzen von Beziehungen. Er behauptet wesentlich mehr: Wir bilden *eine einzige Entität*, das heißt ein einziges, komplexes, in sich vielfältiges und widersprüchliches, mit einer ungeheuren Dynamik ausgestattetes Wesen. Doch letztlich ist es ein einziges Wesen, eins und vielfältig zugleich, das der berühmte Wissenschaftler James Lovelock „Gaia" nennt.

Eine solche Aussage setzt voraus, dass sich der Mensch nicht damit begnügt, auf der Erde zu „sein". Er ist kein umherirrender Wanderer, kein Passagier, der von woanders her kommt und anderen Welten angehört. Nein. Das menschliche Wesen kommt – wir haben es weiter oben schon gesagt – als Mensch (*homo*) aus dem *humus* (der fruchtbaren Erde). Er ist *Adam* (was im Hebräischen „Sohn der Erde" bedeutet), geboren aus der *Adamah* (im Hebräischen die fruchtbare Erde). Er ist Sohn bzw. Tochter der Erde. Ja mehr noch: Er ist die Erde selbst in ihrer mit Bewusstsein, Freiheit und Liebe ausgestatteten Gestalt. Nie wieder wird die Überzeugung aus dem menschlichen Bewusstsein verschwinden, dass wir Erde sind und dass unser Schicksal untrennbar mit dem Schicksal der Erde und des Kosmos, in den sie eingebettet ist, verbunden ist (Capra/Steindl-Rast 1993).

Diese Auffassung der gegenseitigen Zugehörigkeit und organischen Einheit Erde-Menschheit geht klar aus der modernen Gen- und Molekularbiologie und aus der Chaostheorie hervor (Gleick 1988). Das Leben stellt eine Ausdrucksgestalt des gesamten Evolutionsprozesses dar, angefangen von den allerersten Energien und Partikeln über die ursprüngliche Gaswolke und die Supernovas bis hin zu den Galaxien, Sternen, der Geosphäre, der Hydrosphäre, der Atmosphäre und schließlich der Biosphäre, aus der die Anthroposphäre (und für die Christen darüber hinaus die Christosphäre und die Theosphäre) und mit der Globalisierung die Noosphäre (Teilhard de Chardin 1959; 1961) entspringen. Das Leben ist mitsamt seiner Komplexität, Selbstorganisation, allseitigen Verbundenheit und Selbsttranszendenz das Ergebnis der Potenzialitäten, die im Universum selbst angelegt sind. Der russisch-belgische Chemiker Ilya Prigogine, der im Jahr 1977 den Nobelpreis erhielt, hat untersucht, wie sich die Thermodynamik in lebendigen Systemen darstellt: Diese erweisen sich immer als offene Systeme in einem Zustand des labilen Gleichgewichts und im ständigen Streben nach Anpassung (Prigogine 1984). Solche Systeme befinden sich in einem ständigen Austauschprozess von Energie mit ihrer Umwelt. Diese Energie verbrauchen sie in großen Mengen, wobei die Entropie (Verschleiß von nutzbarer Energie) zunimmt. Prigogine bezeichnet sie treffend als *dissipative Strukturen* (energieverbrauchende Strukturen). Doch sie sind auch dissipative Strukturen in einem anderen und paradoxen Sinne, denn sie wirken der Entropie entgegen. Die Lebewesen produzieren Entropie und entkommen ihr zugleich. Sie verwandeln die Unordnung und das Chaos der Umwelt in komplexe Ordnungen und Strukturen, die sich selbst organisieren und der Entropie entfliehen (sie produzieren Negentropie bzw. negative Entropie, und positiv gesprochen produzieren sie Syntropie).

So sind zum Beispiel die Photonen der Sonne für diese selbst von keinem Nutzen, denn es handelt sich dabei um Energie, die beim Verbrennen von Wasserstoff frei wird, von dem sie lebt. Diese Photonen, die eine Unordnung darstellen, dienen der Erde, insbesondere den Pflanzen, als Energiequelle, indem diese die Photosynthese vollziehen. Durch sie und unter dem

Einfluss der Sonneneinstrahlung lösen sie das Dioxid vom Kohlenstoff, ihrer Nahrung, und setzen so den Sauerstoff frei, der für das Leben der Tiere und Menschen notwendig ist.

Was für den einen Unordnung ist, lässt für den anderen Ordnung entstehen. Das Leben behauptet sich innerhalb eines prekären Gleichgewichts von Ordnung und Unordnung (Dupuy 1982). Die Unordnung zwingt dazu, neue Formen von Ordnungen zu schaffen, die höher entwickelt und komplexer sind und weniger Energie verschwenden. Dieser Logik zufolge entwickelt sich das Universum zu immer komplexeren Lebensformen und führt auf diese Weise zu einer Reduktion der Entropie.

Auf menschlicher und spiritueller Ebene entstehen Formen von Beziehung und Leben, in denen die Syntropie (sparsamer Umgang mit Energie) vor der Entropie (Verschwendung von Energie) überwiegt. Das Denken, die Kommunikation durch das Wort und andere Medien, die Solidarität und die Liebe sind überaus mächtige Energien, die kaum der Entropie unterworfen sind und ein hohes Niveau an Syntropie aufweisen. Aus dieser Perspektive steuern wir nicht auf den Wärmetod zu, sondern auf die Verwandlung des kosmischen Prozesses, der sich in schöpferischen und lebendigen Systemen höchster Ordnung auszeitigt. Wo und wann wird dies zu Ende kommen? Dies ist eine offene Frage, auf die die Religionen eine Antwort voller Hoffnung riskieren: All dies gelangt zu seinem Höhepunkt, indem es in die ursprüngliche Quelle allen Seins und allen Werdens eingeht.

2. Gaia, die neue Weise, die Erde zu sehen

Das Leben befindet sich nicht einfach nur auf der Erde, indem es einen Teil von ihr in Besitz nimmt (Biosphäre). Die Erde als ganze erweist sich als ein lebendiger Makroorganismus. Was die alten Völker in Ost und West in ihren Mythen von der Erde bezeugt haben – dass sie die Große Mutter ist, die zweitausend Brüste hat, womit man ihre unbeschreibliche Fruchtbarkeit zum Ausdruck bringen wollte –, wird mehr und mehr von der heutigen experimentellen Wissenschaft bestätigt. (Neumann/Kerény 1989) Es genügt der Verweis auf den englischen Mediziner und Biologen James E. Lovelock (1989; 1991; 2006), auf die Biologin Lynn Margulis (1990) sowie auf Sahtouris (1989), Lutzenberger (1990) und andere.

James Lovelock hatte von der NASA den Auftrag bekommen, im Hinblick auf die Raumfahrt Modelle zu entwickeln, die es ermöglichen sollten, außerirdisches Leben zu entdecken. Er nahm die Hypothese zum Ausgangspunkt, dass, falls es Leben gäbe, sich dieses der Atmosphäre und der Ozeane der betreffenden Planeten als Grundlage und Transportmittel für die Materialien seines Stoffwechsels bedienen müsse. Dies würde mit Sicherheit das Gleichgewicht der Atmosphäre dergestalt verändern, dass sich eine solche, die Leben beherbergt, merklich von einer anderen unterscheiden würde, bei der das nicht der Fall ist. Er verglich deshalb die Atmosphäre unserer Erde mit der unserer Nachbarplaneten Mars und Venus, die heute mittels Spektralanalyse der von ihnen ausgehenden Strahlung vollständig bestimmt werden kann.

Die Ergebnisse waren überraschend, denn sie machten das unglaubliche Gleichgewicht des Systems Erde und die erstaunlich fein abgestimmte Dosierung aller

Elemente deutlich, die für das Leben förderlich sind. Ganz anders verhielt es sich in Bezug auf Mars und Venus, deren Atmosphären jedes Leben unmöglich machen. Der Kohlendioxidgehalt beträgt bei der Venus 96,5 % und beim Mars 98 %, während er für die Erde nur 0,03 % ausmacht. Der Sauerstoff, unverzichtbar für das Leben, fehlt auf der Venus und auf dem Mars völlig, auf der Erde beträgt der Sauerstoffgehalt der Luft 21 %. Der Stickstoff, der für die Ernährung der Lebewesen notwendig ist, erreicht im Fall der Venus einen Gehalt von 3,5 %, beim Mars von 2,7 %; auf der Erde dagegen macht er 78 % aus. Das Methan in Verbindung mit Sauerstoff ist entscheidend für die Bildung von Kohlendioxid und Wasserdampf, ohne die es kein Leben gibt. Auf der Erde macht das Methan 1,7 ppm (= Parts per Million) aus, auf unseren Nachbarplaneten, die eine der Erde vergleichbare Größe und denselben Ursprung wie die Erde haben und derselben Sonnenstrahlung ausgesetzt sind, fehlt es völlig.

Es gibt also eine fein abgestimmte Entsprechung aller chemischen und physikalischen Elemente, von Wärme und Erdkruste, Atmosphäre, Felsen, Ozeanen ... die alle unter dem Einfluss des Sonnenlichtes stehen. Dieses Aufeinander-abgestimmt-Sein sorgt dafür, dass die Erde ein guter, ja sogar optimaler Ort für lebendige Organismen ist. Auf diese Weise erscheint die Erde wie ein großer, lebendiger Superorganismus, der sich selbst reguliert. James Lovelock nennt ihn „Gaia". Das war der Name der alten Griechen für die Göttin Erde, die sie als etwas Lebendiges betrachteten. Lovelock sagt:

„Gaia ist ein evolvierendes System, bestehend aus allem Lebendigen und seiner Oberflächenumwelt, den Meeren, der Atmosphäre, dem Krustengestein ... ein System, das aus der gemeinsamen und wechselseitigen

Evolution der Organismen und ihrer Umwelt im Laufe der Entwicklungszeitalter des Lebens auf der Erde hervorgegangen ist. In diesem System geschieht die Regulation von Klima und chemischer Zusammensetzung völlig selbsttätig. Die Selbstregulation bildet sich mit der Evolution des Systems heraus ... Das Leben oder die Biosphäre regelt oder stabilisiert das Klima und die Zusammensetzung der Atmosphäre so, wie sie für den eigenen Bestand optimal sind." (Lovelock 1991, 11)

Lovelock zeigte die Zweckmäßigkeit auf, die Bedingungen aller erwähnten, für das Leben erforderlichen Elemente relativ konstant zu halten. Dieses Gleichgewicht wird vom System Leben selbst auf planetarischer Ebene, von der Erde als Gaia, geschaffen. Der hohe Sauerstoffanteil (Sauerstoff wurde zunächst vor Milliarden Jahren von bestimmten Bakterien in den Ozeanen freigesetzt, die zur Photosynthese fähig waren, zumal Sauerstoff für sie selbst giftig war) und der geringe Kohlendioxidanteil sind das Ergebnis der photosynthetischen Aktivität der Algen und Pflanzen während eines Zeitraums von Abermillionen Jahren. Andere Gase biologischen Ursprungs, die eine dem Leben förderliche Struktur bilden, sind in der Atmosphäre aufgrund der Existenz von Leben selbst vorhanden. Wenn es auf der Erde kein Leben gäbe, würde sich der Methangehalt um den Faktor 10^{29} erhöhen, was jedes Leben unmöglich machen würde.

Auf diese Weise ist die Konzentration der Gase in der Atmosphäre für lebendige Organismen optimal. Geringe Abweichungen davon können Katastrophen nach sich ziehen, die nicht wieder gut zu machen sind. Seit Abermillionen Jahren liegt der Sauerstoffgehalt der Luft, der allen Lebewesen das Leben allererst ermöglicht, praktisch unverändert bei 21 %. Wenn er sich auf 25 % erhöhte, würden auf der ganze Erde Brände entstehen, sodass schließlich die Waldflächen der Erdoberfläche vernichtet würden. Und wenn der Sauerstoffgehalt auf 15 % absinken würde, verlören wir das Bewusstsein. Der Salzgehalt der Meere beträgt 3,4 %. Wenn er auf 6 % anstiege, würde das Leben in den Meeren und Seen unmöglich sein (das ist ja beim Toten Meer der Fall), und das gesamte System der Atmosphäre des Planeten geriete aus dem Gleichgewicht.

Während der 3,8 Milliarden Jahre, seit es Leben auf der Erde gibt, hat die Wärme der Sonne um 30 bis 50 % zugenommen. Wie war Leben auf der Erde zu den frühen Zeiten möglich, als die Sonneneinstrahlung noch nicht so warm war? Wir wissen, dass die Atmosphäre damals eine andere Zusammensetzung hatte als heute. Es gab eine größere Menge von Gasen wie etwa Ammoniak, die eine Art dicke Hülle um den Planeten bildeten, die Erde auf diese Weise abkühlten und so für günstige Lebensbedingungen sorgten. Als die Sonneneinstrahlung wärmer wurde, wurde auch diese Hülle – in fein abgestimmter Wechselwirkung mit den Erfordernissen des Lebens – dünner. Die Erde ihrerseits behielt Abermillionen Jahre hindurch eine mittlere Temperatur zwischen 15 und 35 Grad Celsius. Dies ist die optimale Temperatur für lebende Organismen. „Leben und seine Umgebung sind so eng miteinander verflochten, dass eine Evolution immer Gaia betrifft, nicht die Organismen oder deren Umgebung für sich genommen." (Lovelock 1991, 43) Das Biotische (die Gesamtheit der lebendigen Organismen) und seine Umwelt entwickeln sich gleichzeitig im selben Sinne.

Die erwähnte Zusammensetzung ist nicht nur für das System Gaia charakteristisch, als ob es sich hierbei um ein geschlossenes System handeln würde. Man kann nachweisen, dass der Mensch selbst in seinem Körper mehr oder weniger denselben Anteil an Wasser hat wie der Planet Erde (71 %) und dass der Salzgehalt seines Blutes dem der Meere entspricht (3,4 %). Das hat Al Gore, der vor allem durch seinen Dokumentationsfilm „Eine unbequeme Wahrheit" bekannt geworden ist, in seinem Buch „Wege zum Gleichgewicht" (Al Gore 1992) aufgezeigt. Im Universum finden wir eine so genaue Dosierung, da es sich um ein offenes System handelt, in das die Harmonie der Erde einbezogen ist.

In seinem berühmten Buch „Eine kurze Geschichte der Zeit" sagt Stephen Hawking im Zusammenhang mit dem Ursprung und weiteren Schicksal des Universums: „Wäre die Expansionsgeschwindigkeit eine Sekunde nach dem Urknall nur um ein Hunderttausendmillionstel Millionstel kleiner gewesen, so wäre das Universum wieder in sich zusammengefallen, bevor es seine gegenwärtige Größe erreicht hätte." (Hawking 1988, 155) In diesem Fall gäbe es nichts von dem, was es heute gibt. Wenn die Ausdehnung andererseits ein wenig größer gewesen wäre (in der Größenordnung von Millionstel), dann hätte es keine ausreichend große Dichte gegeben, um die Entstehung der Sterne und der Planeten und letztendlich des Lebens zu ermöglichen. Alles vollzog sich in so ausgewogener Form, dass die für die Entstehung der Biosphäre und der Anthroposphäre so, wie wir sie heute vor uns haben, günstigen Bedingungen entstanden.

Mehr noch: Wenn die schwache Kernkraft (verantwortlich für die Verminderung der Radioaktivität) nicht das Niveau aufrechterhalten hätte, wie sie es tatsächlich tat, hätte sich der gesamte Wasserstoff in Helium verwandelt. Die Sterne hätten sich aufgelöst, und ohne den Wasserstoff hätte es auch das für das Leben unverzichtbare Wasser nicht gegeben. Wenn die starke Kernkraft (die die Atomkerne im Gleichgewicht hält) um ein Prozent größer gewesen wäre, hätte sich auf den Sternen niemals Kohlenstoff gebildet. Und ohne Kohlenstoff wäre die DNA, die die Grundinformation für die Entstehung des Lebens enthält, nie entstanden. Desgleichen gilt: Wenn die elektromagnetische Kraft (für die Elementarteilchen mit elektrischer Ladung und die Photonen zuständig) etwas stärker gewesen wäre, wären die Sterne erkaltet und nicht in der Lage gewesen, in ihrem Inneren jene chemisch-physikalischen Elemente zu schaffen, aus denen die Wesen des Universums bestehen.

Und schließlich: Wenn die Gravitation nicht genau so stark wäre, wie sie aktuell ist, dann gäbe es keine Erklärung dafür, warum das Universum im großen Maßstab so gleichförmig ist, und die Erde würde sich nicht um die Sonne, die Hauptenergiequelle für alle lebendigen Organismen, drehen (vgl. Hawking 1988, 87–106). Die symphonische Verbindung dieser vier grundlegenden Wechselwirkungen des Universums ist weiterhin synergetisch am Werk und sorgt dafür, dass der kosmologische Pfeil der Zeit seine Richtung beibehält und auf immer stärker miteinander verbundene und komplexere Seinsformen hin orientiert ist. Diese Wechselwirkungen stellen in Wahrheit sozusagen die innere Logik des Evolutionsprozesses, die Struktur oder besser gesagt den ordnenden „Geist" des Kosmos selbst dar.

Auf dieselbe Weise, wie eine Zelle Teil eines Organs und jedes Organ Teil eines Körpers ist, so ist auch jedes Lebewesen Teil eines Ökosystems, und jedes Ökosystem ist seinerseits Teil des Systems Erde, die wiederum einen Teil des Sonnensystems bildet. Dieses wiederum bildet einen Teil des Systems Milchstraße, und diese schließlich ist Teil des Systems Kosmos. Das System Gaia erweist sich als äußerst komplex und zutiefst klar. Nur eine ordnende Intelligenz ist dazu fähig, all diese Faktoren auszutarieren. Sie verweisen uns auf eine Intelligenz, die die unsrige bei Weitem übertrifft. Diese Tatsache anzuerkennen stellt einen Akt der Vernunft dar und bedeutet keineswegs, auf unsere Vernunft zu verzichten. Es bedeutet sehr wohl, sich in Demut einer weiseren und überlegeneren Intelligenz anheimzugeben. Dies wiederum setzt voraus, den Rationalismus zu überwinden und die Illusion hinter sich zu lassen, dass unsere Vernunft das Maß aller Dinge sei. Die Gründe haben ihren Ursprung in der Vernunft. Die Vernunft selbst ist keine Vernunfttatsache. Sie ist die einzigartige Ausdrucksgestalt des Universums selbst, das sich als in höchstem Maße vernünftig erweist.

3. Die Verwüstungen, denen die Erde ausgesetzt war und ist

Die Gaia-Theorie zeigt uns die Widerstandsfähigkeit der Erde als Makroorganismus angesichts der Angriffe auf ihr Immunsystem. Im Laufe ihrer Lebensgeschichte von Abermillionen Jahren musste sie verschiedene, schreckliche Attacken ertragen (Ward 1997, 133–195). Vor 570 Millionen Jahren kam es zur großen Vernichtung des Kambriums, in deren Verlauf zwischen 80 und 90 % der damals existierenden Arten ausgelöscht wurden. Im Perm vor 245 Millionen Jahren führte möglicherweise ein Auseinanderbrechen des Urkontinents Pangäa in zwei Teile zu einer Dezimierung der damals lebenden Arten um 75–95 %.

Es ist so gut wie sicher, dass Gaia in der Kreidezeit vor etwa 67 Millionen Jahren den Einschlag eines Meteoriten von enormer Größe erlitt. Er war möglicherweise doppelt so groß wie der Mount Everest und schlug mit einer Geschwindigkeit ein, die dem 65-fachen der Schallgeschwindigkeit entsprach. Infolge dieser Kollision verschwanden 65 % der Arten, besonders die Dinosaurier, die bis dahin mehr als 100 Millionen Jahre lang die Erde beherrscht hatten. Auch das Plankton und mit ihm die zahlreichen Lebensformen, die die Ozeane bevölkert hatten, wurden vernichtet. Im Pleistozän vor 730.000 Jahren ereignete sich ein weiterer kosmischer Unfall, der wiederum eine Vernichtung von Arten in großem Ausmaß zur Folge hatte. In jüngerer Zeit, nämlich während der letzten Eiszeit, (zwischen 15.000 und 10.000 v. Chr.) fand ein mysteriöses großes Artensterben statt, aus dem sich nur Afrika retten konnte. Schätzungen zufolge verschwanden 50 % der Tiere mit mehr als 5 kg Gewicht und 75 % der Tiere, die zwischen 75 und 100 kg wogen. Ebenso verschwanden alle, die ein noch größeres Gewicht hatten, wie zum Beispiel die Mammuts. Die Ursache war möglicherweise ein synergetisches Zusammenwirken von ungünstigen klimatischen Verhältnissen und dem unverantwortlichen Eingreifen des Menschen, der Jagd und Ackerbau betrieb.

In all diesen Fällen wurden Bibliotheken voller genetischer Information, die sich während Abermillionen von Jahren angesammelt hatte, für immer vernichtet (vgl. Swimme/Berry 1992, 118–120; Massoud 1992, 27-30.56). Es gibt Wissenschaftler, die angesichts der verschiedenen großen Massenvernichtungen des Lebens auf der Erde annehmen, dass sich solche ökologischen Katastrophen seit etwa 26 Millionen Jahren zugetragen hätten und ihren Ursprung in einem hypothetisch angenommenen Zwillingsstern der Sonne (genannt Nemesis) hätten. Dieser sei etwa zwei bis drei Lichtjahre von uns entfernt. Er würde in zyklisch wiederkehrenden Perioden die Kometen aus ihren jeweiligen Umlaufbahnen im Oort-Nebel (so benannt nach dem niederländischen Astronom Jan Oort, der diesen Gürtel von Kometen und kosmischen Trümmern entdeckte) anziehen und sie in Richtung Sonne bewegen. Einige davon wären dabei mit der Erde kollidiert und hätten große Zerstörungen der Biosphäre verursacht (Margulis/Sagan 1990, 184). Heute ist die Situation völlig anders. Angesichts des beschleunigten und gnadenlosen Industrialisierungsprozesses haben die Veränderungen des Zustandes der Erde weniger mit kosmischen Ursachen als vielmehr mit anthropogenen, d.h. durch das unverantwortliche Handeln des Menschen bewirkten Ursachen zu tun.

Gaia musste sich an diese neuen Bedingungen von Aggression und Auslöschung anpassen; sie erneuerte ausgehend von den überlebenden Arten das genetische Erbe, schuf neue, dauerhaftere Lebensformen, erhielt sich am Leben und setzte auf diese Weise den Evolutionsprozess fort (Wilson 1994, 33–47). Hoffen wir, dass sie es nun, da wir endgültig in die Phase der globalen Erwärmung eintreten, ebenso macht, wenngleich wir nicht vorhersehen können, welchen Preis Gaia bezahlen muss, um ein neues Gleichgewicht herzustellen.

Die erwähnten Auslöschungen werfen die Frage nach der Gewalt innerhalb der Natur auf. Wir haben es hier mit einer elementaren Gewalt zu tun, die sich in unvorstellbarer Weise im Urknall und in der Explosion der großen Sterne und deren Verwandlung in Supernovas zeigte und die heute nach wie vor auf allen Ebenen sichtbar wird. Diese Gewalt hat für ein „lineares" Denken etwas Mysteriöses. Doch genauso, wie der Mensch selbst zugleich *sapiens* und *demens* ist, so ist auch das Universum gewaltsam und kooperativ zugleich. Alle Seinsarten und das Universum insgesamt weisen, wie Quantenphysiker wie etwa Werner Heisenberg beobachtet haben, das Bestreben auf, ihre innere Tendenz zu Fülle und Vollkommenheit zu verwirklichen. Auch die Gewalt ist dieser segensreichen Logik unterworfen, trotz ihres überaus geheimnisvollen Charakters (Vgl. dazu die diesbezüglichen Überlegungen bei Swimme/Berry 1992, 51–61).

Heute steht die Erde aufgrund des übermäßigen Ausstoßes von Kohlendioxid, Methan und anderen Schadstoffen, die das IPCC als Treibhausgase identifiziert, möglicherweise vor der unmittelbaren Notwendigkeit, neue Anpassungen vorzunehmen und Mechanismen zur Reduzierung der schädlichen Auswirkungen zu finden. Und diese Veränderungen wären für die Gattung Mensch mit Sicherheit nicht günstig, denn es ist mit chronischen Hungersnöten und langen Trockenperioden zu rechnen, die Tausende und Millionen von Menschen ausrotten und Massensterben innerhalb der Gattung Mensch auslösen könnten.

Einigen Analytikern zufolge – wir werden das in einem späteren Kapitel detailliert betrachten – ist es nicht auszuschließen, dass die Gattung Mensch insgesamt vernichtet und von der Erde unter großem Schmerz ausgetilgt wird, um das globale Gleichgewicht aufrechtzuerhalten, den anderen Arten das Weiterleben zu ermöglichen und auf diese Weise den Lauf der kosmischen Evolution weiterzuführen (Lovelock 2006). Wenn Gaia sich im Laufe ihrer langen Geschichte von Tausenden von Arten befreien musste, wer garantiert uns dann, dass sie sich nicht ebenso gezwungen sieht, sich von uns zu befreien, zumal unsere Gattung eine Bedrohung für alle anderen darstellt, erschreckend aggressiv ist, sich als mörderisch für die Erde und die Ökosysteme erwiesen hat und zu einem wahren Satan der Erde geworden ist?

Vor einiger Zeit hat uns James Lovelock im Wochenmagazin *Vejas* (Ausgabe vom 25. Oktober 2006) vor „Gaias Rache" (so lautet auch der Titel seines Buches) gewarnt und die Annahme vertreten, dass aufgrund der Erderwärmung „bis zum Ende dieses Jahrhunderts 80 % der Menschen ausgerottet sein könnten" und dass „praktisch ganz Brasilien zu heiß und zu trocken wäre, um bewohnt zu werden".

Der berühmte Ökonom und Ökologe Nicholas Georgescu-Roegen vermutet, dass „es vielleicht das Schicksal des Menschen ist, ein kurzes, aber heftiges, aufregendes und extravagantes Leben anstelle eines langen, vegetativ bestimmten, monotonen zu haben. In diesem Fall würden andere Arten, die keinerlei geistige Ansprüche haben, wie es zum Beispiel bei den Amöben der Fall ist, die Erde erben, die noch lange Zeit von der Fülle des Sonnenlichts überflutet werden wird." (Georgescu-Roegen 1987, 103; Tiezzi 1989, 58–81)

Die Erde wird weiterbestehen, aber sie wird ärmer sein. Aber wer weiß, ob nicht nach Millionen Jahren die im Universum angelegten Prinzipien der Intelligenz und der Liebe in einem anderen komplexen Wesen wieder zum Durchbruch kommen? Möglicherweise werden andere irdische Wesen entstehen, die ihren kosmischen und evolutiven Auftrag gewissenhafter angesichts des Universums und seines Schöpfers erfüllen. Die Erde hätte damit einen evolutiven Fortschritt wiedererlangt, den sie aufgrund der Hybris (der Überheblichkeit) der Gattung Mensch eingebüßt hatte.

Die Gaia-Hypothese, die sich seit 2001 der Aufmerksamkeit der theoretischen Wissenschaften erfreut und bereits als mehr denn eine Hypothese gilt, erweist sich als sehr plausibel und findet eine immer breitere Zustimmung, sowohl in der akademischen Welt als auch im kulturellen Milieu allgemein. Es gelingt ihr auch, eine der faszinierendsten Entdeckungen des 20. Jahrhunderts zu veranschaulichen: die grundlegende Einheit und Harmonie des Universums. Die Physik spricht von einem vereinheitlichten Feld, in dem die vier Grundkräfte (Gravitation, starke und schwache Kernkraft, elektromagnetische Kraft) zusammenwirken. Und die Biologie bezieht sich auf einen Bereich der phylogenetischen Einheit, zumal der genetische Code allen Lebewesen gemeinsam ist. Sie bringt überdies in einer eleganten Metapher eine philosophisch-religiöse Sichtweise zum Ausdruck, die dem ökologischen Diskurs zugrunde liegt.

Diese Sichtweise geht davon aus, dass das Universum aus einem komplexen Beziehungsgeflecht (Theorie der Komplexität) besteht, sodass jedes Wesen durch ein anderes, für ein anderes und mit einem anderen lebt. Der Mensch ist ein Knotenpunkt innerhalb eines Beziehungsgeflechts, das in alle Richtungen weist. Und die Gottheit selbst zeigt sich als eine allseits in Beziehung stehende (panrelationale) Realität. Wenn alles Beziehung ist und außerhalb von Beziehung nichts existiert, dann ist das universale Gesetz die Synergie, die Bezogenheit aufeinander, das Zusammenwirken, die kosmische Solidarität und die universale Gemeinschaft bzw. Geschwisterlichkeit.

Darwin, der das Gesetz der natürlichen Auslese mittels des Prinzips „survival of the fittest" formuliert hat, muss nun im Sinne dieser panökologischen und synergetischen Sichtweise ergänzt werden (vgl. „Sinergetica" 1988, 161–178). Die allseitige gegenseitige Verbundenheit des Wesens, das am besten dafür geeignet ist, mit den anderen zu interagieren, ist der Schlüssel für das Verständnis des Überlebens und der Vermehrung der Arten, und nicht einfach die Stärke des Individuums, das sich aufgrund ebendieser seiner eigenen Stärke gegen die übrigen durchsetzt. Diese Sichtweise, die die Erde als Gaia vorstellt, ist imstande, unserem Zusammenleben mit der Erde neuen Zauber zu verleihen und dafür zu sorgen, dass eine Ethik der Verantwortung, des Mitleids, der Sorge gelebt werden kann. All dies sind Grundhaltungen, die das Leben und das Gemeinsame Haus, die Erde, retten werden.

4. „Wir sind Erde, die empfindet und liebt." – Was bedeutet dieser Satz?

Weiter oben haben wir die These aufgestellt, dass der Mensch die Erde selbst auf einer hohen Stufe ihrer Entwicklung ist, auf der sie bewusst zu empfinden, zu denken, zu lieben, fürsorglich zu sein und Verehrung auszudrücken begann. Doch welche Bedeutung hat diese Dimension unseres Erde-Seins konkret?

Zunächst heißt dies, dass wir ein integraler Bestandteil der Erde sind, dass wir aus ihr hervorgegangen und das Ergebnis ihrer aktiven Evolution sind. Was wir in unserem Leib, im Blut, im Herzen, im Verstand und im Geiste haben, sind Elemente, die der Erde entspringen. Aus dieser Feststellung folgt unsere tief verankerte Einheit und Identifikation mit der Erde und ihrer unermesslichen Artenvielfalt. Wir können nicht der rationalistischen und objektivistischen Illusion verfallen, als bildeten wir ein Gegenüber zur Erde wie zu einem fremden, uns äußerlichen Objekt, das in sich ruht. Ein erstes Moment bildet eine Beziehung ohne Distanz, ohne Gegenüber, ohne Trennung. Wir bilden mit der Erde zusammen eine einzige Sache. Der indianische Dichter und Sänger Atahualpa Yupanqui brachte dies folgendermaßen zum Ausdruck:

„Der Mensch ist Erde, die aufrecht geht.
Und wenn er sich sehr müde fühlt,
sucht er Zuflucht unter der Erde,
dann tritt die Stille ein."
(Clarín, 17. 5. 1987)

Ein zweites Moment besteht darin, dass wir uns von der Erde distanzieren, um sie besser in den Blick nehmen und unser praktisches Handeln in ihr mit größerer Sicherheit vollbringen zu können. Eine solche Distanznahme durchtrennt jedoch die Nabelschnur keineswegs, die uns mit ihr verbindet. Dieses zweite Moment schwächt das erste nicht ab, vielmehr bildet es mit ihm zusammen eine integrale Einheit. Darin erweist sich die Einzigartigkeit des Menschen, sein besonderer Ort innerhalb der Gesamtheit der übrigen Lebewesen.

Dass wir unsere Einheit mit der Erde vergessen haben, macht den Irrtum der Aufklärung, des Rationalismus und des wissenschaftlichen Reduktionismus in all seinen Formen und Ausdrucksweisen aus. Dieser Irrtum bewirkte überdies den Bruch mit der Mutter Erde und ließ den Anthropozentrismus entstehen. Er geht von der falschen Überzeugung aus, dass wir uns allein aufgrund der Tatsache, die Erde zu denken und in der Lage zu sein, in ihre Prozesse einzugreifen, über sie erheben können, um sie zu beherrschen, nach Belieben über sie zu verfügen und dabei unsere irdischen Wurzeln zu vergessen. In unserem Empfinden, Söhne und Töchter der Erde zu sein, indem wir selbst Erde sind, sofern sie denkt und liebt, erleben wir sie als Mutter. Die Erde ist ein generatives Prinzip: Sie repräsentiert das Weibliche, das empfängt, austrägt und das Licht der Welt erblicken lässt. Auf diese Weise entsteht der Archetyp der Erde als Großer Mutter, Pacha Mama und Nana. So wie die Erde alles hervorbringt und die für das Leben geeigneten Bedingungen schafft, so nimmt sie auch alles an und bewahrt es in ihrem Schoß (Moltmann-Wendel 1993, 406–420; Moltmann 1993, 420–430).

Wenn wir sterben, kehren wir zur Mutter Erde zurück. Wir gehen wieder in ihren großzügigen und fruchtbaren Schoß ein. Diese Erfahrung machte Franz von Assisi, als er den Tod „Schwester" nannte und sich danach sehnte, nackt auf dem Boden zu sterben, das heißt in tiefer Gemeinschaft mit der Mutter und Schwester Erde. Das Feng Shui, die ökologische Philosophie Chinas, beweist ebenfalls einen einzigartigen Sinn für den Tod als Einheit mit dem Tao, das sich in den Energien der Natur offenbart. Wenn wir sterben, verändern wir unseren Zustand, um wieder im tiefen Geheimnis der Natur zu leben, aus dem heraus alle Wesen ihr Leben haben und zu dem alle zurückkehren. Die Natur zu bewahren ist eine unabdingbare Voraussetzung für unsere Unsterblichkeit und für die Möglichkeit, dass neue Menschen entstehen und ihre Reise durch die Zeit antreten.

Zu empfinden, dass wir Erde sind, lässt uns mit den Füßen am Boden bleiben. Es lässt uns alles wahrnehmen, was von der Erde kommt: ihre Kälte und Wärme, ihre bedrohliche Gewalt und ihre faszinierende Schönheit. Es lässt uns den Regen auf der Haut spüren, die erfrischende Brise und den Hurrican, der alles mit sich reißt. Es lässt uns den Atem spüren, der unsere Lungen füllt, und die Gerüche wahrnehmen, die uns erfreuen oder belästigen. Die Erde spüren heißt ihre ökologischen Nischen wahrnehmen, den Geist eines jeden Ortes erfassen, sich auf einen bestimmten Ort einlassen. Erde Sein heißt, sich als Bewohner eines bestimmten Teils der Erde fühlen. Wenn wir eine bestimmte Gegend bewohnen, dann machen wir uns in gewisser Weise zu Gefangenen dieses Ortes, bestimmter geographischer Gegebenheiten, eines bestimmten Klimas, einer bestimmten Häufigkeit von Regen und Wind, einer bestimmten Art, zu wohnen, zu arbeiten, Geschichte zu gestalten. Erde sein heißt konkret, ja äußerst konkret zu sein, denn es ist etwas, was uns Grenzen setzt. Doch andererseits ist es auch unsere feste Grundlage, unser Ausgangspunkt, von dem her wir alles betrachten, unsere Plattform, von der aus wir den Flug über diese Landschaft, dieses bestimmte Stück Erde hinaus auf das Unendliche Ganze hin antreten können.

Schließlich heißt, sich als Erde zu empfinden, sich selbst als in eine komplexe Gemeinschaft anderer Arten von Söhnen und Töchtern der Erde integriert zu wissen. Die Erde hat nicht nur Menschen hervorgebracht, sondern auch Myriaden von Mikroorganismen, die 90 % des gesamten Lebensgeflechts ausmachen, die Insekten, die für die Vielfalt des Lebens den bedeutendsten Anteil an Biomasse darstellen. Sie hat die Gewässer ebenso hervorgebracht wie die Grünflächen mit ihrer immensen Vielfalt an Pflanzen, Blüten und Früchten. Sie hat die unzählige Vielfalt von Lebewesen (Tiere, Vögel, Fische ...) hervorgebracht; sie sind unsere Gefährten innerhalb der heiligen Einheit des Lebens, denn ihnen allen liegt dasselbe genetische Alphabet zugrunde. Sie hat für alle die geeigneten Bedingungen für die Entwicklung, Erhaltung und Ernährung auf dem Boden, unter der Erde und in der Luft hervorgebracht. Sich als Erde empfinden heißt sich zur irdischen Gemeinschaft zählen, mitten in einer Welt von Geschwistern, die alle Söhne und Töchter der großen und großzügigen Mutter Erde, unserer gemeinsamen Heimat, sind.

Diese Erfahrung, Erde zu sein, stellt seit urdenklichen Zeiten eine Grundgegebenheit der Menschheit dar. Jeder Einzelne von uns muss diese Erfahrung der organischen Verbundenheit mit der Erde von Neuem durchmachen, um an seine eigenen Wurzeln zu gelangen und seine eigene Identität radikal (d.h. von der Wurzel her) zu erfahren. Er muss auch die Dimension der *anima*, des Weiblichen, ins Bewusstsein treten lassen, indem er ein stärker vom Mitleid, Gleichheit unter den Völkern und der Fähigkeit, die Anderen zu integrieren, geprägtes praktisches Verhalten entwickelt. Aus dieser tiefen Erfahrung der Mutter Erde geht die Erfahrung Gottes als Mutter von unendlicher Zärtlichkeit und voller Barmherzigkeit ganz selbstverständlich hervor. Diese Erfahrung, die gleichzeitig verbunden ist mit der Erfahrung des Vaters von ewiger Güte und Gerechtigkeit, wird uns für eine umfassendere und ganzheitlichere Erfahrung des Geheimnisses Gottes öffnen.

Wir sind uns sicher, dass der Kampf der Landlosenbewegung, der Zapatisten in Mexiko und der Bauern von dieser lebendigen Wahrnehmung der Erde getragen ist. In einem solchen Kampf geht es nicht einfach, wie im Kapitalismus, schlicht um ein Produktionsmittel, sondern es geht um die Erweiterung der Erfahrung des eigenen Leibes, um die Schönheit des Morgenrots, um die Freude der Blütezeit, die Zufriedenheit beim Einbringen der Ernte und um die Erhaltung des Lebens und der Wohnstatt des Menschen. Es gibt das mehr oder weniger klare Empfinden, dass der Mensch ohne Erde weniger ist und nicht zur Fülle seines Menschseins gelangen kann. Möglicherweise stellt dieser Wert – denn um einen solchen handelt es sich – die verborgene Kraftquelle all dieser fast immer riskanten Initiativen dar und hält trotz aller Todesdrohungen das Ziel wach, das Land zu besetzen, um darauf sesshaft zu werden, es zu bewohnen, seine Heimstatt zu schaffen (die Griechen nannten dies *ethos*, die Römer *habitat*), es zu bebauen und mit den anderen Lebewesen der Erde in Gemeinschaft zu leben.

Die Vorstellung und das Wertempfinden, dass der Planet Erde unser Gemeinsames Haus, das einzige, das wir haben, ist, durchdringen immer mehr das kollektive Bewusstsein. Deshalb ist es angebracht, für sie Sorge zu tragen, sie für alle zu einem Ort zu machen, auf dem man leben kann, sie in ihrer Großzügigkeit, ihrer Integrität und ihrer Schönheit zu bewahren. Daraus entsteht ein Weltethos, auf das sich alle verständigen und das in der Lage ist, alle Menschen jenseits ihrer kulturellen Unterschiede zu einen, da sie sich tatsächlich als Söhne und Töchter der Erde empfinden, die sie als ihre eigene Mutter lieben und respektieren.

Drittes Kapitel: Die Bedrohungen, denen Gaia ausgesetzt ist

Im Lauf dieses Buches werden wir noch oft auf die Bedrohungen zu sprechen kommen, denen die Biosphäre ausgesetzt ist und die die Zukunft der Gattung Mensch in Frage stellen.

Der zentrale Begriff im Diskurs der Regierungen, der großen weltweiten Institutionen, der Unternehmen ganz allgemein und auch der Massenmedien lautet „nachhaltige Entwicklung". Dieser Begriff dient besonders wirtschaftlichen Projekten und für die Umweltinitiativen als Orientierung. Doch die Fakten haben klar gezeigt, dass die Art von Entwicklung, wie sie weltweit durchgesetzt wurde, alles andere als nachhaltig ist. Sie stellt vielmehr sowohl in wirtschaftlicher als auch in sozialer Hinsicht eine wahre Katastrophe dar: Einerseits bringt sie einen ungeheuren Reichtum hervor und andererseits eine Armut, deren wir uns schämen müssen. In ökologischer Hinsicht ist sie pervers zu nennen, da sie in ihrem Drang, möglichst alle Reichtümer der Natur auszubeuten, einen Großteil der Ökosysteme zerstört. Und moralisch gesehen stellt sie ein Verbrechen gegen die Menschlichkeit dar, weil sie Millionen von Menschen für den Produktionsprozess verheizt.

Was die ökologischen Schäden betrifft, so sind die von den verschiedenen Institutionen, die sich mit dem

Zustand der Erde befassen, gelieferten Daten immer alarmierender. Diese Schäden werden zu einem großen Teil durch die weltweite Durchsetzung dieser Produktionsweise verursacht. Praktisch jedes Jahr verschlechtern sich die ökologischen Daten, wie uns die Informationen des US-amerikanischen *Worldwatch Institute* versichern. Die kranke und bedrohte Erde macht auch uns alle, ihre Söhne und Töchter, gleichermaßen krank. Ihr Leib und ihr Gesicht ist das der Dritten und Vierten Welt, in der die Mehrheit der Gekreuzigten unserer Geschichte lebt. Die Erde hängt am Kreuz, und wir müssen sie herabholen und zu neuem Leben erwecken. Diese Tatsache räumt der Erde, der Menschheit und dem System Leben insgesamt absolute Priorität ein. Deshalb können wir von einem Prinzip Erde sprechen. Das heißt, die Erde ist zu dem Faktor geworden, der allen übrigen Projekten entweder Sinn verleiht oder ihnen diesen Sinn abspricht. Entweder wir retten die Erde zusammen mit der Menschheit, oder es wird weder Zukunft noch Sinn für irgendetwas sonst geben.

1. Die gekreuzigte Erde

Von den vielen Faktoren, die die Erde in Gefahr bringen, wollen wir nur drei anführen.

Erster Faktor: Das am meisten bedrohte Wesen der Natur ist nach wie vor der Arme. Etwa 79 % der Menschheit leben im armen Süden; 1,3 Milliarden Menschen leben in Armut. Von den insgesamt 6,3 Milliarden Menschen sind 3 Milliarden unter- bzw. mangelernährt. Jedes Jahr sterben 60 Millionen Menschen an Hunger, und 14 Millionen der Kinder unter fünfzehn Jahren leiden an Krankheiten, deren Ursache der Hunger ist. Die Zahl der Menschen, die in Slums leben, nimmt jedes Jahr um 15 Millionen zu (Davis 2007; Ziegler 2007, 102–127). Angesichts dieser dramatischen Situation gibt es praktisch keine Solidarität vonseiten der übrigen Menschen. Die Mehrheit der reichen Länder wendet nicht einmal 0,7 % des Bruttoinlandsprodukts auf, um den ärmeren Ländern beizustehen, wie es eigentlich von der UNO festgelegt wurde. Das reichste Land der Welt überhaupt, die USA, geben zu diesem Zweck lediglich 0,01 % des Bruttoinlandsprodukts aus.

Zweiter Faktor: Einer ähnlichen Bedrohung ist die Artenvielfalt ausgesetzt. Es gibt Schätzungen, denen zufolge zwischen 1500 und 1850 sehr wahrscheinlich alle zehn Jahre eine Art ausgelöscht wurde. Zwischen 1850 und 1950 hat sich diese Rate auf eine Art pro Jahr erhöht. Seit 1989 verschwindet eine Art pro Tag. Und im Jahr 2000 kam es sogar jede Stunde zum Verlust einer Art. Die Beschleunigung des Verlustes von Arten ist so groß, dass bis zum Jahr 2020 zwischen 10 und 38 % aller heute existierenden Arten verschwunden sein werden. Man sagt, dass wir es mit der sechsten großen Katastrophe dieser Art zu tun haben. Sie ist zugleich die erste vom Menschen verursachte (Oberhuber 2004, 41).

Doch man muss auch dazusagen, dass die Zahl der Arten nach Meinung der verschiedenen Fachleute zwischen 10 und 100 Millionen schwankt. Nur 1,4 Millionen davon sind erfasst und klassifiziert. In jedem Fall aber haben wir es mit einer regelrechten Tötungsmaschinerie zu tun, die das Leben in seinen vielfältigsten Formen attackiert (zu den Zahlen vgl. Barrère 1992, 243–251; Wilson 2002, 105–129).

Der *dritte Faktor* ist die globale Erwärmung mit den entsprechenden Klimaveränderungen. „Für die Gemeinschaft des Lebens in Verständnis, Mitgefühl und

Liebe sorgen" ist bis heute der Imperativ, auf den die Erdcharta solchen Nachdruck legt (Erdcharta 2001, 9). Es muss um jeden Preis verhindert werden, dass eine bestimmte Grenze überschritten wird, denn dies würde bedeuten, dass sich der Zustand der Erde radikal verändert. Der IPCC (Intergovernmental Panel on Climate Changes), dessen Daten im Lauf des Jahres 2007 in drei Etappen veröffentlicht wurden, zeigen, wie wir tatsächlich dabei sind, diese Grenze zu überschreiten. Wir steuern nicht auf die globale Erwärmung zu, wir befinden uns vielmehr bereits mitten in diesem Prozess. Diese Erwärmung kann je nach Region bis zu sechs Grad Celsius erreichen und pendelt sich wahrscheinlich zwischen 2 und 3 Grad ein. Dieser Wandel wurde mit einer Wahrscheinlichkeit von 90 % von der Verantwortungslosigkeit der Menschen verursacht. Von der Industriellen Revolution im 18. Jahrhundert an bis heute schleudern die Menschen jedes Jahr Millionen Tonnen von Kohlendioxid und anderen Treibhausgasen in die Atmosphäre, die zur globalen Erwärmung führen.

Diese zusätzlichen 2 bis 3 Grad könnten die verschiedenen klimatischen Verhältnisse auf der Erde deutlich verändern. Auf der einen Seite wird es große Dürrekatastrophen geben und auf der anderen Seite werden wir es durch das Abschmelzen der Polkappen und durch den Anstieg des Meeresspiegels mit verheerenden Überschwemmungen zu tun bekommen. Letzteres betrifft 60 % der Menschheit, die in Küstenregionen leben. Die Artenvielfalt wird dramatisch zurückgehen, und das Leben von Millionen Menschen wird unmittelbar bedroht sein. Diese Menschen werden versuchen, in bessere Gegenden zu fliehen, denn ein großer Teil der Landflächen wird unbewohnbar sein.

Was wir auf keinen Fall zulassen dürfen, ist, dass die Dinge so weitergehen wie bisher. Denn das würde bedeuten, dass wir zwischen 2030 und 2040 in eine absolut trostlose Situation hineingeraten. Deshalb müssen wir bereits ab jetzt mindestens 2 % des weltweiten Bruttosozialprodukts dafür aufwenden, dass sich die Menschheit an die neue Situation anpassen kann und dass die schädlichen Auswirkungen der globalen Erwärmung vermindert werden. Das würde eine Summe von 450 Milliarden Dollar bedeuten, die wir ab jetzt jährlich ausgeben müssten. Wenn wir damit noch länger zuwarten, werden wir Billionen Dollar aufwenden müssen.

Da es sich um ein globales Problem handelt, muss auch dessen Lösung global sein. Es gibt keine Arche Noah, in der alle Zuflucht finden könnten. Alle sind gleichermaßen in Gefahr, und alle (das heißt alle Institutionen, jede Religion und jeder Einzelne) müssen ihren Beitrag dazu leisten, damit alle gerettet werden.

Die Krise, in der wir uns befinden, wurde zum ersten Mal im Jahr 1972 mit dem berühmten Bericht des Club of Rome klar zum Ausdruck gebracht. In dieser Organisation haben sich Industrielle, Politiker, hohe Staatsbeamte und Wissenschaftler aus den unterschiedlichsten Gebieten zusammengefunden, um die Beziehungen gegenseitiger Abhängigkeit zwischen den Ländern, die Komplexität der heutigen Gesellschaften und der Natur zu studieren. Ziel dabei ist es, eine systematische Gesamtschau der Probleme zu erarbeiten und neue Wege politischen Handelns zu deren Lösung zu erwägen. Der Bericht trug den Titel „Die Grenzen des Wachstums". (Meadows 1972)

Die Krise zieht einen radikalen Bruch mit einem bestimmten Weltbild nach sich. Was dem kollektiven Bewusstsein früher als selbstverständlich erschien, wird nun in Frage gestellt. Worin bestand die von niemandem hinterfragte Weltauffassung? Sie besagte schlicht und einfach, dass sich alles um die Idee des Fortschritts und der Entwicklung drehen müsse und dass sich diese Entwicklung innerhalb des Rahmens zweier Unendlichkeiten vollziehe: der Unendlichkeit der Ressourcen der Erde und der Unendlichkeit der Zukunft. Man dachte, dass die Erde unerschöpfliche Ressourcen böte und dass wir uns ohne Grenzen in Richtung Zukunft bewegen könnten.

Doch beide Unendlichkeiten sind eine Illusion. Das Bewusstsein der Krise lässt uns erkennen, dass die Ressourcen beschränkt sind, weil die Erde endlich, klein und alt ist, und nicht alle ihre Ressourcen sind erneuerbar. Sie lässt uns einsehen, dass ein unbegrenztes Wachstum unmöglich ist (Lutzenberger 1980), denn wir können das Wachstumsmodell nicht für alle Menschen und für alle Zeiten verallgemeinern. Schätzungen herausragender Biologen haben gezeigt, dass wir noch weitere drei Planeten wie die Erde bräuchten, wenn wir den Bedürfnissen aller gerecht werden wollten. Das ist ganz offenkundig unmöglich.

Der „ökologische Fußabdruck" (die Größe der Landfläche, die ein jeder zum Leben braucht) macht eine krasse Ungleichheit zwischen dem reichen Norden und dem armen Süden deutlich. Durchschnittlich beträgt er 2,8 Hektar pro Person. Doch während er in den USA 9,6 Hektar groß ist, misst er in Brasilien nur 2,6 Hektar und in Bangladesh lediglich 0,5 Hektar. Das Gesellschaftsmodell und die Lebensweise, denen sich die Menschen, zumindest in den letzten Jahrhunderten, verschrieben haben, sind in die Krise geraten und bieten auf der Grundlage ihrer eigenen Ressourcen keine alle berücksichtigenden und für alle möglichen Lösungen an. Dieses Modell bestand und besteht – in alltäglicher Sprache ausgedrückt – darin, sich in kürzestmöglicher Zeit und mit möglichst geringem Einsatz eine große Menge lebensnotwendiger Dinge, materiellen Reichtums und Annehmlichkeiten anzueignen und seinen Einfluss so weit wie möglich zu vergrößern, um innerhalb des kurzen Daseins auf diesem Planeten so viel wie möglich zu genießen. Um dieses Vorhaben in die Tat umzusetzen, bediente man sich der Wissenschaft, die die Mechanismen auf der Erde verstehen half, und der Technik, die in diese Mechanismen zum Vorteil der Menschen eingriff.

Bei dieser kulturellen Praxis begreift sich der Mensch selbst als ein Wesen, das *über* den Dingen steht und über sie nach Belieben verfügt; keineswegs versteht er sich dabei als einer, der *mit* den Dingen *zusammen* existiert, als ein Glied einer umfassenderen, planetarischen und kosmischen Gemeinschaft. Das Ergebnis dessen, das erst jetzt unabweisbar sichtbar wird, kann mit folgendem Satz, der Gandhi zugeschrieben wird, zum Ausdruck gebracht werden: „Die Erde hat genug für jedermanns Bedürfnisse, aber nicht für jedermanns Gier." Viele Analytiker auf der ganzen Welt haben dies auch folgendermaßen auf den Punkt gebracht: „Entweder wir ändern uns, oder wir werden den Weg gehen, den bereits die Dinosaurier gegangen sind." (Rees 2005, 34–50)

Immer mehr – wenn auch immer noch nicht genug – verbreitet sich in der Welt die Einsicht: Wenn wir unbeirrt auf diese Weise weitermachen und der Logik unserer Konsum- und Produktionsmaschinerie freien Lauf lassen, dann könnten einige unumkehrbare Folgen für Mensch und Natur eintreten: Ausdehnung der Wüsten (etwa 40 % des fruchtbaren Bodens sind davon bedroht, und die Wüsten wachsen jedes Jahr um eine Fläche, die dem Bundesstaat Rio de Janeiro bzw. der dreifachen Größe Belgiens entspricht); Entwaldung (etwa 42 % der tropischen Regenwälder wurden bereits vernichtet; die Erderwärmung ist bereits eingetreten, und der saure Regen könnte die für das System Erde äußerst wichtige Fläche borealer Wälder von insgesamt 6000 Hektar weiter dezimieren); Überbevölkerung (derzeit gibt es etwa 6,3 Milliarden Menschen, und die jährliche Wachstumsrate bewegt sich zwischen 3 und 4 %, während die Lebensmittelerzeugung nur um 1,3 % wächst).

Es zeichnen sich am Horizont noch weitere bedrückende Zukunftsszenarien für das System Erde ab, so zum Beispiel mögliche weltweite Konflikte als Folge von sozialer Ungleichheit und Hunger, der aufgrund der wegen der Erderwärmung äußerst dürftigen Ernten eintreten könnte. Diesem düsteren Bild möchten wir noch die alarmierende Tatsache der wachsenden Verslumung der Welt hinzufügen. Wir beziehen uns dabei auf eine gründliche Erforschung dieses Phänomens auf weltweiter Ebene, wie sie Mike Davis, einer der kreativsten nordamerikanischen Forscher zu aktuellen Themen wie „kolonialer Holocaust" oder die weltweite Bedrohung durch die Vogelgrippe unternommen hat. In seinem Buch „Planet der Slums" (2007) hat er seine diesbezüglichen Forschungsergebnisse festgehalten. Für Davis wird der Krieg der Zivilisationen zwischen der organisierten Stadt und der ungeheuren Anzahl von Slums stattfinden. Die wachsende Zahl der Slums ist eine Folge der Politik der neoliberalen Strukturanpassung und ihrer radikalen Privatisierung öffentlicher Güter sowie deren Verwandlung in Profit abwerfende Waren. Dieser Prozess sorgte dafür, dass sich Güter und Dienstleistungen in der Verfügungsgewalt Weniger anhäuften. Es handelte sich um eine Akkumulation von solchem Ausmaß, dass die Länder der Peripherie sozial destabilisiert und Abermillionen Menschen der Arbeitslosigkeit und größten Unsicherheit ausgeliefert wurden. Für das System sind diese Menschen „verbrauchtes Heizmaterial", „wirtschaftliche Nullen", „überflüssige Masse", die es nicht einmal verdient, in die Reservearmee des Kapitals einzutreten.

Dieser Prozess der Ausgrenzung ist für die zunehmende Verslumung verantwortlich, von der jedes Jahr zirka 25 Millionen Menschen betroffen sind. Davis zufolge machen die Slumbewohner etwa 78,2 % der Bevölkerung der armen Länder aus. Und Informationen des CIA aus dem Jahr 2002 sprechen von der erschreckenden Zahl von einer Milliarde arbeitsloser oder unterbeschäftigter Menschen, die keine andere Bleibe als eine armselige Slumhütte haben. Mit dem Wachstum der Slums geht eine ganze Reihe von Perversitäten einher: Abertausende ausgebeutete und versklavte Kinder in der indischen Stadt Varanasi (Benares) zum Beispiel, die als Teppichknüpfer arbeiten, oder der Handel mit menschlichen Nieren und anderen Organen in Madras und Kairo und zahlreiche andere Formen der Entwürdigung, die dafür sorgen, dass die Menschen „im wahrsten Sinne des Wortes im Dreck leben". (Davis 2007, 25–53)

Das nordamerikanische Imperium blieb von den geopolitischen Konsequenzen eines „Planeten der Slums" nicht unbeeindruckt. Man fürchtet „die Urbanisierung der Revolte" oder die Vereinigung der Slumbewohner für den politischen Kampf. In diesem Sinne hat das Pentagon, das US-amerikanische Verteidigungsministerium, eine Organisation mit der Abkürzung MOUT geschaffen, das heißt „Military Operations on Urbanized Terrain", zu Deutsch: Militärische Operationen in Stadtgebieten. Ziel ist es, Soldaten dafür abzurichten, in verwinkelten Straßen, in Abwasserkanälen, in Slumgebieten etc. zu kämpfen, und zwar in allen Gegenden der Welt, in denen die Interessen des Imperiums bedroht sein könnten. Dies wäre der Kampf zwischen der organisierten und Schrecken verbreitenden Stadt und dem Zorn der Slumbewohner. Mike Davis schreibt zu den militärischen Planungen: „Doch die Kriegsplaner schrecken nicht zurück. Mit kaltblütiger Offenheit erklären sie, dass die *failed cities* der Dritten Welt – und vor allem ihre äußeren Slumbezirke – die Schlachtfelder des 21. Jahrhunderts sein werden. Die Pentagondoktrin erfährt eine entsprechende Umdefinition, um einen weltweiten Krieg niedriger Intensität und unbegrenzter Dauer gegen kriminalisierte Bevölkerungsteile der städtischen Armen führbar zu machen. Das ist der wahre ‚Kampf der Kulturen'." (Davis 2007, 214)

Der Anschlag vom 11. September 2001 auf die Zwillingstürme des World Trade Centers und auf das Pentagon sowie die darauf folgenden Anschläge in Madrid und London sind dramatische Vorboten, die die Verschlechterung der weltweiten Beziehungen zwischen denen ankündigen, die auf arrogante Weise die Vorherrschaft innehaben und ausüben, und denen, die ihr widerstehen und sich dabei Mittel extremer Gewalt – realer wie symbolischer – bedienen. Bereits Marx warnte davor, dass sich die kapitalistische Produktionsweise nur dadurch behauptet, dass sie die beiden Hauptquellen ihrer eigenen Produktivität zerstört, nämlich die lebendige Arbeitskraft und die Natur. Genau dies ist es, was wir heute zutiefst erschreckt erleben.

2. Warnende Stimmen

Der ökologische Alarm wurde von den kompetentesten Organisationen ausgelöst, wie etwa der Initiative Erdcharta und den Institutionen, die regelmäßig über den Zustand der Erde informieren. Die Informationsschrift „Lebendiger Planet 2006" des WWF (World Wildlife Fund) erklärt: „Der Mensch konsumiert 25 % mehr, als die Erde wieder zur Verfügung stellen kann. Im Jahr 2050 würden wir zwei Erden wie die brauchen, die wir jetzt haben, um den menschlichen Bedürfnissen gerecht zu werden." Und Michail Gorbatschow, der Präsident des Internationalen Grünen Kreuzes, hat im Jahr 2007 angemahnt: „Wir brauchen ein neues Paradigma der Zivilisation, denn das aktuell herrschende Paradigma ist an sein Ende gelangt und hat seine Möglichkeiten ausgeschöpft. Wir müssen einen Konsens über neue Werte erreichen. In dreißig oder vierzig Jahren kann es sein, dass die Erde ohne uns weiterexistiert."

Bereits früher schon hat der für den Erdgipfel in Rio de Janeiro verantwortliche Subsekretär der UNO, Maurice Strong, in seiner Eröffnungsansprache gesagt: „Wir stehen vor der letzten Möglichkeit, eine Kurskorrektur unseres Planeten vorzunehmen, bei Strafe eines nicht wiedergutzumachenden Niedergangs der Gattung Mensch." Al Gore hat in seiner Dokumentation „Eine unbequeme Wahrheit" über die katastrophalen Folgen der Erderwärmung informiert und die Ausmaße der Krise den möglichen Formen ihrer Überwindung gegenübergestellt. Entweder wir investieren ab sofort ernsthaft in die Reduktion der Treibhausgase, oder wir werden Katastrophen von bisher nie gekanntem Ausmaß erleben.

Zu denselben Schlussfolgerungen gelangt der Bericht von Nicholas Stern, dem ehemaligen Wirtschaftsexperten der Weltbank und Berater der britischen Regierung: „Entweder wir investieren 2 bis 5 % des weltweiten Bruttosozialprodukts, um der Erde zu helfen, ihr Gleichgewicht wiederherzustellen, oder die Weltwirtschaft wird nicht mehr messbare und irreparable Schäden hinnehmen müssen." Jacques Attali, ein französischer Ökonom, Intellektueller und Berater der Regierung, skizziert in seinem verdienstvollen Buch „Une brève histoire de l'avenir" (2006) drei mögliche Szenarien für die kommenden Jahrzehnte. Das erste Szenario nennt er *Superimperium*, unter dessen Herrschaft die Globalisierung stattfindet, die von schwerwiegenden inneren Widersprüchen geprägt ist und sich in einem Zustand des Niedergangs befindet. Das zweite Szenario ist das des *Superkonflikts*, das dem Zusammenbruch der imperialen Ordnung folgt. Es eröffnet die Möglichkeit regionaler Regime, äußerst verheerender Kriege, das Auftauchen von Piraten und Freibeutern, die die Lüfte und Ozeane unsicher machen, große Unternehmen ausplündern und ein Klima der allgemeinen Instabilität und Unsicherheit erzeugen. Diese Kräfte könnten im schlimmsten Fall die Menschheit vernichten und die Biosphäre ernsthaft in Gefahr bringen. Diese Situation verlangt nach einer ebenso radikalen Lösung; diese stellt die dritte Phase dar, nämlich die der *Superdemokratie:* Die Menschheit würde darin eine weltweite Übereinkunft erzielen, eine zentrale Regierungsgewalt schaffen und die knappen Güter der Erde zum Wohl aller Menschen und der übrigen Lebewesen gemeinsam verwalten. Diese Superdemokratie stellt eine der historischen Möglichkeiten dar, doch es besteht keinerlei Garantie, dass sie tatsächlich konkret verwirklicht wird. Wenn jedoch der Überlebenswille und die Weisheit die Oberhand gewinnen, dann wird die Superdemokratie eine neue Etappe der menschlichen Entwicklung einleiten. James Lovelock hat in seinem jüngsten Buch, „Gaias Rache" (2008), prognostiziert, dass am Ende dieses Jahrhunderts nur 20 % der jetzigen Erdbevölkerung überleben werden, wenn wir nicht sofort Maßnahmen zur Rettung Gaias ergreifen. Der englische Astronom Martin Rees lenkt in seinem Buch „Die letzte Stunde" die Aufmerksamkeit auf eine dringlich gebotene neue Moral. Andernfalls könnte es sein, dass die Gattung Mensch am Ende dieses Jahrhunderts völlig verschwunden sein wird.

Wird es innerhalb der Menschheit, bei den verschiedenen Gruppen und Einzelnen, genug Weisheit geben, wird es bei den Regierungschefs den nötigen politischen Willen, bei den Verantwortlichen der großen transnationalen Konzerne genug ethisches Gespür geben, um bereits ab jetzt eine neue politische Ökonomie und eine neue kollektive, nachhaltige Lebensweise ins Werk zu setzen, die die Erde und die Menschheit retten könnten?

Wir haben vielleicht zu spät (erst zu Beginn der Siebzigerjahre des vorigen Jahrhunderts) entdeckt, dass die Erde ein sich selbst regulierendes System ist, das heißt ein lebendiger Großorganismus, der die Ebenen des Physischen, des Chemischen, des Biologischen und Anthropologischen in einer solchen Weise miteinander verknüpft, dass es, wie James Lovelock meisterhaft gezeigt hat, dem Leben förderlich ist. Und nun stellen wir fest, dass die normale Regulierung der Erde nicht mehr funktioniert, dass sie sich einem kritischen Stadium nähert und dass das Leben insgesamt gefährdet ist (Lovelock 2008, 75–98). So wie der Arzt den Schweregrad der Erkrankung des Patienten ermisst, indem er seine Temperatur kontrolliert, so ziehen auch diejenigen, die den „Gesundheitszustand" der Erde beobachten, ihre Schlussfolgerungen aus dem veränderten

Zustand ihres internen Klimas. Was die Körpertemperatur des Menschen betrifft, gibt es eine Grenze, deren Überschreitung das Leben in ernste Gefahr bringt. Dasselbe können wir im Hinblick auf Gaia sagen: Wir müssen uns um sie sorgen und sie schützen, dürfen aber niemals die Grenze überschreiten.

Die Daten des IPCC besagen, dass wir die Grenze bereits überschritten haben. Und sobald die Grenze einmal überschritten ist, können wir das Rad nicht mehr anhalten, sondern nur noch die Geschwindigkeit reduzieren. Die Temperatur der Erde steigt irreversibel an, und diese Erhöhung kann bis zu 6 Grad Celsius am Ende des Jahrhunderts gehen. Bereits um das Jahr 2040 könnte die Situation in bestimmten Regionen unerträglich sein. Dann käme die Phase der massenhaften Vernichtungen, die 80 % der Weltbevölkerung auslöschen könnten (Lovelock 2008, 91). In einer solchen Situation ist es klar, dass wir der Erde nicht mehr willkommen sein werden und von ihr verstoßen werden könnten. James Lovelock schreibt mit Nachdruck: „Selbst jetzt, wo die Glocke schon unsere letzte Stunde einläutet, reden wir noch von nachhaltiger Entwicklung und erneuerbaren Energien, als wären diese kläglichen Angebote ausreichende und angemessene Opfer, die Gaia akzeptieren würde. Wir verhalten uns wie rücksichts- und gedankenlose Familienmitglieder, die alles kaputt machen, aber zu glauben scheinen, es würde reichen, sich zu entschuldigen." (Lovelock 2008, 211)

Wir möchten nicht, dass Gaia unsere Auslöschung bewirkt. Doch um es uns zu verdienen, in Gemeinschaft mit ihr zu leben, müssen wir unser Verhalten ändern. Andererseits müssen wir uns die Geschichte Gaias vor Augen halten. Wenngleich die heutige Situation anthropogen, das heißt auf die unverantwortliche

Praxis des Menschen zurückzuführen ist, gab es bereits vor 55 Millionen Jahren ein ähnliches natürliches Phänomen. Im Südosten Asiens fand eine Serie von Vulkanausbrüchen statt, die zur Bildung eines Sees von mehr als 100 Kilometern Länge und 30 Kilometern Breite führte. Die Erdtemperatur stieg zwischen 5 und 8 Grad Celsius an. Ein unglaubliches Artensterben setzte ein; unsere Vorfahren überlebten jedoch. Die Erde brauchte dann Tausende von Jahren, um das Gleichgewicht wiederzuerlangen, das die Aufrechterhaltung der Artenvielfalt erlaubte. Diese stellte sich wieder in überwältigendem Maß ein.

Vor 20.000 Jahren begann die Eiszeit, die mit schrecklicher Kälte und einer Trockenheit der Böden einherging (Massoud 1992, 51–57). Auf dem Höhepunkt dieser Eiszeit vor etwa 18.000 Jahren bedeckte das Eis die Hälfte Irlands und drei Viertel Großbritanniens. In den Meeren bildeten sich Millionen von Eisblöcken, die den Meeresspiegel um 120 Meter absinken ließen. Die Länge Südamerikas wuchs um 500 Kilometer an. Die eisigen und trockenen Winde von den Polkappen her ließen es kaum zu, dass sich eine Vegetation entfalten konnte, wodurch alles in eine Art Tundra verwandelt wurde, wie wir sie im heutigen Sibirien oder im Norden Kanadas kennen. In den tropischen Regionen wurden die Wälder drastisch reduziert.

Doch vor 15.000 bis 10.000 Jahren begann sich das Klima wieder zu erwärmen. Der Planet war intensiven Regenfällen ausgesetzt und wurde wesentlich feuchter. Die Vegetation erholte sich wieder. Die Wälder begannen in allen Winkeln des Planeten neu zu entstehen. Die Polkappen schmolzen wieder ab, und der Meeresspiegel wurde angehoben. Vor 3000 Jahren hatte er wieder 50 Meter aufgeholt und vor 2000 Jahren schließlich seinen heutigen Stand erreicht.

Wie der beste brasilianische Geograph, Aziz Ab'Saber (2007, 8–13) aufgezeigt hat, machte die Erwärmung aus dem Amazonasgebiet damals keine Savanne, wie es die Experten im Hinblick auf die aktuelle Erwärmung behaupten. Im Gegenteil: Die bessere Verdunstung des Meerwassers, die Meeresströme, das Zusammenspiel von äquatorial-kontinentalen, tropisch-atlantischen und polaren Luftmassen sorgten insgesamt für eine größere Feuchtigkeit. Die Nischenvegetation, die der intensiven Kälte widerstanden hatte, begann sich wieder zu erholen und auszubreiten. Der Prozess der Tropisierung begünstigte die „Caatinga" (die ländliche Vegetation, wie sie für den Nordosten Brasiliens charakteristisch ist) und den Amazonasurwald, die beide an Größe zunahmen.

3. Das Fallbeispiel Amazonien

Wir möchten diesen Teil unserer Überlegungen dazu nutzen, einige grundlegende Daten im Hinblick auf den größten tropischen Regenwald der Welt wiederzugeben. Der Amazonasurwald hat eine Ausdehnung von 6,5 Millionen Quadratkilometern. Er bildet das größte Süßwasserreservoir und beherbergt die größte genetische Vielfalt des Planeten. Die unterschiedlichen Arten von Wald und Böden, die er enthält, bilden zusammen eine erstaunliche Biomasse: Mehr als 60.000 Pflanzenarten, 2,5 Millionen Arten von Gliederfüßlern (Insekten, Spinnen, Tausendfüßler etc.), 2000 Arten von Fischen, mehr als 300 Arten von Säugetieren und unzählige Mikroorganismen.

Einer unserer besten Wissenschaftler, der den brasilianischen Amazonas erforscht hat, ließ uns wissen, dass „auf ein paar Hektar Amazonasurwald mehr

Pflanzen- und Insektenarten existieren, als die gesamte europäische Flora zu bieten hat". (Salati 1983, 56) Doch diese überbordende Vegetation ist äußerst anfällig, denn sie gedeiht auf einem der dürftigsten Böden der Erde. Wenn es uns nicht gelingt, die Entwaldung unter Kontrolle zu bringen, könnte sich Amazonien innerhalb einiger Jahrzehnte völlig verändern.

Es handelt sich nicht um unberührtes Land, das tabu wäre. Im Verlauf von Tausenden von Jahren haben sich die zig indigenen Völker, die hier gelebt haben und immer noch leben, als echte Ökologen erwiesen. Ein großer Teil des Amazonasurwaldes, besonders die bebaubaren Flächen, wurde von den indigenen Völkern sachkundig behandelt; sie bildeten „Ressourceninseln", indem sie Bedingungen schufen, die für die Entwicklung von bestimmten Arten von Nutzpflanzen wie der Babacu-Nuss, der Palme, dem Bambus, den Kastanienbäumen und Früchten jeglicher Art günstig waren; diese pflanzten sie an und pflegten sie für sich selbst und für alle, die an diesen Orten vorbeikamen. Die berühmten „schwarzen Indio-Erden" knüpfen an diese Praxis an.

Die Vorstellung, dass der Indio ein wahrhaftiges Naturwesen sei, stellt eine irrtümliche Ökologisierung desselben dar. Sie entspringt einer städtischen Phantasie, die das künstliche Leben satt hat. Der Indio ist ein kulturelles Wesen. Der Anthropologe Viveiro de Castro bringt es folgendermaßen zum Ausdruck: „Amazonien, wie wir es heute vor uns haben, ist das Ergebnis einer jahrhundertelangen gesellschaftlichen Gestaltung, genauso wie umgekehrt die Gesellschaften, die hier leben, das Resultat von jahrhundertelangem Zusammenleben mit Amazonien selbst sind." (1992, 26) Dasselbe sagt auch der Forscher Evaristo Eduardo de Miranda: „Es gibt sehr wenig unberührte und von den Menschen nicht veränderte Natur im Amazonasgebiet ... Bäuerliche Gesellschaften, solche, die noch immer Sammler und Jäger waren, organisierten sich, gelangten schließlich dazu, erste staatliche Gebilde zu schaffen, und entwickelten hochstehende Handelsbeziehungen mit den Anden und Zentralamerika ... Seit Jahrtausenden sind die Landschaften des Amazonas, die wir heute als natürlich betrachten, kulturelle Gebilde, Territorien, die durch Zivilisationen gestaltet wurden, in denen die Kenntnisse nicht nach Vermehrung trachteten, sondern dem Aufbau und der Reproduktion der Gesellschaften dienten, die starke symbolische Komponenten und eine Integration in die Natur aufwiesen." (2007, 83, 102 und 103)

1100 Jahre lang haben die Tupi-Guarani ein riesiges Territorium beherrscht, das sich von den Vorgebirgen der Anden am Amazonas bis zu den Flussebenen des Paraguay und des Paraná erstreckte. Das war ein richtiges Imperium, vergleichbar den bekannten Reichen in Europa, dem Mittleren Osten, Asien und Afrika.

Der Indio und der Urwald bedingten einander also gegenseitig. Doch dabei handelt es sich nicht um Naturbeziehungen, sondern vielmehr um ein kulturelles Verhältnis innerhalb eines eng geknüpften Netzes von gegenseitigen Beziehungen. Der Indio empfindet und betrachtet die Natur als Teil seiner Gesellschaft und seiner Kultur, als Verlängerung seines eigenen persönlichen und sozialen Leibes. Für ihn ist die Natur ein lebendiges Subjekt voller Bedeutungen, nichts Objektives, Stummes und Geistloses wie für uns Moderne. Die Natur spricht, und der Indio hört ihre Stimme und versteht ihre Botschaft. Deshalb hört er ständig auf die Natur und passt sich ihr innerhalb eines komplexen Beziehungsgeflechts an. Er hat ein fein abgestimmtes gesellschaftlich-kosmisches Gleichgewicht gefunden und eine dynamische Integration erreicht, wenn es auch Kriege und regelrechte Vernichtungsfeldzüge gegeben hat, wie etwa die der „Samaqueiros" (die ersten Bewohner der Atlantikküste Brasiliens) und anderer Stämme (Miranda 2007, 53).

Doch es gibt Lektionen der Weisheit, die wir von ihnen angesichts der ökologischen Bedrohungen zu lernen haben. So ist es zum Beispiel wichtig, die Erde nicht als ein Objekt und mit unendlichen Ressourcen ausgestattet zu betrachten, die zur Befriedigung der menschlichen Gier beliebig zur Verfügung stehen, sondern vielmehr als etwas Lebendiges, als die „Mutter des Indio", die in ihrer Unversehrtheit zu respektieren ist. Wenn ein Baum gefällt wird, dann wird ein Versöhnungsritus vollzogen, um den Freundschaftsbund mit ihm wiederherzustellen. Wir bedürfen einer symphonischen Beziehung zur Gemeinschaft des Lebens, wie sich herausgestellt hat. Gaia hat ihre Grenzen der Nachhaltigkeit bereits überschritten. Wenn wir den Dingen ihren Lauf lassen und nichts unternehmen, dann werden aus den Bedrohungen verheerende Tatsachen.

Wenn wir heute unseren Produktions- und Konsumtionsprozess vollständig stoppen würden, dann bräuchte die Erde ungefähr tausend Jahre, um sich von den Wunden zu erholen, die wir ihr zugefügt haben.

James Lovelock (Lovelock 2008) wird nicht müde darauf aufmerksam zu machen: Wenn eine Art ständig und unablässig die Umwelt schädigt und andere Arten bedroht, ist sie dem Untergang geweiht. In unserem Falle geht es um die Gattung Mensch, die sich mit Gaia im Kriegszustand befindet. In diesem Krieg eignet sie sich Land für die Monokulturen an, verschmutzt sie die Luft, vergiftet sie die Böden und beraubt Gaia so ihrer Fähigkeit, das Klima und die

Chemie der Böden und Gewässer zu regulieren. Doch diesen Krieg werden nicht wir gewinnen, sondern Gaia, die sich nicht mit den kleinen Geschenken zufrieden gibt, mit denen sie getäuscht werden soll. Gaia ist eine großzügige Mutter, doch sie kann auch unerbittlich und stiefmütterlich dem gegenüber sein, der beharrlich gegen ihre Regeln verstößt.

Unser Verschwinden wäre die notwendige Bedingung dafür, dass die Erde weiterexistieren und ihre vitale Fähigkeit der Ko-Evolution in ihrer Integrität erhalten kann. Doch wir bauen darauf, dass eine solche Tragödie nicht stattfinden wird. Wir werden eine schreckliche Krise durchzumachen haben. Doch auf der Grundlage von Intelligenz, Weisheit und Mitleid mit der Mutter Erde werden wir eine andere Form der Geschichte kennenlernen, in der die Menschheit endlich als Familie vereint ist.

Nun ist es an der Zeit, die Frage zu stellen: Wenn die Menschheit tatsächlich in so großer Gefahr ist und zu verschwinden droht: Was wird dann passieren? Wie ist dann der Fortbestand bewussten und intelligenten Lebens vorstellbar? Das ist eine Frage, die es verdient, ausführlicher behandelt zu werden.

Viertes Kapitel:
Das Ende der Gattung Mensch?

Wir haben am Ende unserer Überlegungen im vorherigen Kapitel eine bedrückende Frage gestellt, denn die Bedrohungen, denen die Erde ausgesetzt ist, betreffen natürlich auch die Gattung Mensch. Könnte sie das Opfer einer schrecklichen vernichtenden Katastrophe werden? Und wie deutet man eine solche mögliche Katastrophe philosophisch und theologisch, das heißt im Licht einer radikalen Reflexion, die den Dingen auf den Grund geht?

1. Die Erde wird eines Tages verschwinden

Von der kosmologischen Entwicklung her ist uns bekannt, dass die Erde eines Tages untergehen wird. Es wäre möglich, dass der Einschlag eines riesigen Meteoriten sie in Stücke sprengt. Das war ja schon einmal der Fall: Damals entstand der Mond. Es wäre auch möglich, dass eine Reihe dramatischer Veränderungen im Inneren der Sonne so viel Hitze erzeugen, dass der Planet vernichtet würde. Seit drei Milliarden Jahren verbrennt die Sonne Wasserstoff. Aber wenn dieser eines Tages verbraucht ist, wird sie beginnen, Helium zu verbrennen, es wird viel mehr Hitze entstehen, und die Hitze wäre in diesem Fall so enorm, dass sie den

Mars, die Venus und die Erde verbrennen würde. Nichts würde überleben. So weit entfernt dies auch noch sein mag: Die Zeit bleibt nicht stehen, und das, was geschehen muss, wird auch tatsächlich geschehen. Doch nicht das bereitet uns heute Sorgen, sondern viel mehr der Prozess, der dazu führt, dass immer mehr lebende Arten verschwinden. Seine Ursache ist die Aggressivität, die dem Produktions- und Konsummodell innewohnt, das für die Menschheit in den letzten Jahrhunderten leitend war.

Wir wissen, dass im Allgemeinen jedes Jahr mehr als 300 lebendige Arten, nachdem sie nach Abermillionen Jahren ihrer Existenz den Höhepunkt ihrer Entwicklung überschritten haben, zur Ursprungsquelle allen Seins (dem Quantenvakuum), diesem unergründlichen Ozean von Energie, der noch vor dem Urknall liegt und das gesamte Universum immer noch trägt, zurückkehren. In diesem Sinne sind wir auf die zahlreichen massenhaften Vernichtungen von Leben eingegangen, die sich im Lauf von mehr als drei Milliarden Jahren ereignet haben, seit es Leben auf der Erde gibt (Ward 1997). Von den unterschiedlichen Formen von Hominiden konnte sich im Lauf der Geschichte einzig und allein der *homo sapiens sapiens* vor etwa 100.000 Jahren dauerhaft innerhalb der Geschichte etablieren, und bis heute hat er sich erfolgreich behauptet. Die anderen Arten dieser Gattung, besonders der Neandertaler, sind endgültig von der Bühne der Geschichte abgetreten.

Dasselbe lässt sich über die alten Kulturen der Vergangenheit sagen. In Brasilien zum Beispiel gab es die Kultur des Sambaqui. Die Sambaqueris lebten vor etwa 8000 Jahren an den Meeresküsten von Brasilien. Sie wurden von kannibalischen Stämmen, den Vorfahren der heutigen Indios, vernichtet. Nichts blieb von ihnen übrig außer Lagerstätten von Muscheln, Schildkrötenpanzern und Resten von Krustentieren (Miranda 2007, 52–53).

Auch andere Kulturen sind endgültig verschwunden und haben nur wenige Hinweise auf ihre einstige Existenz hinterlassen, wie zum Beispiel die Kultur der Osterinsel oder die matriarchalischen Kulturen, die in verschiedenen Teilen der Welt vor etwa 20.000 Jahren besonders im Mittelmeerraum dominierten. Sie hinterließen bildliche Darstellungen von Muttergottheiten, die bis heute im Zuge von archäologischen Ausgrabungen gefunden werden.

Könnte es nicht sein, dass sich der *homo sapiens/demens* in die vielen Arten einreiht, die jedes Jahr verschwinden? Wenn das der Fall wäre, dann deutet alles darauf hin, dass sein Verschwinden nicht das Ergebnis eines natürlichen Prozesses der Evolution wäre, sondern anthropogen, das heißt auf sein eigenes unverantwortliches Handeln zurückzuführen wäre: auf seine mangelnde Achtsamkeit, Sorge und Weisheit gegenüber dem Gesamtsystem, das das Leben trägt, und gegenüber Gaia selbst. Wir müssen ohne Umschweife sagen, dass die hauptsächliche Gefahr vom kapitalistischen Vorhaben der Herrschaft über die Natur und über die Völker zum Zweck der Anhäufung von Reichtum und der Machtausübung über die Übrigen ausgeht.

2. Bedeutet der weltweit durchgesetzte Kapitalismus Selbstmord?

Die drohenden Worte sind keine raunenden Prophezeiungen, sondern Klagen, die sich an alle richten, sofern sie die Solidarität zwischen den Generationen und die Liebe zu unserem Gemeinsamen Haus weiter pflegen wollen. Es gibt in diesem Zusammenhang ein ernsthaftes kulturelles Hindernis: Wir sind es gewohnt, unmittelbare Ergebnisse zu erzielen, doch hier handelt es sich um Resultate, die sich erst in der Zukunft einstellen und dennoch Früchte des Handelns hier und heute sind. Die Erdcharta stellt fest: „Die Grundlagen globaler Sicherheit sind bedroht. Dies sind gefährliche Entwicklungen, aber sie sind nicht unabwendbar." (Erdcharta 2001, 8)

Diese Gefahren können nur dann abgewendet werden, wenn wir einen zivilisatorischen Paradigmenwechsel vollziehen. Das betrifft die Produktionsweise, unsere Weise, zu konsumieren, und die Werte. Dieser zivilisatorische Wandel setzt den entsprechenden politischen Willen aller Länder der Welt und die Zusammenarbeit ohne Ausnahme des gesamten Netzes transnationaler und nationaler (kleiner, mittlerer und großer) Produktivunternehmen voraus. Wenn sich nur einige weltweit agierende Unternehmen verweigern, dann werden die Anstrengungen der übrigen erschwert, vielleicht sogar vereitelt. Deshalb muss der politische Wille kollektiv und zielgerichtet sein. Prioritäten sollten deutlich definiert werden, klare allgemeine Linien sollten vorgegeben und von allen, den großen wie den kleinen Akteuren, akzeptiert werden. So sieht eine Politik der globalen Rettung aus.

Die große Gefahr, die wir sehen, entspringt der Logik des weltweit vernetzten kapitalistischen Systems, das den höchstmöglichen Profit innerhalb der kürzestmöglichen Zeit zum Ziel hat. Seine Macht weitet sich dabei immer mehr aus und weicht jene Gesetze auf, die seiner Eigendynamik Grenzen setzen. Es ist an der Konkurrenz orientiert, nicht an der Zusammenarbeit. Angesichts eines Paradigmenwechsels sieht sich das kapitalistische System vor folgendem Dilemma: Entweder verleugnet es sich selbst, erweist sich als solidarisch mit der Zukunft der Menschheit und ändert seine eigene Logik, auch wenn es Gefahr läuft, als kapitalistisches Projekt unterzugehen, oder es behauptet sich selbst, hält an seinen Zielen ohne jegliches Mitleid und jegliche Form von Solidarität fest, sorgt für einen immer stärker wachsenden Profit und geht dabei über wahre Leichenberge und nicht zuletzt über eine verwüstete Erde. Wir fürchten sehr, dass der Kapitalismus, wenn er weiterhin seiner Logik folgt, welche die Logik eines gierigen Wolfs ist, sich letztlich selbst liquidiert, weil er lieber stirbt und andere tötet als zu verlieren. Aber wer weiß …? Wenn einem das Wasser bis zum Hals steht und die Todesgefahr alle, insbesondere die Mächtigen, betrifft, dann wäre es durchaus möglich, dass sich selbst der Kapitalismus dem Leben ergibt.

Der allen lebendigen Organismen innewohnende vorherrschende Instinkt ist es, leben, und nicht sterben zu wollen. Und vielleicht setzt er sich auch in diesem Fall durch. Doch wir müssen auf der Hut vor der inneren Logik des Systems selbst sein, das einem Mechanismus gehorcht, der den Tod von Lebewesen einschließlich der Natur selbst produziert.

3. Reale Möglichkeit des Endes der Gattung Mensch

Sehr prominente Vertreter aus der Welt der Wissenschaften schließen diese Möglichkeit nicht aus. Stephen Hawking bemerkt in seinem Buch „Das Universum in einer Nussschale" (2003, 166–167), dass die Weltbevölkerung im Jahr 2600 kaum Platz haben würde, sich frei zu bewegen, und dass der Verbrauch von elektrischem Strom die Erde bis hin zur möglichen Selbstzerstörung zum Glühen bringen würde.

Der Nobelpreisträger Christian de Duve behauptet in seinem bekannten Werk „Lebendiger Staub" (1997, 355), dass sich die „biologische Evolution in beschleunigtem Rhythmus auf eine große Instabilität hin zubewegt. In gewisser Weise stellt unsere Epoche einen der Brüche innerhalb der Evolution dar, die durch massive Auslöschung gekennzeichnet sind." Früher seien es die Meteoriteneinschläge gewesen, die die Erde bedrohten. Heute heißt der auf die Erde zurasende Meteorit „Mensch".

Théodore Monod, vielleicht der letzte der großen Naturforscher der Moderne, hinterließ nach seinem Tod Aufzeichnungen von Gedanken unter dem Titel „Und wenn das Abenteuer Mensch scheitert?" Darin sagt er: „Wir sind zu einem unvernüftigen und schwachsinnigen Verhalten fähig. Von heute an muss man das Schlimmste befürchten, selbst die Auslöschung der Gattung Mensch." (2006, 246) Und er fügt hinzu: „Dies wäre der gerechte Preis für unsere Torheiten und Grausamkeiten." Wenn wir die weltweite soziale Krise und die Zuspitzung der ökologischen Gefährdungen betrachten, dann ist ein solches Schreckensszenario nicht auszuschließen.

In seinem inspirierenden Buch „Die Zukunft des Lebens" (2002, 129) behauptet Edward Wilson: „Der Mensch hat bislang die Rolle eines globalen Massenmörders gespielt, der nur sein eigenes kurzfristiges Überleben im Blick hat ... Die Naturschutzethik, ob sie nun als Tabu, Totemglauben oder Wissenschaft formuliert wird, ist durchweg zu spät gekommen oder hat sich als nicht stark genug erwiesen, um die anfälligsten Lebensformen zu schützen ... Vielleicht handeln wir noch rechtzeitig."

Ich möchte zwei weitere Wissenschaftler als Kronzeugen anführen, auf die ich mich schon früher gestützt habe und die sehr große Anerkennung genießen: James Lovelock mit seinem in der Tat alarmierenden Buch „Gaias Rache" (2008) und den englischen Astrophysiker Martin Rees (Die letzte Stunde, 2005), die beide eine Vernichtung der Gattung Mensch vor dem Ende des 21. Jahrhunderts prognostizieren. Lovelock ist sehr direkt: „Gegen Ende des Jahrhunderts werden 80 % der Menschheit verschwunden sein, und die restlichen 20 % werden in der Arktis und auf wenigen „Oasen" auf anderen Kontinenten leben, wo die Temperaturen niedriger sind und wo es genügend Niederschläge gibt ... Fast die gesamte Landfläche Brasiliens wird zu heiß und trocken sein, um bewohnt zu werden." (zit. aus Veja, 20)

Eine Tatsache, die zahlreiche Wissenschaftler, vor allem Biologen und Astrophysiker, dazu veranlasste, vom möglichen Kollaps der Gattung Mensch zu sprechen, ist das exponentielle Wachstum der Weltbevölkerung. Die Menschheit brauchte eine Million Jahre, um im Jahr 1850 die Größe von einer Milliarde zu erreichen. Doch die Zeiträume zwischen den Wachstumsniveaus (von jeweils einer weiteren Milliarde) werden immer geringer. Von 75 Jahren (von 1850 bis 1925) verkürzte sich der Zeitraum auf heute 5 Jahre. Es wird vorhergesagt, dass es im Jahr 2050 zehn Milliarden Menschen geben wird.

In ihrem berühmten Buch „Mikrokosmos" (1990) behaupten Lynn Margulis und Dorian Sagan mit Berufung auf die bekannten Daten der biologischen Evolution, dass einer der Vorboten für das baldige Verschwinden einer Art deren rasches Wachstum sei. Diese Tatsache kann man mit dem Verhalten von Mikroorganismen in einer Petrischale vergleichen: Kurz bevor sie den Rand der Petrischale erreichen und bevor die Nährlösung aufgezehrt ist, vermehren sie sich in exponentieller Weise. Und plötzlich sterben alle ab.

Margulis und Sagan zufolge könnte sich die Erde für die Menschheit als Petrischale erweisen. In der Tat bevölkern wir Menschen fast die gesamte Erdoberfläche. Es verbleiben lediglich 17% unbewohnter Fläche; dabei handelt es sich um unbewohnbare Gebiete wie die Wüste, um unerreichbare Territorien wie Teile des Amazonas-Regenwaldes oder um Eisflächen wie die Polarregionen. Der bereits verstorbene Carl Sagan sah im Versuch des Menschen, zum Mond zu gelangen oder spezielle Raumschiffe wie die Voyager über unser Sonnensystem hinaus zu schicken, einen Ausdruck des kollektiven Unbewussten, das die Gefahr unserer baldigen Auslöschung voraussahnt. Der Lebenswille drängt uns dazu, in unserer Phantasie Formen des Überlebens außerhalb der Erde zu entwerfen. Der Astrophysiker Stephen Hawking spricht von der möglichen Kolonisierung außerhalb des Sonnensystems mit Hilfe von speziellen, mit Laserantrieb ausgestatteten Raumschiffen, die eine Geschwindigkeit von 30.000 Stundenkilometern erreichen könnten. Aber um zu anderen Sonnensystemen zu gelangen, müssten wir abertausende Millionen Kilometer zurücklegen, und dafür benötigten wir mindestens ein Jahrhundert. Und für uns bildet die Lichtgeschwindigkeit eine absolute Grenze (300.000 Stundenkilometer), die sich bis heute als unüberwindbar erwiesen hat. Um nur auf den allernächsten Stern (Alpha) des Centaurus-Systems zu gelangen, müssten wir 43 Jahre lang mit dieser Höchstgeschwindigkeit reisen – und ohne überhaupt zu wissen, wie man dieses Raumschiff dann zum Halten bringt.

Zum Schluss möchte ich die Meinung zweier berühmter Historiker wiedergeben. Der erste ist Arnold J. Toynbee. Er schreibt in seiner Autobiographie: „Ich habe zu meinen Lebzeiten mit angesehen, dass die Gewissheit über das Kommen der ‚Letzten Dinge' in der

Welt des Westens verblasste und das Ende der Menschheitsgeschichte in den Bereich der irdischen Möglichkeiten rückte, die nicht von der Hand Gottes, sondern von Menschenhand herbeigeführt werden." (Toynbee 1970, 373–374)

Der andere ist Eric J. Hobsbawm, der in seinem bekannten Buch „Zeitalter der Extreme" zur Schlussfolgerung kommt: „Wir wissen nicht, wohin wir gehen ... Doch Eines steht völlig außer Frage: Wenn die Menschheit eine erkennbare Zukunft haben soll, dann kann sie nicht darin bestehen, dass wir die Vergangenheit oder Gegenwart lediglich fortschreiben. Wenn wir versuchen, das dritte Jahrtausend auf dieser Grundlage zu bauen, werden wir scheitern. Und der Preis für dieses Scheitern, die Alternative zu einer umgewandelten Gesellschaft, ist Finsternis." (Hobsbawm 1998, 720)

Natürlich müssen wir mit dem Menschen Geduld haben, der darauf noch nicht vorbereitet ist und noch viel zu lernen hat. Im Verhältnis zur kosmischen Zeit – wenn wir diese auf unsere Uhr übertragen – lebt der Mensch noch nicht einmal eine Minute lang. Doch mit ihm hat die Evolution einen entscheidenden Sprung nach Vorne gemacht, vom Unbewussten zum Bewusstsein. Und da der Mensch mit Bewusstsein ausgestattet ist, kann er entscheiden, welches Schicksal er für sich wünscht. Aus dieser Perspektive betrachtet stellt sich die gegenwärtige Situation eher als Herausforderung und nicht als Katastrophe dar – als Herausforderung, den Schritt auf eine höhere Entwicklungsstufe zu wagen, und sich nicht mit der Selbstzerstörung abzufinden. Alles in allem befinden wir uns vor einem Szenario der Krise, nicht der Tragödie.

Doch wird uns noch genug Zeit bleiben, um zu lernen? Alles deutet darauf hin, dass die Zeit gegen uns läuft. Ist es nicht schon zu spät? Haben wir nicht bereits den „point of no return" erreicht? Nun, angesichts der Tatsache, dass die Evolution nicht linear verläuft, sondern immer wieder Brüche und Sprünge nach vorne als Ergebnis einer höheren Komplexitätsstufe aufweist, und angesichts der Tatsache, dass der nicht vorhersehbare („indeterminierbare") und fluktuierende Charakter aller Energie und aller Materie gemäß der Quantentheorie von Werner Heisenberg und Nils Bohr nicht zu leugnen ist, spricht nichts dagegen, dass der Mensch zu einer neuen Ebene des Bewusstseins und des Lebens gelangt und somit in der Lage ist, die Biosphäre und den Planeten Erde zu bewahren.

Jede Veränderung ist – so sagt es Augustinus in seinen „Bekenntnissen" – die Frucht zweier wirkmächtiger Kräfte: einer starken Liebe und eines großen Schmerzes. Genau das könnte in der gegenwärtigen Situation passieren, denn die Liebe und der Schmerz sind es, die uns die Gabe verleihen, uns völlig zu verändern. Und dieses Mal werden wir uns durch die große Liebe verändern, die wir für unsere Mutter Erde empfinden, und durch den großen Schmerz, den sie aufgrund dessen, was ihr angetan wird, erleidet.

4. Konsequenzen des Verschwindens der Menschheit

Wenn man nun von der Hypothese eines möglichen Verschwindens der Gattung Mensch ausgeht, dann stellt sich die Frage, welche Konsequenzen dies für uns und für den Evolutionsprozess insgesamt hätte.

Vorweg müssen wir sagen, dass dies eine Katastrophe unbeschreiblichen Ausmaßes wäre. Die Arbeit von mehr als 3,8 Milliarden Jahren (vor so vielen Jahren entstand wahrscheinlich das Leben), der letzten fünf bis sieben Millionen Jahre (damals entstand die Gattung Mensch) und der letzten 100.000 Jahre (Entstehung des *homo sapiens sapiens*), eine Arbeit, an der das gesamte Universum mit seinen Energien, seiner Information und der unterschiedlichen Arten beteiligt war, würde zunichte gemacht oder zumindest einen schweren Rückschlag erleiden.

Der Mensch ist, soviel wir aufgrund der Erforschung des Universums sagen können, das komplexeste Wesen der Natur, das wir kennen. Er ist komplex in seiner körperlichen Verfasstheit: Dreißig Milliarden Zellen werden durch das genetische System ständig erneuert; hundert Milliarden Neuronen (Nervenzellen des Gehirns) sind in Form von Synapsen ständig miteinander verschaltet. Er ist auch komplex im Hinblick auf seine Interiorität, das heißt seine Innerlichkeit, seine Psyche und sein Bewusstsein, das Informationen enthält, die seit dem Beginn des Universums mit dem Urknall gesammelt wurden, und das einen Reichtum von Emotionen, Träumen, Archetypen und Symbolen umfasst, die aus der Interaktion des Bewusstseins mit sich selbst und der Umwelt stammen. Er ist komplex im Hinblick auf seinen Geist: Dieser besitzt die Fähigkeit, das Ganze zu erfassen und sich als dessen Teil zu empfinden, dieses Umfassende zu identifizieren, das die Dinge immer wieder von Neuem vereint und verbindet und so dafür sorgt, dass sie sich nicht chaotisch verhalten, sondern geordnet sind, der Existenz in dieser Welt Sinn und Bedeutung verleihen und in uns Gefühle tiefer Verehrung und Achtung angesichts der Größe des Kosmos wecken.

Bis heute konnte die Wissenschaft keinen zweifelsfreien Nachweis für andere Formen der Intelligenz im Universum erbringen. Deshalb stellen wir als Gattung Mensch eine Besonderheit dar. Im gesamten Kosmos gibt es nichts Vergleichbares. Wir sind Bewohner einer mittelgroßen Galaxie, der Milchstraße, und wir sind von einem winzigen Stern abhängig, der Sonne, die am Rand dieser Galaxie angesiedelt ist. Wir haben unsere Wohnstatt auf dem dritten Planeten des Sonnensystems, auf der Erde, und gerade in diesem Augenblick machen wir uns Gedanken über die Folgen unseres möglichen Endes.

Das Universum, die Geschichte des Lebens und die Geschichte des Menschlichen Lebens würden etwas von unschätzbarem Wert verlieren. Die gesamte Kreativität dieses Wesens, dieses erschaffenen Schöpfers, die Dinge hervorbrachte, welche die Evolution ohne es niemals zustande gebracht hätte – wie etwa ein Bild Cavalcantis oder van Goghs, eine Symphonie von Mozart, ein Gedicht von Carlos Drumond de Andrade, einen Fernsehsender oder ein Flugzeug – die Kulturschöpfungen aus diesem Material, von dieser Symbolik und Geisteskraft wären für immer verloren. Die großen Werke der Dichtkunst, der Literatur, der Musik und der Wissenschaften sowie die gesellschaftlichen, ethischen und religiösen Errungenschaften der Menschheit würden zu Staub zerfallen.

Für immer verschwunden wären auch die beispielhaften Gestalten, die sich der Liebe, der Fürsorge, dem Mitleid, dem Schutz des Lebens in all seinen Formen gewidmet haben, wie Buddha, Chuang-tzu, Mose, Jesus, Maria aus Nazaret, Muhammad, Franz von Assisi, Gandhi und so viele andere. Auch die dunklen Gestalten, die das Antlitz des Menschlichen entstellt und die Würde des Lebens durch unzählige Kriege und Völkermorde verletzt haben, wären für immer verschwunden. Wir wollen deren Namen nicht einmal erwähnen.

Für immer verschwunden wäre auch das Rätsel der Quelle am Ursprung allen Seins, die die gesamte Wirklichkeit durchdringt, und das Bewusstsein unserer tiefen Verbundenheit mit ihr, die uns die Gewissheit gibt, dass wir Söhne und Töchter Gottes sind, dass wir ein Entwurf der Unendlichkeit sind, der erst im aufnehmenden Schoß des Vaters und der Mutter von unendlicher Zärtlichkeit und Güte zur Ruhe kommt. All dies wäre für immer aus diesem kleinen Winkel unseres Universums, unserer Mutter Erde, verschwunden.

5. Wer könnte uns in der Evolution des bewussten Lebens ersetzen?

Auch wenn wir von der Hypothese ausgehen, dass der Mensch als Gattung untergehen würde, so bliebe doch das Prinzip der Intelligenz und der Liebesfähigkeit erhalten, das im Universum selbst angelegt war, noch bevor es sich im Menschen manifestierte. Es handelt sich hier um ein Prinzip, das so alt ist wie das Universum selbst.

Als in den ersten winzigen Augenblicken nach dem Urknall die Quarks, die Protonen und andere Elementarteilchen in Wechselwirkung zueinander traten, entstanden Beziehungsfelder, Informationseinheiten und kleinste komplexe Ordnungsgefüge. Hier zeigte sich bereits das, was später „Geist" genannt werden sollte: jene Fähigkeit, Einheiten und Gebilde von Ordnung und Sinn zu schaffen. Nach dem Aussterben des Menschen würde diese Fähigkeit – nach wer weiß wie vielen Millionen Jahren – in einem anderen, komplexeren Wesen wieder zum Tragen kommen.

Der bereits erwähnte Théodore Monod, ein berühmter französischer Naturwissenschaftler, der im Jahr 2000 verstorben ist, brachte die Möglichkeit ins Spiel, dass unser Nachfolger ein Lebewesen sein könnte, das innerhalb der Evolutionsgeschichte bereits auf den Plan getreten ist: die Gattung der Zephalopodien, das heißt der am höchsten entwickelten Weichtiere des Meeres, zu denen zum Beispiel die Polypen und Tintenfische gehören. Einige von ihnen zeichnen sich durch anatomische Vollkommenheit aus. Ihr Kopf ist mit einer knorpeligen Kapsel versehen und steht stellvertretend für das Gehirn. Sie haben Augen wie die Wirbeltiere. Und sie verfügen auch über eine äußerst hoch entwickelte Psyche, haben sogar ein doppeltes Gedächtnis, während wir nur eines besitzen (Monod 2000, 247–248).

Natürlich kommen sie nicht bereits morgen aus dem Meer, um die Kontinente zu besiedeln. Millionen von Jahren weiterer Evolutionsgeschichte wären nötig. Doch sie besitzen in der Tat bereits die biologischen Grundlagen für den Durchbruch des Bewusstseins.

Es ist jedenfalls hoch an der Zeit, die Entscheidung zu treffen: entweder der Mensch und seine Zukunft, oder die Polypen und Tintenfische. Wir sind optimistisch: Wir werden das nötige Urteilsvermögen haben, wir werden lernen, weise zu sein, und auf diese Weise als Menschen weiterexistieren.

Doch es kommt darauf an, bereits jetzt unsere Liebe zum Leben in seiner majestätischen Vielfalt unter Beweis zu stellen, Mitleid mit allen zu haben, die leiden, vor allem die nötige soziale Gerechtigkeit zu verwirklichen und die Große Mutter, die Erde, zu lieben. Dazu ermutigen uns die heiligen Schriften der jüdisch-christlichen Tradition: „Wähle das Leben, und du wirst leben." (Dtn 30,28). Beeilen wir uns, denn wir haben keine Zeit zu verlieren.

6. Wie sieht die Theologie das mögliche Ende der Gattung Mensch?

Wir werden diese Frage zunächst im Zusammenhang ihrer historischen Tradition betrachten, denn es ist nicht das erste Mal, dass sich die Menschheit die Frage nach dem Ende der Gattung ernsthaft stellt. Immer, wenn eine Kultur in eine Krise gerät, wie es bei der unseren der Fall ist, entstehen Mythen rund um das Thema Ende der Welt und die Auslöschung der Gattung. Dabei bedient man sich eines bekannten literarischen Schemas: leidenschaftliche Berichte über Visionen und das Eingreifen himmlischer Mächte, die sich mitteilen, um drohende Veränderungen anzukündigen und die Menschheit darauf vorzubereiten. Im Neuen Testament hat diese literarische Gattung im Buch der Offenbarung des Johannes (Apokalypse) und in einigen Textpassagen aus den Evangelien Gestalt angenommen, die Jesus Vorhersagen über das Ende der Welt in den Mund legen.

Heute sprießt eine unüberschaubare esoterische Literatur, die sich unterschiedlicher Kodierungen bedient, wie zum Beispiel des Übertritts in den Bereich anderer Schwingungen oder der Kommunikation mit Außerirdischen. Doch die Botschaft ist immer die gleiche: Die Krise steht unmittelbar bevor, und man muss darauf vorbereitet sein. Dabei ist es wichtig, dass man nicht in die Falle dieser Sprechweise tappt, die für Krisenzeiten typisch ist und auf irgendeine Art und Weise eine Chronik der kommenden Ereignisse bietet.

Aber es gibt einen wesentlichen Unterschied zwischen den Alten und uns. Für die Menschen der Antike war das Ende der Welt etwas in ihrer Vorstellungswelt, es korrespondierte nicht mit dem Prozess der tatsächlichen Sachverhalte. Für uns hingegen ist es im realen, empirisch zu ermittelnden Prozess enthalten, denn wir haben in der Tat das Prinzip der Selbstzerstörung geschaffen.

Und wenn wir nun untergehen, wie ist dies dann zu deuten? Sind wir nun einfach innerhalb des Evolutionsprozesses an der Reihe, so wie schon immer Arten von Lebewesen auf natürliche Weise ausgestorben sind? Was kann eine christlich-theologische Reflexion dazu sagen? Auf den Punkt gebracht würde ich es so ausdrücken: Wenn der Mensch sieht, dass sein Abenteuer auf diesem Planeten scheitert, dann würde das ohne Zweifel eine unermessliche Tragödie darstellen. Doch es wäre keine absolute Tragödie. Als Gottes Sohn unsere fleischliche Gestalt angenommen hat, wurde er bereits zu Beginn seines Lebens von Herodes mit dem Tod bedroht, der alle neugeborenen Kinder in der Umgebung Betlehems opferte, weil er hoffte, dass der Messias darunter wäre. Später wurde Jesus im Laufe seines Lebens verleumdet, verfolgt, verstoßen, gefangen genommen, gefoltert und an ein Kreuz genagelt. Erst da entstand die Ursünde, deren Wesen in einem historischen Prozess besteht, der das Leben verneint – das Leben, in dessen Gestalt sich Gott selbst verbirgt.

Dennoch glauben wir Christen daran, dass daraus gleichzeitig das höchste Heil entstanden ist, denn wo die Sünde reichlich wucherte, da war auch die Gnade im Übermaß vorhanden. Eine größere Perversität als ein Geschöpf, das Leben oder den Planeten zu töten, ist es, den Fleisch gewordenen Schöpfer selbst zu töten.

Selbst wenn sich die Gattung Mensch dazu versteigt, sich selbst zu vernichten, so wird es ihr nicht gelingen, alles von ihr auszulöschen. Sie kann nur das töten, was ist, aber nicht das, was noch nicht existiert: die in ihr verborgenen Möglichkeiten, die zur Verwirklichung hin drängen. Und hier kommt der Tod in seiner befreienden Funktion ins Spiel. Der Tod trennt nicht den Körper von der Seele, denn im Menschen gibt es nichts, was getrennt werden könnte. Der Mensch ist ein einheitliches Wesen mit unterschiedlichen Dimensionen: einer äußeren, materiellen, dem Körper; und die andere Dimension ist genau dieser Körper in seiner Innerlichkeit und Tiefe, das, was wir „Geist" nennen. Was der Tod voneinander trennt, ist Zeit und Ewigkeit.

Wenn der Mensch stirbt, verlässt er die Zeit und tritt in die Ewigkeit ein. Wenn die Beschränkungen der Raum-Zeit überwunden sind, können sich die verborgenen Möglichkeiten entfalten und in ihrer ganzen Fülle erblühen. Erst dann werden wir in vollem Sinne als Menschen geboren (Boff, 1992). Nicht einmal die verbrecherische Auslöschung der Art kann also deren letztlichen Sieg vereiteln. Die Art würde auf tragische Weise durch den Tod die Zeit hinter sich lassen, was ihr die Pforten der Ewigkeit aufschließen würde. Und Gott ist es, der aus dem Tod neues Leben, aus dem Untergang die neue Schöpfung entstehen lassen kann.

Stärken wir also den Optimismus. Genauso, wie der Mensch andere zerstörerische Gewalten bändigen konnte wie etwa das Feuer (das übrigens die Quelle für die Mythen vom Weltuntergang war), wird er auch in der Lage sein, die Mittel zu bändigen, die ihn selbst zerstören könnten. Hier würde es genügen, die Möglichkeiten der Nanotechnologie genauer zu analysieren. Sie arbeitet mit Atomen, Genen und Molekülen und kann möglicherweise die technischen Mittel zur Verfügung stellen, um die globale Erwärmung einzudämmen und die Treibhausgase aus der Biosphäre zu beseitigen (Martins 2006, 168–170).

In jedem Fall müssen wir das drohende Ende der Gattung Mensch im Rahmen der Quantenphysik und der neuen Kosmologie bedenken. Die Evolution verläuft nicht geradlinig, sie speichert vielmehr Energie und macht Sprünge. Dies legt uns auch die Quantentheorie in der Form nahe, wie sie Niels Bohr und Werner Heisenberg interpretieren: Es gibt verborgene Möglichkeiten, die aus dem Quantenvakuum hervorgehen, jenem rätselhaften Ozean von Energie, der dem Universum zugrunde liegt und es erfüllt: Möglichkeiten, die zum Durchbruch gelangen und die Richtung der Evolution verändern können.

Es wäre tragisch, wenn unser Geschick nach so vielen Millionen Jahren der Evolution ein solch elendes Ende innerhalb der nächsten Generationen nehmen würde. Es wird ein Sprung vollzogen werden müssen, wer weiß, vielleicht in der Art, wie ihn Teilhard de Chardin bereits im Jahr 1933 vorausgesagt hat, nämlich in der Art des Einbruchs der *Noosphäre*, das heißt jenes Stadiums des Bewusstseins und der Beziehung zur Natur, das eine neue Konvergenz von Herzen und Geist der Menschen einleitet. Auf diese Weise würde eine neue Stufe der menschlichen Evolution und der Geschichte der Erde erreicht (vgl. Teilhard de Chardin 1959; 1961).

Aus dieser Perspektive betrachtet wäre das aktuelle Szenario keine Tragödie, sondern vielmehr eine Krise. Die Krise läutert, reinigt und befördert den Reifeprozess. Sie eröffnet neue Möglichkeiten und kündigt einen Neubeginn an. Sie stellt die Schmerzen einer verheißungsvollen Geburt dar und nicht die Komplikationen einer Abtreibung des Abenteuers Mensch.

Wichtig ist, dass nicht das Leben an sich aufhört, sondern dass *diese* Art von Leben zugrunde gehen kann, dieses unvernünftige Leben, das den Krieg und die Massenvernichtung liebt. Wir werden eine menschliche Welt errichten, die das Leben liebt, die der Gewalt die Legitimation entzieht, allen Lebewesen Fürsorge und Mitleid erweist, die wahre Gerechtigkeit übt, das Geheimnis der Welt verehrt, das wir „Ursprungsquelle" oder „Gott" nennen; eine Welt, die es uns schließlich ermöglicht, den Gipfel der Seligpreisungen zu erklimmen; oder einfach eine Welt, die es gelernt hat, alle Menschen menschlich zu behandeln und allen übrigen Lebewesen in Fürsorge, Respekt und Mitgefühl zu begegnen. Alles, was existiert, verdient es zu existieren. Alles, sofern es lebt, verdient es, zu leben. Besonders unter den Menschen.

Fünftes Kapitel: Die Option für die Erde und die Dringlichkeit der Ökologie

Angesichts der Bedrohungen, denen die Erde ausgesetzt ist, und angesichts der Gefahr des Endes der Gattung Mensch spüren wir die dringende Notwendigkeit, eine Option für die Erde und die Menschheit zu treffen. Es handelt sich dabei um ein grundlegendes Anliegen; alle übrigen sind ihm gegenüber nicht gerade irrelevant, aber doch relativ, das heißt sie sind darauf bezogen. Wir befinden uns möglicherweise auf einer Titanic, die gerade sinkt, und nur entfremdete und verdummte Menschen verfolgen weiter Pläne, als ob nichts geschehen wäre, unterhalten sich, essen und trinken wie die Leute ohne Gottesfurcht zu den Zeiten Noahs.

Eine solche Haltung erinnert uns an die Parabel, die der berühmte dänische Philosoph Søren Kierkegaard (1813–1855) erzählt: Es geht darin um einen Zirkusclown. Im hinteren Teil des Theaters sind die Vorhänge in Brand geraten. Der Zirkusdirektor überträgt nun dem Clown, der sich schon für die Vorstellung zurecht gemacht hat, die Aufgabe, die Zuschauer über das zu informieren, was passiert war, und sie aufzufordern, allesamt herbeizueilen und die Flammen löschen zu helfen. Da er als Clown kam, dachten alle, es handle sich um eine Finte, um die Leute zum Lachen zu bringen, und sie hörten in der Tat nicht auf zu lachen. Je mehr der Clown flehte, umso mehr lachten die Leute. „Das Feuer verbrennt die Vorhänge, es wird das ganze Theater verbrennen, und ihr alle werdet mit verbrannt!" Das kam ihnen allen sehr unterhaltsam vor, denn sie meinten, der Clown spiele seine Rolle perfekt. Schließlich vernichtete das Feuer tatsächlich das ganze Theater und alle Leute, die sich darin befanden. Und Kierkegaard schließt mit den Worten: „So, vermute ich, wird die Welt enden: Inmitten von allgemeinem Gelächter derer, die sich nur zu unterhalten und zu vergnügen wissen und letztlich denken, alles reduziere sich auf den Genuss." (Vgl. Cox 1967, 265)

Diese Worte Kierkegaards kann man exakt auf ganze Regierungen, auf viele Wissenschaftler, Unternehmer, Ordensleute und auch einfache Leute anwenden, die meinen, die Sache mit der Erderwärmung sei ein großer Betrug oder falscher Alarm. Sie sagen, das Phänomen sei zum Großteil ganz natürlich und die Erde sei von selbst in der Lage, das verlorene und für das Leben unverzichtbare Gleichgewicht wiederzuerlangen.

1. Die Ökologie als Antwort auf die Krise der Erde

In diesem dramatischen Kontext wird der Ruf nach der Ökologie laut wie niemals zuvor in der Geschichte. Es stimmt, dass die Ökologie bereits ein Jahrhundert alt ist, seither in systematischer Form entfaltet wurde und eine Unterdisziplin der Biologie darstellt. Doch die Ökologen konnten sich kaum Gehör verschaffen. Heute jedoch hat die Ökologie die Grenzen des universitären Betriebs gesprengt und die Straße erobert. Sie stellt eine der politischen Hauptanliegen der

Menschheit dar und beherrscht die ideologische, wissenschaftliche und spirituelle Szene. Nur wenn wir die Herausforderungen der Ökologie im weiteren Sinne annehmen, werden wir die Probleme meistern können, vor die uns die Erderwärmung und die Krise des gesamten Systems Erde stellen.

Woran denken wir, wenn wir von Ökologie sprechen?

Der Erste, der von Ökologie sprach, war der deutsche Darwin-Schüler Ernst Haeckel (1834–1919). Ihm zufolge ist Ökologie die Erforschung der gegenseitigen Beziehung und Rückbeziehung, die alle lebenden und nicht lebenden Systeme unter sich und mit ihrer jeweiligen Umwelt unterhalten (Haeckel 1868). Es geht nicht darum, die Umwelt oder die biotischen (lebenden) bzw. abiotischen Wesen an sich zu erforschen, sondern in ihrer Wechselwirkung und gegenseitigen Abhängigkeit. Dies macht die Umwelt aus. Den Ausdruck „Umwelt" hat der Däne Jens Baggesen in Jahr 1880 geprägt, und Jakob von Uexhüll (1864–1944) hat ihn in die biologische Diskussion eingeführt.

Das heißt: Nicht nur die Umwelt ist von Interesse, sondern der Gesamtraum, das Milieu im umfassenden Sinn. Ein Lebewesen kann nicht wie ein bloßes Exemplar seiner Gattung isoliert betrachtet werden, es muss vielmehr immer innerhalb seines Ökosystems, in Beziehung mit der Gesamtheit der es konstituierenden Lebensbedingungen, und innerhalb des Gleichgewichts mit allen übrigen Vertretern der Gemeinschaft der Lebewesen seiner Umgebung (Biozönose) gesehen und untersucht werden.

Dies führte dazu, dass die Wissenschaft die Laboratorien verließ und sich organisch in die Natur einfügte, wo alles mit allem zusammenlebt und eine riesige Gemeinschaft des Lebens bildet. Auf diese Weise fand man wieder zu einer ganzheitlichen Sichtweise der Natur und darin inbegriffen auch der Arten und deren individueller Exemplare.

Die Ökologie ist also ein Wissen um die Beziehungen, wechselseitigen Verknüpfungen, Abhängigkeiten und Austauschverhältnisse von allem mit allem an allen Orten und in jedem Augenblick. So gesehen kann keine Definition von der Ökologie an sich, unabhängig von ihrer Beziehung zu anderen Wissensformen gegeben werden. Sie ist kein Wissen, das es mit Objekten der Erkenntnis zu tun hätte, sondern ein Wissen um Beziehungen zwischen den verschiedenen Erkenntnisobjekten. Es ist ein Wissen um miteinander in Beziehung stehende Wissensformen. Dies ersetzt keineswegs die Formen spezialisierten Wissens und deren jeweilige Paradigmen, Methoden und Forschungsergebnisse wie etwa die Physik, die Geologie, die Ozeanographie, die Biologie, die Thermodynamik, die Biogenetik, die Zoologie, die Anthropologie, die Astrophysik, die Kosmologie usw. Diese Wissenschaften müssen weiter gepflegt werden und sich fortentwickeln, doch sie müssen dabei die jeweils anderen immer aufmerksam mitberücksichtigen, da die von ihnen untersuchten Objekte in gegenseitiger Abhängigkeit voneinander existieren.

Die Ökologie versteht man besser, wenn man von der wissenschaftlichen Erforschung der Komplexität und der Chaostheorie ausgeht, denn diese wissenschaftlichen Ansätze beschäftigen sich mit nicht-linearen dynamischen, sich selbst regulierenden, adaptiven und koevolutiven Systemen, in denen es Unschärfen, Ambivalenzen und Bifurkationen gibt; so verhält sich eben die Natur. Alles ist aufeinander bezogen und rückbezogen, bildet Netze und Netze von Netzen, die zusammen das große System des Kosmos, der Erde und des Lebens ergeben. Das System ist ein stets offenes System, in dem in jedem Augenblick ein Austausch von Materie, Energie und Information stattfindet. Auf diese Weise schafft und reguliert es sich selbst und koevolviert.

In ähnlicher Weise ist das Gleichgewicht immer ein dynamisches; es befindet sich in ständigem Aufbau und durchlebt Momente des Chaos. Doch das Chaos ist nur scheinbar chaotisch: In Wahrheit verbirgt sich in ihm eine andere, komplexere Ordnung, die nicht unmittelbar sichtbar ist, sondern die sich nur nach und nach zeigt und eine neue Ordnung mit dem ihr angemessenen Gleichgewicht sichtbar werden lässt.

Die Besonderheit des ökologischen Wissens besteht in der Transversalität. Das heißt, es verbindet alle Erfahrungen und alle einander ergänzenden Verstehensweisen, die für unsere Erkenntnis des Universums, unserer Rolle in ihm und in der kosmischen Solidarität, die uns alle vereint, nützlich sind, in alle Richtungen: auf der horizontalen Ebene (ökologische Gemeinschaft), nach vorne (Zukunft), nach hinten (Vergangenheit) und nach innen (Komplexität).

Diese Vorgehensweise lässt den Holismus entstehen („holos" heißt auf griechisch „ganz"). Er meint nicht die Summe der Wissensformen oder der unterschiedlichen Perspektiven der Analyse (das wäre eine Quantität), er deutet vielmehr die organische Totalität der Wirklichkeit und des Wissens in Bezug auf diese Totalität selbst. Das ist eine neue Qualität, eine neue Weise, alles zu betrachten.

Die Ökologie bringt auch eine ethische Sorge zum Ausdruck, die ebenfalls alle Wissensweisen, Mächte und Institutionen betrifft: In welchem Maße trägt ein jeder zur Rettung der bedrohten Natur bei? In welchem Maß verkörpert jede Art von Wissen das Ökologische – nicht als eines unter so vielen anderen Objekten, die man wissenschaftlich seziert, die aber die spezifische Methode nicht in Frage stellen, sondern so, dass es sich selbst ausgehend von der ökologischen Fragestellung neu definiert und zu einem *homöostatischen* Faktor wird, das heißt zu einem Faktor des dynamischen und schöpferischen ökologischen Gleichgewichts?

Der Mensch darf nicht so sehr nach seinem Belieben über die Wirklichkeit verfügen und die Natur beherrschen, er muss vielmehr mit ihr zusammenleben, kommunizieren, lernen, sie ihrer eigenen Logik gemäß zu behandeln, oder, von ihrem Inneren ausgehend, dem, was schon anfanghaft in ihr angelegt ist, zum Durchbruch zu verhelfen. Und dies alles hat immer aus der Perspektive der Erhaltung und Weiterentwicklung der Natur zu erfolgen. Der brasilianische Ökologe José A. Lutzenberger hat dies sehr gut auf den Punkt gebracht: „Die Ökologie ist die Wissenschaft von der Symphonie des Lebens, sie ist die Wissenschaft von der Lebendigkeit in Fülle." (Lutzenberger 1979, 64) Haeckel selbst nannte sie schließlich „die Ökonomie der Natur" (Haeckel 1879, 42). Und da die Natur unser Gemeinsames Haus ist, kann die Ökologie auch „Hauswirtschaft" genannt werden.

Ausgehend von diesem ethischen Anliegen der Verantwortung und Sorge für die Schöpfung hat die Ökologie ihr erstes Entwicklungsstadium hinter sich gelassen (jenes Stadium, das in der „grünen Bewegung" oder in Initiativen für den Schutz aussterbender Tierarten Gestalt gewonnen hatte) und ist zu einer radikalen Kritik der Art von Zivilisation geworden, die wir geschaffen haben (Concilium 5/1995) – eines Zivilisationstyps, der in höchstem Maße Energie verbraucht und alle Ökosysteme zerstört. In diesem Sinne wird bei allen Fragen um die Lebensqualität, das menschliche Leben in der Welt und die Rettung oder Bedrohung des Planeten oder Kosmos ökologisch argumentiert.

Die Erdcharta, die im März 2000 nach acht Jahren internationaler Zusammenarbeit formuliert und im Jahr 2003 von der UNESCO verabschiedet wurde, warnt uns mit Nachdruck: „Wie nie zuvor in der Geschichte der Menschheit fordert uns unser gemeinsames Schicksal dazu auf, einen neuen Anfang zu wagen ... Das erfordert einen Wandel in unserem Bewusstsein und in unserem Herzen." (Erdcharta 2001, 16)

Der Aufruf zur Ökologie will einen Weg der Befreiung und Rettung weisen. Wie können die Menschen und die Umwelt zusammen überleben in Anbetracht der Tatsache, dass wir denselben gemeinsamen Ursprung und dasselbe gemeinsame Schicksal haben? Wie können wir die Schöpfung in einem Klima der Gerechtigkeit, Teilhabe, Integrität und des Friedens retten?

2. Die unterschiedlichen Dimensionen von Ökologie

Vor allem müssen wir die herkömmliche Vorstellung von Ökologie als Technik der Verwaltung knapper Ressourcen überwinden. Wir müssen sie als eine Kunst, ein neues Paradigma der Beziehung zur Erde, zu den Prozessen der Produktion in Harmonie mit den lebendigen Systemen und in sozialer Gleichheit auffassen.

Sehen wir uns die verschiedenen Formen von Ökologie an, wie sie zur Zeit theoretisch und praktisch wirksam sind, und prüfen wir, in welchem Maße jede von ihnen zur Erhaltung des Planeten und seiner Ökosysteme beitragen kann.

a) Umweltökologie: die Gemeinschaft des Lebens

Wir gehen von der Feststellung aus, dass wir alle im Gemeinsamen Haus, der Erde, wohnen, dass wir alle voneinander abhängig sind und uns alle gegenseitig helfen, was unsere Ernährung, den Fortbestand und die Koevolution, die gemeinsame Entwicklung betrifft. Diese Beziehungen bilden die sogenannte „Umwelt", die in Wahrheit ein umfassender Gesamtraum ist, denn sie umfasst alle Wesen, die gesamte Gemeinschaft des Lebens und dessen physisch-chemische Grundlage.

Das griechische Wort für „Haus" lautet „oikos". Von daher leitet sich der Begriff „Ökologie" ab. Es geht also darum, zu verstehen, dass die Felsen, die Ozeane, die unterschiedlichen Klimata, die Pflanzen, die Tiere und die Menschen nicht einfach nebeneinander her existieren, sondern dass sie alle miteinander verbunden sind und zusammen die biotische Gemeinschaft bilden: ein großes System, das sich selbst reguliert.

Was die Verwüstungen betrifft, die der Planet bereits zu erleiden hatte, hat bereits die ökologische Alarmglocke geläutet, insbesondere wegen der globalen Erwärmung, die hauptsächlich durch die Konzentration von Kohlendioxid und anderen Gasen wie etwa Methan verursacht wird. Methan hat einen 23mal höheren Treibhauseffekt als Kohlendioxid. Es wird vorgeschlagen, die Konzentration von CO_2 auf 450 ppm (= „Parts per Million") zu reduzieren. Das wäre immer noch das Doppelte dessen, was sich zu Beginn der Industriellen Revolution im 18. Jahrhundert in der Atmosphäre befand. Und wir müssen sofort mit dieser Reduktion beginnen, denn andernfalls könnte es zu spät sein. Wenn die Konzentration 500 ppm überschreitet, dann steigt die Erdtemperatur Lovelock zufolge mit immer höheren Wachstumsraten, wobei die Artenvielfalt dezimiert wird und Abermillionen Menschen zugrunde gehen. Amazonien wird sich in eine heiße Savanne verwandeln und der semiaride (halbtrockene) Nordosten Brasiliens wird zur Wüste. Nach Lovelock beträgt die Konzentration von Kohlendioxid in der Atmosphäre bereits 350 ppm. Wenn wir nichts unternehmen, dann wird es nur noch vierzig Jahre dauern, bis die problematische Konzentration von 500 ppm erreicht ist. Dann würden wir in eine chaotische Situation hineingeraten. Und bis diese sich wieder stabilisiert – wenn wir davon ausgehen, dass das Chaos immer schöpferisch ist –, könnten für das gesamte System Gaia verheerende Folgen eingetreten sein.

Deshalb heißt es in der Erdcharta, diesem bedeutenden Dokument des beginnenden 21. Jahrhunderts (wir werden sie später genauer analysieren), das den höchsten Ausdruck des ökologischen, humanistischen, ethischen und spirituellen Bewusstseins der Menschheit darstellt: „Wir stehen an einem kritischen Punkt der Erdgeschichte, an dem die Menschheit den Weg in ihre Zukunft wählen muss ... Wir haben die Wahl: Entweder bilden wir eine globale Partnerschaft, um für die Erde und füreinander zu sorgen, oder wir riskieren, uns selbst und die Vielfalt des Lebens zugrunde zu richten." (Erdcharta 2001, 7–8)

Um die Bedeutung der Umweltökologie ermessen zu können, müssen wir zunächst ein verkürztes Verständnis von „Umwelt" überwinden und dann zu einer umfassenderen Sichtweise des Planeten Erde gelangen, der von einer Vielfalt unterschiedlicher Arten von Umwelt gebildet wird: den sogenannten Ökosystemen, der Biomasse oder auch der Gemeinschaft des Lebens.

Die Umwelt ist nicht etwas, das sich außerhalb von uns selbst befindet ohne direkten Bezug auf uns. Wir selbst gehören zur Umwelt, denn wir ernähren uns von den Produkten der Natur, wir atmen die Luft ein, wir trinken Wasser, das gleichzeitig einen großen Teil unseres Organismus ausmacht; durch unseren Körper und unser Blut strömen Eisen, Stickstoff, Magnesium, Phosphor und viele andere physikalisch-chemische Elemente, die gleichzeitig Bestandteil aller Dinge im Universum sind. Sobald sich ein Klimawandel vollzieht, sobald die Atmosphäre zu stark verschmutzt ist oder sobald sich zu viele Pestizide in der Nahrung befinden, fühlen wir uns in unserer Gesundheit beeinträchtigt. Wir finden uns innerhalb der Umwelt vor und bilden zusammen mit den übrigen Seinsformen die irdische Gemeinschaft oder den umfassenden Raum.

Zusätzlich müssen wir ein reicheres Verständnis von unserer Erde gewinnen, die nicht nur eine Ansammlung von Ebenen, Bergen, Ozeanen, Seen und von Bäumen und Pflanzen umsäumten Flüssen ist. Dies wäre eine sehr armselige Sichtweise. Wir müssen jenes Bild in unser Verständnis von Erde mit aufnehmen, das uns die Astronauten vermittelt haben: Von ihren Raumschiffen aus konnten sie die Erde von außerhalb ihrer selbst betrachten, und sie bezeugten, dass vom Mond oder den Raumschiffen aus gesehen überhaupt kein Unterschied mehr zwischen Erde und Menschheit, zwischen Erde und Biosphäre auszumachen sei, sondern dass wir zusammen eine einzige, strahlende Wirklichkeit bilden.

Wir sind Erde. Wir sind Erde, die fühlt, die denkt, die liebt, die sich sorgt und die Verehrung empfindet.

Doch zurück zu unserem Problem: Die Regulierungsmechanismen der Erde funktionieren nicht mehr richtig, die Erde nähert sich immer mehr einem kritischen Zustand und könnte in ein Stadium des Chaos eintreten, das in letzter Konsequenz alles Leben gefährdet.

Mit dem Ausmaß der Konzentration von Kohlendioxid und anderen Treibhausgasen, die zur globalen Erwärmung führen, ist der Erde eine Grenze gesetzt.

Die Verbrennung von fossilen Treibstoffen produziert jedes Jahr 27 Milliarden Tonnen Kohlendioxid. In verdichteter Form entspräche das einem Berg von 1,5 km Höhe und einem Basisumfang von 19 km. Wie wird die Erde diese unsichtbaren und gleichzeitig tödlichen Emissionen verkraften können? Die Sorge, Angst, ja sogar das Erschrecken, das viele Wissenschaftler, Ökonomen und Politiker erfasst, die in ökologischer Hinsicht verzweifelt sind, erklärt sich aus den Folgen des Prozesses der Erderwärmung, in dem wir uns bereits befinden. Diese Erwärmung wird die Erde nicht versengen, aber sie wird ausreichen, um das Eis der Polkappen und Grönlands zum Schmelzen zu bringen. Der Meeresspiegel könnte je nach Region um 59 cm bis 14 Meter ansteigen und würde die meisten Küsten überschwemmen, wo ein großer Teil der Weltbevölkerung lebt.

Wenn die Phase des allgemeinen Chaos erreicht wird, die normalerweise einem neuen Zustand des Gleichgewichts vorausgeht, dann ist es nicht abwegig anzunehmen, dass am Ende des 21. Jahrhunderts Abermillionen Menschen zugrunde gehen. Grönland, Schweden, Norwegen und das riesige Sibirien würden hingegen zu äußerst fruchtbaren Regionen werden. All das könnte in den nächsten dreißig oder vierzig Jahren passieren.

Wie man sieht: Sich mit der Umwelt zu beschäftigen heißt, sich um die Zukunft der Erde und des Planeten zu sorgen. Wir können die Erde nicht weiter so quälen, wie wir es bisher getan haben. Wenn wir so weitermachen, könnte uns die Erde so entfernen, wie man ein Krebsgeschwür entfernt.

Es genügt nicht, einfach nur sauberere Technologien zu entwickeln. Wir müssen eine andere Art von Zivilisation schaffen, die in Einklang mit der Erde zusammen wirkt, die die knappen Ressourcen mit Verstand nutzt, die die Regenerationsfähigkeit der Ökosysteme erhält und die Abfälle recyclet. Wir müssen dem Herzen, dem *Pathos*, dem Gefühl Raum geben, damit wir uns tatsächlich als Geschwister der großen irdischen Gemeinschaft empfinden, die in Respekt und Sorge füreinander innerhalb der Grenzen lebt, die uns von unserem einzigen Gemeinsamen Haus gesetzt sind.

b) *Politische und soziale Ökologie: nachhaltige Lebensweise*

Sowohl die Menschen als auch die verschiedenen Gesellschaften stellen weitere Momente im immens großen Evolutionsprozess dar und müssen in das größere Ganze integriert werden. Aus sich selbst heraus hätte die Natur niemals technische Gebilde hervorbringen können. Doch sie vollbringt dies mit Hilfe des Menschen, der ein integraler Bestandteil ihrer Wirklichkeit ist. Deshalb müssen diese technischen Artefakte in den Begriff der schöpferischen Natur mit aufgenommen werden, denn ihre Materialien entstammen den Möglichkeiten der Natur. Sie sind darüber hinaus Erscheinungsweisen Gaias, des einzigen lebendigen Großorganismus. Deshalb dürfen wir uns nicht bloß auf die Umweltökologie beschränken, sondern wir müssen auch die soziale und politische Ökologie in unsere Überlegungen mit aufnehmen.

Diese Art von Ökologie analysiert die unterschiedlichen Weisen, in denen eine Gesellschaft ihr Verhältnis zur Natur bestimmt, ihre Produktionsweise und ihre Konsummuster, in welcher Weise und in welchem Maß ihre Mitglieder an den natürlichen und kulturellen Gütern Anteil haben, wie die Gesellschaft mit ihren Abfällen umgeht, was sie macht, um die Erde zu schonen, und wie sie die Erneuerung der knappen Ressourcen gewährleistet, um für sich selbst und die nach uns kommenden Generationen die Zukunft zu sichern.

Wir stellen nun fest, dass es viele Gesellschaftsformen mit ihren jeweiligen Institutionen und Gesetzen gibt, die das Verhältnis zur Natur auf unterschiedliche Art und Weise gestalten. In einigen Gesellschaften, besonders bei den indigenen Völkern, findet man eine tiefe Gemeinschaft mit der Natur und eine selbstverständliche Sorge um die Ökosysteme. Dort herrscht eine große Harmonie zwischen Mensch und Umwelt. Doch es gibt andere – wesentlich mehr – Gesellschaften, die diese Harmonie zerstören. Im Allgemeinen hinterlässt der Mensch überall, wo er hintritt, Spuren von Verantwortungslosigkeit und Fahrlässigkeit.

Wir sind Erben einer Gesellschaftsform, die zur Zeit weltweit durchgesetzt wird, nun schon dreihundert Jahre lang besteht und etwas in der Geschichte bislang Unerhörtes zum Ziel hat: Die Erde mitsamt all ihren Ressourcen und Möglichkeiten schrankenlos auszubeuten. Ihre Absicht ist es dabei, das Angebot von Konsumgütern stetig zu vermehren oder stetig wachsenden Reichtum in der kürzestmöglichen Zeit anzuhäufen.

Wir können die Beobachtung machen, dass dieselbe Logik, die Menschen, soziale Klassen, Länder und Kontinente ausbeutet, auch die Natur ausbeutet. Die Erde selbst ist in eine Handelsbank verwandelt worden. Alles wird zur Ware und zu einer Gelegenheit, Profit zu machen, darunter auch Dinge, die einen unschätzbaren Wert, aber keinen Preis haben, wie zum Beispiel menschliche Organe, Trinkwasser – ein natürliches und lebensnotwendiges Gemeingut – Saatgut und Gene. Selbst mit der Religion und der Nächstenliebe wird Handel getrieben und Geld verdient.

Der Schlüsselbegriff in allen Gesellschaften der Welt lautet *nachhaltige Entwicklung*. Sie ruht auf den zwei Säulen des wirtschaftlichen Wachstums und der sozialen Entwicklung auf.

In der Vorstellungswelt derer, die die „moderne" Gesellschaftsform geschaffen und zum Ideal erhoben haben, waren Wachstum und Entwicklung die Geiseln der Idee des grenzenlosen Fortschritts, dem unerschöpfliche Ressourcen zur Verfügung stehen. Wie wir bereits gesehen haben, ist eine solche Annahme illusorisch und pervers, denn sie hat zur Verwüstung des Planeten geführt und opfert jenen riesigen Teil der Menschheit, der an der Peripherie der hegemonialen Machtzentren lebt. Diese Zentren sind nichts anderes als die alten Kolonialmächte oder imperialistischen Mächte. Die sogenannte moderne Gesellschaftsform bringt zwei Arten von Ungerechtigkeit hervor: die soziale und die ökologische Ungerechtigkeit.

Die *soziale Ungerechtigkeit* besteht darin, dass zwischen Menschen, Klassen und Ländern krasse Ungleichheiten geschaffen werden. 18 % der Weltbevölkerung besitzen 80 % des gesamten Reichtums der Erde. Die drei reichsten Menschen der Welt verfügen über ein Aktivguthaben, das höher ist als der Reichtum der 48 ärmsten Länder der Welt, in denen 600 Millionen Menschen leben. Und die 257 reichsten Menschen haben mehr Vermögen angehäuft als die 2,8 Milliarden Menschen (das entspricht 48 % der Menschheit) mit den geringsten Einkommen.

Die Folge von alledem ist, dass eine Milliarde Menschen Hunger leiden und 2,5 Milliarden in Armut leben, das heißt, dass sie zum Überleben nicht mehr als zwei Dollar pro Tag zur Verfügung haben. Hinter all diesen Zahlen verbirgt sich eine wahre Flut von Leiden und Erniedrigung, die eine Unzahl von Menschen, darunter vor allem Kinder, zu einem Tod vor der Zeit verdammt. Von diesen Kindern sterben jedes Jahr 15 Millionen vor Vollendung des fünften Lebensjahres als Opfer von Krankheiten, die man leicht behandeln könnte. Wir haben es, wie man leicht einsehen kann, mit der perversesten sozialen Ungerechtigkeit und dem absoluten Fehlen von Gleichheit zu tun, das heißt es mangelt an einer angemessenen Verteilung der Güter und Wohltaten der Erde und der menschlichen Produktion unter den Bewohnern des Planeten.

Aber wie wir schon sagten, gibt es auch die *ökologische Ungerechtigkeit*, das heißt die Misshandlung der Natur: der Wälder, der Tiere, der Gewässer, der Atmosphäre und der Böden. Die Gattung Mensch hat bereits 83 % des Planeten in Besitz genommen. Und sie hat ihn dabei verwüstet, hat den Garten Eden in eine riesige Folterkammer verwandelt, in der jedes Jahr Hunderte von Arten leiden und verschwinden.

Die Erde hat ihre Fähigkeit zur Wiederherstellung und Erneuerung von Ressourcen bereits um 25 % überschritten. Es ist keineswegs so, dass uns eine große Krise bevorstünde, nein, wir sind bereits mitten drin. Forschungen der Universität Campinas in São Paulo haben ergeben, dass bei einer Erhöhung der durchschnittlichen Temperatur um nur 1 Grad Celsius im Bundesstaat São Paulo und im Norden von Paraná die Kaffeeblüten absterben, noch bevor es zur Entwicklung einer Frucht gekommen wäre. Empraba (ein großes ökologisches Forschungsinstitut) hat dasselbe für Soja, Bohnen und Mais aufgezeigt.

Dies ist die ungeheure ökologische Ungerechtigkeit gegen Gaia und die Natur. Das angestrebte Wachstum und die vorgebliche Entwicklung sind mit beiden unvereinbar. Es handelt sich keineswegs um nachhaltiges Wachstum bzw. nachhaltige Entwicklung (Silva/Mendes 2005; Silva 2006; Boff 2006). Deshalb stellt die Erdcharta ihre Alternative unter das Motto „nachhaltige Lebensweise".

Um welche Art von Nachhaltigkeit geht es also für die Gesellschaften, die Ökosysteme, die Menschen und das wirtschaftliche Wachstum sowie die soziale Entwicklung selbst? Nachhaltig wären jenes Wirtschaftswachstum und jene soziale Entwicklung, die sich im Einklang mit der Gemeinschaft des Lebens befänden, deren Produktion sich an den Kapazitäten der Natur orientieren würde, die den Bedürfnissen der jetzt lebenden Menschen nach dem Prinzip der Gleichheit entsprächen, ohne das Kapital der Natur zu opfern, und die für die Bedürfnisse der kommenden Generationen offen wären, die ja ebenfalls das Recht haben, eine bewohnbare Erde und eine in genügendem Maße erhaltene Natur zu erben. Doch eine nachhaltige Entwicklung in diesem Sinne ist unmöglich, wenn wir weiterhin an unserer Form einer so konsumistischen und verschwenderischen Gesellschaft festhalten, die keinen Respekt vor der Erde, der Natur und dem Leben kennt.

Wir brauchen neue schöpferische Phantasie, die noch nicht ausgetestete, aber mögliche Welten entwirft, und zwar nicht auf der Grundlage einer einzigen Lösungsformel, sondern von verschiedenen Alternativen und Lösungsmöglichkeiten. Es bedarf deshalb eines vielgestaltigen, facettenreichen Denkens, das die unterschiedlichen Dimensionen der komplexen Wirklichkeit in den Blick nimmt und die menschlichen Erkenntnisse als wirkliche Annäherungen versteht, die sich mit anderen Errungenschaften anderer Erfahrungen und Kulturen in wechselseitiger Ergänzung vereinen (Novo 2006).

In Zeiten der Krise kommt es darauf an, die „Resilienz", das heißt (psychische) „elastische Widerstandsfähigkeit", zu kultivieren (Poletti/Dobbs 2007). Dieser Ausdruck hat seinen Ursprung in der Metallurgie und in der Medizin. In der Metallurgie meint er die Eigenschaft von Metallen, ihre ursprüngliche Gestalt wiederzuerlangen, ohne sich zu deformieren, nachdem man sie starkem Druck ausgesetzt hat. In der Medizin oder konkret in der Knochenheilkunde ist dies die Fähigkeit der Knochen, nach einem schweren Bruch korrekt wieder zusammenzuwachsen.

Aus diesen beiden Bereichen (Metallurgie und Medizin) ging der Begriff in andere Bereiche über, wie zum Beispiel die Pädagogik, die Psychologie, die Ökologie, die Unternehmensführung ... kurz gesagt in alle Bereiche, die es mit lebendigen Phänomenen zu tun haben, wo es Fluktuation, Anpassungen, Krisen und die Überwindung von Brüchen oder Stress gibt (Novo 2006, 253–256; Novo 2002).

Die Resilienz umfasst zwei Merkmale: einerseits Widerstand gegen Widrigkeiten, die Fähigkeit, sich in seiner Integrität zu behaupten, wenn man großen Herausforderungen und großem Druck ausgesetzt ist; auf der anderen Seite die Fähigkeit, sich wiederherzustellen, aus den Niederlagen zu lernen und sich schöpferisch neu zu entwerfen, indem man die negativen Aspekte in neue Chancen und Vorteile verwandelt. Mit einem Wort: Alle anpassungsfähigen Systeme sind auf allen Ebenen resilient. Dies lässt sich sowohl auf jeden einzelnen Menschen als auch auf das System Erde insgesamt anwenden.

Die Gefahren, die aus Erderwärmung und Trinkwasserknappheit, aus dem Artensterben und der „Kreuzigung" der Erde resultieren, dürfen nicht nur als Niederlagen betrachtet werden, man muss sie vielmehr auch als Herausforderungen begreifen, die zu substanziellen Veränderungen führen können, welche unser Leben im einzigen Gemeinsamen Haus bereichern werden.

Die Forscher, die sich mit Resilienz beschäftigen, versichern uns, dass wir, um resilient zu sein, vor allem *unbedingt* eine gefühlsmäßige Beziehung – in unserem Fall mit der Erde – pflegen müssen. Das bedeutet in Verständnis, Mitleid und Liebe für sie zu sorgen; ihre Schmerzen durch einen vernünftigen und zurückhaltenden Gebrauch ihrer Ressourcen zu lindern; auf jede Gewalt gegen ihre Ökosysteme zu verzichten. Hierfür müssen die wohlhabenden Länder ihre Konsumgier drastisch zügeln, damit die armen Länder Spielraum für eine nachhaltige Entwicklung in Harmonie mit den Kreisläufen der Natur haben. Darüber hinaus ist es wichtig, den Optimismus zu nähren, denn das Leben, das schon so viele Verwüstungen aushalten musste, hat sich immer als resilient erwiesen und ist in neuer Vielfalt wiederaufgeblüht. Es ist also entscheidend, dass wir einen Hoffnungshorizont anbieten, der unseren Alternativen Sinn verleiht. Diese Alternativen werden das Neue darstellen, aus dem uns allen Rettung erwächst.

Mit einem Wort: Was wir brauchen, ist ein neues Zivilisationsmodell. Mehr als ein nachhaltiges Wachstum und eine nachhaltige Entwicklung brauchen wir eine nachhaltige Erde und Natur, nachhaltiges menschliches Leben und besonders eine ökologisch nachhaltige Gesellschaft. Doch was ist eine nachhaltige Gesellschaft?

Eine Gesellschaft ist dann nachhaltig, wenn sie sich so organisiert, dass sie das Leben der Menschen und der Ökosysteme, in welche diese Menschen eingebunden sind, über Generationen hinweg sicherstellt. Je mehr sich eine Gesellschaft in Harmonie mit dem sie umgebenden Ökosystem befindet und je mehr sie erneuerbare und recyclebare Ressourcen als Grundlage hat, umso nachhaltiger ist sie. Aber dabei muss sie ein hohes Maß an Vernunft an den Tag legen, vor allem der einzigen Erde zuliebe, die wir haben, und um der Solidarität mit den künftigen Generationen willen. Eine Gesellschaft kann nur dann als nachhaltig gelten, wenn sie sich durch ihre Arbeit und Produktion immer mehr Autonomie erwirbt; wenn sie krasse Armutsniveaus überwunden hat oder in der Lage ist, sie abzubauen; wenn die Menschen in ihr in angemessener Form arbeiten können; wenn für die Rentner ebenso wie für die für den Arbeitsmarkt zu jungen oder zu alten Menschen soziale Sicherheit gewährleistet ist; wenn soziale und politische Gleichheit sowie Gleichheit zwischen den Geschlechtern beständig angestrebt wird; wenn die wirtschaftlichen Ungleichheiten auf ein erträgliches Maß reduziert werden ... Schließlich ist eine Gesellschaft dann nachhaltig, wenn sich ihre Mitglieder der gesellschaftlichen Teilhabe erfreuen und auf diese Weise eine soziale, umweltfreundliche und für Verbesserungen aufgeschlossene Demokratie aufbauen können.

Eine nachhaltige Gesellschaft, wie wir sie soeben zu beschreiben versucht haben, muss sich beständig fragen, wie viel Wohlstand sie einer möglichst großen Zahl von Menschen ausgehend von dem natürlichen und kulturellen Kapital, über das sie verfügt, bereitstellen kann. In den Worten der Erdcharta heißt dieses Ideal: „Eine nachhaltige Lebensweise überall und in den unterschiedlichsten Kulturen entwickeln". All dies sind die Herausforderungen, denen sich eine soziale und politische Ökologie stellen und zu deren Bewältigung sie beitragen muss.

c) Mentale Ökologie: ein neues Denken und ein neues Herz

Die mentale Ökologie (Gribbin 2204; Fox 1991; McDaniel 1995) ist ebenso wichtig wie die Umweltökologie und die soziale bzw. politische Ökologie. Sie hat mit dem Geist und mit dem zu tun, was in ihm vorgeht. Ebenso untersucht sie die aktuelle Vorstellungswelt, die Werte und Weltanschauungen der Gesellschaften. Unsere Aggressivität gegenüber dem System Erde, die konkret im schlechten Gebrauch der natürlichen Ressourcen und im sorglosen Umgang mit den Abfällen zum Ausdruck kommt, hat ihren Ursprung zu einem großen Teil in den Begriffen und Vorurteilen, die tief im Geist der Menschen und in der Vorstellungswelt der Gesellschaft verankert sind. Es ist sehr schwer, sie aufzulösen und zu überwinden.

Von den unterschiedlichen Arten von Ökologie ist die mentale Ökologie vielleicht am schwersten in die Praxis umzusetzen. Unsere mentalen Strukturen und unsere Gewohnheiten, die Dinge zu sehen, überdauern nämlich Generationen, was die notwendigen Veränderungen enorm erschwert. Einsteins Ausspruch ist bekannt: „Es ist leichter, ein Atom zu spalten, als ein Vorurteil abzubauen." Trotzdem müssen wir die erwähnten Veränderungen zustande bringen. Wenn nicht, wird es uns nie gelingen, den angemessenen Wandel herbeizuführen.

Wir erkennen sehr wohl die Hauptcharakteristika unserer Zeit. Da ist erstens das immer weiter um sich greifende Bewusstsein, dass wir direkt auf die Zerstörung der Erde und die Auslöschung der Gattung

Mensch zusteuern könnten. Zweitens ist ein machtvolles neu entstehendes Bewusstsein für ein neues, wohlwollendes Verhältnis gegenüber der Erde, den Ökosystemen und den anderen Menschen zu verzeichnen. Dieses Verhältnis ist ein Versuch, unser Gemeinsames Haus zu retten und unser Überleben zu sichern.

Dafür bedarf es, der Erdcharta zufolge, eines Wandels in unserem Bewusstsein und in unseren Herzen (Erdcharta 2001, 16) im Sinne eines neuen Gespürs für die weltweite gegenseitige Abhängigkeit und die universale Verantwortung. Wenn wir einen Wandel unseres Geistes und unseres Herzens herbeiführen, dann schaffen wir die Grundlage für den Aufbau einer menschlichen Gesellschaft, die sich durch ein angemessenes Zusammenspiel und ein gesundes Gleichgewicht im kollektiven Bewusstsein der Bevölkerung zwischen einem vernünftigen Gebrauch der Ressourcen, der Sorge um sie und der Erhaltung der Umwelt auszeichnet. Um diesen Wandel von Geist und Herz herbeizuführen, müssen wir vor allem die Hindernisse aus dem Weg räumen und dann neue Signale setzen.

Das *erste Hindernis* ist unsere Ignoranz und unsere Unwissenheit hinsichtlich der Schäden, die wir der Natur und der Mutter Erde zufügen. In unserer Überheblichkeit wollen wir nichts von den Bedrohungen wissen, denen das System Leben ausgesetzt ist. Wir stellen uns die Erde und die Umwelt als etwas außerhalb von uns Existierendes vor, und in unserer verkürzten Sichtweise, von der auch die modernen Wissenschaften nicht frei sind, sehen wir nicht das Ganze, sondern nur die Teile. Wir sehen die unterschiedlichen Dinge, aber aus ihrer natürlichen Umgebung herausgelöst und ohne ihre allseitigen gegenseitigen Abhängigkeiten.

Das *zweite Hindernis* stellt unser veralteter Anthropozentrismus dar. Wir bilden uns ein, dass der Mensch das Zentrum von allem sei, der Herrscher (bzw. die Herrscherin) des Universums. Ja noch schlimmer: Wir gehen davon aus, dass die Dinge nur in dem Maße Sinn haben, in dem sie auf den Menschen hingeordnet sind, der nach Gutdünken über sie verfügen könne. Uns kommt dabei nicht in den Sinn, dass wir innerhalb des Evolutionsprozesses erst auf den Plan traten, als bereits 99,98 % der Erde vollständig gebildet waren. Wir sind lediglich eines von so vielen Gliedern innerhalb der Kette des Lebens.

Doch man sollte durchaus betonen, dass wir etwas Besonderes an uns haben: Wir sind dazu berufen, die Hüter der übrigen Lebewesen zu sein, die Gärtner des Gartens Eden. Wir haben also einen ethischen Auftrag für seine Erhaltung und Pflege. Es ist dringend an der Zeit, dass wir das, was uns die Erdcharta lehrt, in unseren Geist und in unser Herz aufnehmen: „Erkennen, dass alles, was ist, voneinander abhängig ist und alles, was lebt, einen Wert in sich hat, unabhängig von seinem Nutzwert für die Menschen." (Erdcharta 2001, 9) Im Unterschied zu den Anthropozentrikern müssen wir kosmozentrisch und biozentrisch werden, das heißt, wir müssen den Kosmos und das Leben in den Mittelpunkt stellen.

Das *dritte Hindernis* ist unser Rationalismus und unser Mangel an Sensibilität, an Herz und an Mitgefühl. Alles stellen wir der Vernunft und der Technik anheim, als ob wir nur durch sie einen Zugang zur Wirklichkeit hätten und alle Probleme lösen könnten. Aber dieselbe technikorientierte Wissenschaft, die uns Antibiotika an die Hand gegeben hat und uns zum Mond gelangen ließ, hat uns auch Massenvernichtungswaffen und eine Tötungsmaschinerie beschert, die die Gattung Mensch vernichten und der Biosphäre schweren Schaden zufügen können. Die Wissenschaft bedarf eines Gewissens und muss die emotionale, ethische und spirituelle Intelligenz in ihre Arbeit mit einbeziehen. Technik und Wissenschaft sind ein ambivalentes Instrument, doch das Handeln der Techniker und Wissenschaftler muss bewusstes und ethisch verantwortliches Handeln sein.

Das *vierte Hindernis* ist unser kulturell verankerter Individualismus. Wir werden fälschlicherweise so erzogen, als ob wir allein wären und als ob wir unser Leben allein führen und unsere Bedürfnisse allein befriedigen könnten. Es gibt eine Auffassung von moderner Autonomie, die aufgrund ihres Individualismus verkürzt ist. Sie vergisst die Tatsache, dass wir alle voneinander abhängig sind und einen Knotenpunkt innerhalb eines Netzes von Beziehungen bilden, das sich in alle Richtungen erstreckt. Gemeinsam schaffen wir die nötigen Bedingungen für unser Leben.

Das *fünfte Hindernis* ist Wettbewerb und Konkurrenz, die zusammen das Grundgesetz von Ökonomie und Markt bilden. Nur der Stärkste bleibt siegreich. Diese Logik erzeugt allenthalben Opfer und sorgt für das Entstehen einer perversen sozialen Ungleichheit: enormer Reichtum auf der einen Seite und auf der anderen Seite ungeheure Armut. Es handelt sich hier um eine Logik im Widerspruch zur Natur, derzufolge alle um des Überlebens aller willen zusammenleben und kooperieren. Die Ersetzung der Politik durch die kapitalistische Ökonomie stellt die „Große Transformation" der letzten Jahrzehnte dar (Polanyi 1977/1944).

Das *sechste* (und letzte) *Hindernis* bildet der Konsumismus. Wir konsumieren um des Konsumierens selbst willen weit über unsere wirklichen Bedürfnisse und die Tragfähigkeit der Erde hinaus. Es gibt 800 Millionen Menschen, die Hunger leiden, und auf der anderen Seite gibt es 1,2 Milliarden stark Übergewichtige. Und wir gehen schlecht mit Ressourcen um, auf die die künftigen Generationen angewiesen wären.

Der derzeitige schlechte Gesundheitszustand der Erde offenbart unsere eigene mentale Krankheit. Die Erde ist krank, weil wir krank sind. Und wir sind krank, weil es auch die Erde ist. Wir bilden ein und dieselbe große Einheit und teilen – ob gesund oder krank – dasselbe Schicksal. Was könnte uns beiden Heilung verschaffen?

Dazu im Folgenden einige Hinweise zur Orientierung. Vorweg machen wir darauf aufmerksam, dass es nicht reicht, nur schmerzlindernde Maßnahmen zu ergreifen wie etwa die Verschmutzung ein wenig zu reduzieren oder mit knappen Ressourcen sparsamer umzugehen, ohne dabei jedoch auf den verschwenderischen Konsumismus zu verzichten. Gaia ist eine großzügige Mutter, doch sie kann sich denen gegenüber, die ihr Gleichgewicht zerstören, als grausam erweisen. Sie kann sie bestrafen, indem sie sie auslöscht. Es hängt von unserem Verhalten ab, ob wir dieser Todesstrafe entgehen können.

Als *Erstes* kommt es darauf an, dass wir eine besondere *Sensibilität* für die Natur und alles, was in ihr lebt, entwickeln. Wir müssen uns die wissenschaftlich erwiesene Tatsache vor Augen führen, dass alle Lebewesen zusammen die eine Gemeinschaft des Lebens bilden. Alle, vom einfachsten Bakterium bis zum Menschen, besitzen dieselben zwanzig Aminosäuren und dieselben vier Basen. Wir sind also alle miteinander „verwandt", wir sind Cousins und Geschwister. Und als solche sollten wir auch miteinander umgehen. Und trotzdem behandeln wir die Kühe wie Milchproduktionsmaschinen und die verschiedenen Viehsorten wie Fleischabteilungen. Wir machen uns dabei das Leid nicht bewusst, das wir ihnen zufügen.

Zweitens müssen wir das tun, worum uns die Erdcharta bittet: „Für die Gemeinschaft des Lebens in Verständnis, Mitgefühl und Liebe sorgen" (Erdcharta 2001, 9). Die Fürsorge ist für das Leben wesentlich. Ohne die nötige Fürsorge wird das Leben – besonders an seinem Beginn und an seinem Ende – geschwächt und stirbt. Alles, wofür wir sorgen, lieben wir, und für alles, was wir lieben, sorgen wir auch. Die Sorge um die Dinge bewirkt, dass sie viel länger halten, und gibt ihnen Frieden und Sicherheit.

Drittens müssen wir uns zu unserer *universalen Verantwortung* bekennen. Verantwortung tragen bedeutet, sich der Folgen seines Handelns bewusst zu sein. Es gibt Handlungen, die einen großen Teil des Ökosystems zerstören können. Wie wir schon früher betont haben, lautet das Prinzip: „Handle in so verantwortlicher Weise, dass dein Tun der Erhaltung und der Entwicklung des Lebens förderlich ist."

Viertens müssen wir der *Kooperation* und *Solidarität* den Vorrang gegenüber Wettbewerb und Konkurrenz einräumen (Abdalla 2002). Die Kooperation bildet das oberste Gesetz des Universums und der Entwicklung des Menschen. Die Kooperation war es, die uns den Sprung vom Tierreich zum Menschsein ermöglichte. Damit wurden wir zu sozialen Lebewesen, die sich durch den Gebrauch der Sprache auszeichnen. Sie ermöglicht es uns, unser Verhältnis zu den Dingen zu bestimmen, indem wir sie in eine Ordnung bringen, und unsere Beziehung zu den anderen Menschen zu gestalten, indem wir Kommunikation und Gemeinschaft mit ihnen pflegen.

Fünftens müssen wir unseren geistigen Zustand verbessern, indem wir die *Spiritualität* pflegen. Sie ist nicht mit der Religion identisch, wiewohl sie dieser zugrunde liegt. Sie gehört vielmehr zur Tiefendimension des Menschseins. (Boff 2003) Immer, wenn der Mensch sich die Frage stellt, woher er kommt, wohin er geht und was er hoffen darf, immer, wenn er entdeckt, dass hinter allen Dingen eine geheimnisvolle Energie am Werk ist, die alles in großer Harmonie zusammenhält und immer wieder von Neuem vereint und dem Leben über den Tod hinaus Sinn verleiht …. immer, wenn er diese Dimension lebt, nährt er seine Spiritualität. Sie entfaltet sich in Liebe, Fürsorge, Mitgefühl, Akzeptanz des Anderen, in der Widerstandsfähigkeit der Seele („Resilienz") und in der Hoffnung.

d) Integrale Ökologie: Wir gehören dem Universum an

Die integrale Ökologie will über die Umweltökologie, die soziale und politische Ökologie sowie die mentale Ökologie noch hinausgehen. Sie ist sich dessen bewusst, dass die Erde, unsere Mutter, nicht das Ganze ist, sondern dass sie als Teil in einen grandiosen Evolutionsprozess eingebunden ist, der vor 13,7 Milliarden Jahren begann, als sich jene unermessliche Explosion ereignete, die wir Urknall nennen. Einen unvorstellbar flüchtigen Augenblick lang waren wir alle in jenem äußerst winzigen Punkt von unendlich kleiner Ausdehnung, aber voller Energie und Wechselwirkungen miteinander vereint.

Mit dieser Explosion nahm der Prozess der Ausdehnung/Evolution/Schöpfung seinen Anfang, wie wir es bereits weiter oben beschrieben haben. Alle Dinge im Universum setzen sich aus denselben Bestandteilen zusammen, die in den alten, später untergegangenen Sternen gebildet wurden und aus denen auch wir gemacht sind. Das Bewusstsein, die Intelligenz und die Liebe, die den Menschen auszeichnen, gehören unserer Galaxie, der Milchstraße, dem Sonnensystem und dem Planeten Erde an. Für ihre Entstehung war eine höchst subtile Feinabstimmung aller Elemente, vor allem der sogenannten „Naturkonstanten" wie etwa der Lichtgeschwindigkeit, der vier Grundkräfte (Gravitation, elektromagnetische Kraft, schwache und starke Kernkraft) und verschiedener anderer erforderlich. Wenn dies nicht so gewesen wäre, dann wären wir jetzt nicht hier, um über all dies zu sprechen.

Das Universum hat in Weisheit und in höchst ausgewogener Weise alle Elemente miteinander verbunden und sich so organisiert, dass es die Entstehung der jetzigen Erscheinungsweise der Welt begünstigte. Es hat den Anschein, als ob es ahnen konnte, dass das Leben, ja das bewusste und intelligente menschliche Leben dort in der Zukunft entstehen würden.

Die integrale Ökologie versucht die Erde, die kosmischen Energien, die uns am Leben halten und innerhalb des immer noch weitergehenden immensen Evolutionsprozesses am Werk sind, zu verstehen.

Die vier Grundkräfte, die allem zugrunde liegen (s. oben), bilden die regelnden Prinzipien des Universums und aller Dinge in ihm, auch des Menschen. Die am weitesten entfernte Galaxie ist noch der Wechselwirkung dieser vier Ursprungsenergien unterworfen, und ebenso die Ameise, die über meinen Tisch krabbelt, und die Neuronen (Nervenzellen) meines Gehirns, das mir diese Überlegungen erst möglich macht. Alles hält sich vielfach miteinander verbunden in einem dynamischen und offenen Gleichgewicht.

Die integrale Ökologie versucht den Menschen mit dieser umfassenden und ganzheitlichen Sichtweise vertraut zu machen. Der Holismus meint die Wahrnehmung der organischen Ganzheit, die eines ist und gleichzeitig unterschieden in ihren Teilen, welche stets

innerhalb dieser Ganzheit miteinander verbunden sind und sie allererst konstituieren. Im Teil ist das Ganze, und das Ganze setzt sich aus der Verbindung aller Teile zusammen. Der brasilianische Dichter Gregorio de Matos hat diesen Sachverhalt in vollkommener Weise zum Ausdruck gebracht:
„Das Ganze ohne den Teil ist nicht das Ganze;
der Teil ohne das Ganze ist nicht Teil;
doch wenn der Teil das Ganze bewirkt,
indem er Teil ist,
kann man dann nicht sagen, dass er Teil ist,
indem er das Ganze ist?" (Grünewald 1987, 63)
Diese Weltsicht weckt im Menschen das Bewusstsein von seiner Rolle und seiner Sendung innerhalb dieses unermesslichen Prozesses, denn er ist ein Wesen, das dazu befähigt ist, all diese Dimensionen zu erfassen, sich darüber zu freuen, jene Intelligenz, die alles geordnet hat und jene Liebe, die alles bewegt, zu lobpreisen und ihr zu danken, sich als ein ethisches Wesen zu empfinden, das für den Teil des Universums, den es bewohnt und pflegt, die Erde, unser Gemeinsames Haus, Verantwortung trägt.

Wie wir bereits wissen, ist die Erde ein lebendiger Großorganismus, der höchst subtil aufeinander abgestimmte physikalisch-chemische, biologische, menschliche und sich selbst organisierende Elemente aufweist, wie es nur einem Lebewesen zukommt. Wir Menschen sind mitverantwortlich für das Schicksal unseres Planeten, die Biosphäre und das soziale und weltweite Gleichgewicht, das den Fortbestand des Lebens ermöglicht. Diese Sichtweise verlangt nach einer neuen Zivilisation, in der sich alle Menschen auf ganz selbstverständliche Weise als Teil des Ganzen empfinden und sich mit Eifer um jenen kleinen Teil des Ganzen kümmern, den wir Erde nennen.

Die Religionen sind die geeigneten Schulen, die den Menschen jene neue Sichtweise beibringen müssten, denn sie sprechen vom Schöpfer und seiner Vorsehung für alles, was ist. Das Christentum zum Beispiel behauptet, dass Gott in allem und alles in Gott sei. Dies meint der *Panentheismus* (Boff 2005, 234–237; Moltmann 1993, 155–157), den man nicht mit *Pantheismus* verwechseln darf. Der Pantheismus behauptet, dass alles – der Stein, der Baum, der Stern, der Mensch – Gott sei. Dies stellt eine irrige Sichtweise dar, weil sie weder die Andersheit respektiert noch das Geschöpf vom Schöpfer unterscheidet. Der Panentheismus hingegen sagt, dass Gott und die Kreatur voneinander verschieden sind, doch dass beide stets im jeweils anderen in gegenseitiger Beziehung ohne jede Distanz sind.

Der christliche Glaube spricht von der Inkarnation des Gottessohnes. Damit ist gemeint, dass der Sohn Gottes das Menschsein in umfassender Weise, und damit in gewisser Weise das gesamte Universum, dessen Teil der Mensch ist, angenommen hat. Deshalb spricht man vom kosmischen Christus und nicht nur von jenem Bauern und Handwerker aus dem Mittelmeerraum, der in Palästina lebte und eine große, jedoch räumlich und zeitlich beschränkte Hoffnung predigte.

Der Heilige Geist offenbart sich als universale Energie, die aus der Schöpfung seinen Tempel und seinen vornehmlichen Wirkungsort macht. In der alten Kirche hieß es: „Der Geist schläft im Stein, träumt in der Blume, erwacht im Tier und weiß im Menschen, dass er wach ist." Der Geist erfüllt also das gesamte Universum und treibt seine Entwicklung bis zu einem glücklichen Ende voran.

Das Universum – wir sagten es bereits – ist ein äußerst komplexes Beziehungsgeflecht, in dem alles mit allem zu tun hat. Dieses Bild vermittelt uns die zentrale Wahrheit des Christentums, die besagt, dass Gott selbst Beziehung in gegenseitiger Einbeziehung und Liebe zwischen den drei göttlichen Personen Vater, Sohn und Heiliger Geist ist. Das Universum ist relational verfasst, weil es nach dem Bild und Gleichnis von Gott als Beziehung geschaffen wurde. Die Dreieinigkeit ist damit nicht länger ein mathematisches Rätsel, sie verhilft uns zum Verständnis des letzten Geheimnisses, welches das gesamte Universum trägt und durchdringt: Es ist Beziehung, Gemeinschaft und Liebe. Die Dreizahl dient als Symbol und Archetyp, um die wechselseitige Beziehung der Personen zum Ausdruck zu bringen. Hieraus entspringt die Urkraft, die dem Dichter Dante Alighieri zufolge den Himmel, alle Sterne und unsere Herzen selbst bewegt.

Ausgehend von dieser wahrhaft integralen Sichtweise verstehen wir die Umwelt – als Gegenstand der *Umweltökologie* – und die Art und Weise, sie respektvoll zu behandeln, besser. Wir machen uns mit den Dimensionen der *soziopolitischen Ökologie* vertraut, in der es um die Nachhaltigkeit der Erde und der Ökosysteme geht, von der unser persönliches und kollektives Überleben abhängt. Die Dringlichkeit der *mentalen Ökologie* wird uns bewusst, mit deren Hilfe wir den veralteten Anthropozentrismus überwinden und zu einem Kosmozentrismus und Biozentrismus gelangen. Schließlich erkennen wir mit Hilfe der integralen Ökologie, wie wichtig es ist, Erde und Mensch in das Ganze mit einzubeziehen und das Beziehungsgeflecht zu entdecken, durch das alle Dinge stets miteinander verbunden werden; die Materie, das Leben, der Geist und die Welt, Gott und das Universum.

Nur innerhalb des Wechselspiels dieser Beziehungen und niemals außerhalb ihrer fühlen wir uns als kosmische, innerlich zur Ruhe gekommene Wesen, da wir in Gemeinschaft mit allem sein werden. Wir werden schließlich einen dauerhaften Friedensbund mit der Erde besiegeln und uns nicht damit begnügen, ihr einen Waffenstillstand innerhalb eines Krieges ohne Ende anzubieten.

Es reicht nicht aus, die unterschiedlichen Formen von Ökologie einander gegenüberzustellen, sondern man muss erkennen, wie sie sich gegenseitig ergänzen und in welchem Maße sie uns helfen, unsere Aufgabe als Hüter des Gartens Eden zu erfüllen, Verhaltensmodelle hervorzubringen, deren Ziel die Sorge, die Erhaltung und die Förderung des uns anvertrauten Gutes ist, das sich im Lauf von 13,7 Milliarden Jahren entwickelt hat. Dieses Erbteil ist im Lauf eines schwierigen Prozesses an uns gelangt, und es ist unsere Pflicht, es weiterzugeben, und zwar in einem gut erhaltenen und bereicherten Zustand, im Geist der Kooperation mit der Natur und in vollkommenem Einklang mit der großen Symphonie des Universums.

3. Kann uns die Nanotechnologie retten?

Angesichts der großen Gefahren, denen die Biosphäre ausgeliefert ist, brauchen wir eine andere Art von Technologie, die neue Möglichkeiten für die Regeneration des Planeten bereitstellt. Bei allen Vorbehalten, die hier geboten sind, könnte dies die Nanotechnologie sein. Es handelt sich hierbei um eine Technologie, die vom Kleinsten ausgeht: von den Atomen und Zellen. Wenn sie an die richtige Stelle gesetzt werden, können Elemente und Dinge hervorgebracht werden, die in der Natur nicht vorkommen (Schnalberg 2006, 79–86; Martins 2006).

Ein Nanometer ist der milliardste Teil eines Meters. Um eine Vorstellung davon zu bekommen, was dies bedeutet, muss man sich einen Strand von 1000 km Länge denken, der mit einer ein Millimeter hohen Sandschicht bedeckt ist. Das Verhältnis von einem Sandkorn zum Strand entspricht dem Verhältnis von einem Nanometer zu einem Meter. Es handelt sich also um eine Technologie des unendlich Kleinen. Sie ist so revolutionär, dass sie innerhalb kurzer Zeit den Großteil der jetzt bekannten Technologien überflüssig machen könnte. Das betrifft insbesondere die Landwirtschaft, die Pharmazie, die Informatik, die Mikroelektronik und die Computertechnik. Man kann diese Technologie auch einsetzen, um die ökologischen Probleme zu lösen.

Zur Zeit gibt es bereits etwa 270 Produkte in Nano-Größenordnung. Das beginnt mit Hemden und Hosen, die aus Fasern hergestellt wurden, welche die Faltenbildung verhindern und jede Art von Flecken abweisen, es reicht über Sonnenschutz bis hin zu Kohlenstoffkabeln, die zehnmal mehr elektrische Leitungskapazität besitzen als Kabeln aus Kupfer.

In der Nanotechnologie kommen Physik, Chemie und Biologie zusammen, um Organismen und unsichtbare Partikel zu produzieren, die höchste Mobilität auszeichnet und die aufgrund der Tatsache, dass sie den Gesetzen der Quantenphysik unterliegen, in ihrem Verhalten unberechenbar sind. Insbesondere die Nanobiotechnologie beginnt Fortschritte zu verzeichnen, die niemand für möglich gehalten hätte. Zur Zeit ist man dabei, Vorrichtungen in Nano-Größenordnung zu produzieren, die im Blutkreislauf zirkulieren können und Krankheiten diagnostizieren bzw. erkrankte Organe wiederherstellen können. Der gesamte Inhalt der Nationalbibliothek von Rio de Janeiro (der fünftgrößten der Welt) mit ihren sechs Millionen Büchern könnte auf einer Nano-Vorrichtung von der Größe eines Bonbons Platz finden.

Doch es gibt auch große Ungewissheiten und Risiken hinsichtlich dieser Art von Technologie. So können zum Beispiel Nanosensoren, die heute den gesamten Prozess der sogenannten „intelligenten Landwirtschaft" kontrollieren, auch dazu benutzt werden, Menschen und ganze Bevölkerungen zu kontrollieren. Das wäre die Inthronisation des „kleinen Bruders", der die Funktion von Aldous Huxleys „Großem Bruder" übernähme. Da es sich um unsichtbare und mikroskopisch kleine Vorrichtungen handelt, gibt es keine Möglichkeit, sich gegen sie zur Wehr zu setzen. Daraus ergibt sich die Dringlichkeit, das Prinzip der Vorsorge in Geltung zu setzen und von der öffentlichen Gewalt kodifizierte Regelungen zu fordern.

Wenn es stimmt, dass es für jedes Problem eine passende Lösung gibt – wer weiß, ob wir nicht mit Hilfe der Nanotechnologie die drei großen Probleme bewältigen können, die uns zu schaffen machen: die Knappheit der natürlichen Ressourcen, den Klimawandel und die Erderwärmung. Mit Hilfe der Nanotechnologie könnte man Lebensmittel in überreichem Maß erzeugen und die Böden und die gesamte Natur schonen, damit sie sich erholen kann. Man könnte Nanopartikel auf die Meeresoberfläche oder in die Stratosphäre verbringen, um die Erde abzukühlen und das klimatische Gleichgewicht wiederherzustellen.

Im Meer zwischen Neuseeland und der Antarktis wurden Eisenpartikel von der Größe von zwanzig Nanometern ausgebracht, um das Wachstum der Algen zu fördern, die wiederum den Kohlenstoff binden und damit die Temperatur senken könnten. Die Wirkung war so überraschend und erstaunlich, dass einer der beteiligten Wissenschaftler sagte: „Ein halber Tanker von Nanopartikeln könnte eine neue Eiszeit auf dem Planeten verursachen."[4]

Diese Überlegungen sind nur vorläufig und bruchstückhaft, doch sie können uns neue Möglichkeiten eröffnen, die uns in der chaotischen Situation, in der sich die Erde zur Zeit befindet, helfen und ein Gleichgewicht fördern könnten, das dem Leben und der Zukunft der Menschheit dient.

4. Die ökologische Ethik: Sorge und Verantwortung für den Planeten

Die heute dominierende Gesellschaftsethik ist utilitaristisch und anthropozentrisch. Sie geht davon aus, dass alles dem Menschen dient, der darüber nach Belieben verfügen kann, um seine Wünsche und Vorlieben zu befriedigen. Sie bildet sich ein, dass der Mensch den Höhepunkt des Evolutionsprozesses und den Mittelpunkt des Universums bildet. Das stellt eine offensichtliche Überheblichkeit dar, und zudem ist es wahrhaftig eine Täuschung. Wir sind nur ein Glied in der Kette der Lebewesen, auch wenn wir die besondere Eigenschaft haben, ethische Lebewesen zu sein.

Es wäre daher ethisch, ein Gespür für die Grenzen der Wünsche des Menschen zu entwickeln, sofern diese leicht dazu führen, dass man sich individuell oder als Gruppe Vorteile auf Kosten der Ausbeutung von Klassen und der Unterdrückung eines Geschlechts verschafft (Boff 2003, 67–69). Der Mensch ist auch und vor allem ein Wesen der Kooperation, der Sorge, der Gemeinschaft und der Verantwortung.

Es wäre auch ethisch, die Solidarität zwischen den Generationen zu stärken und die Zukunft derer zu respektieren, die noch nicht geboren sind. Es wäre ethisch, die relative Autonomie der anderen Seinsarten anzuerkennen und ihnen folglich einen Wert an sich zuzuschreiben. Auch sie haben das Recht, zu existieren und mit uns und anderen Lebewesen zusammenzuleben, zumal sie bereits vor uns und Millionen Jahre lang ohne uns existierten. Sie haben ein Recht auf die Gegenwart und auf eine Zukunft. Unsere Aufgabe besteht darin, umsichtig für sie zu sorgen, damit sie sich zusammen mit uns entwickeln können und nicht einfach dem Selektionsprozess aufgrund der Durchsetzung des Stärkeren zum Opfer fallen (Boff 2001; Auer 1985; Jonas 1984).

Es ist an der Zeit, dass all dies getan und umgesetzt wird. Doch wir sollten realistisch sein und eine Grenze anerkennen: Wenn die Ethik nicht von einer neuen Spiritualität getragen ist, das heißt von einem neuen Einvernehmen des Menschen mit allen übrigen Seinsarten, die eine neue Rück-Bindung (dies ist die wörtliche Bedeutung von „Re-ligion") begründet, und wenn es keinen neuen Sinn für das gibt, was es bedeutet, in Harmonie mit der Gemeinschaft des Lebens und dem gesamten Universum zu leben, dann besteht die Gefahr, dass diese Ethik zu bloßem Legalismus und Moralismus verkommt, zu Verhaltensweisen einer gewohnheitsmäßigen Zurückhaltung führt und nicht zur freudigen Lebensverwirklichung innerhalb einer Beziehung der Sorge, Verehrung und Zärtlichkeit gegenüber dem übrigen Sein.

Sechstes Kapitel: Ein neues Paradigma der Zivilisation

Die bisherigen Überlegungen gipfelten in dem Versuch, die Notwendigkeit eines neuen Lebensstils, einer neuen Produktionsweise, einer neuen Verteilung der Güter und einer neuen Art von Konsum plausibel zu machen. Es geht um ein neues Verhältnis zur Natur und zur Erde. Und dies nennen wir ein „neues Paradigma der Zivilisation"; wir werden es im Folgenden genauer analysieren.

1. Überwindung des herrschenden Paradigmas

Der Mechanismus, der unserer aktuellen zivilisatorischen Krise zutiefst zugrunde liegt, scheint die Haltung zu sein, *über* den Dingen zu stehen. Das letztendliche Ziel wurde von den Begründern unseres Paradigmas der Moderne, Galileo Galilei, René Descartes, Francis Bacon, Isaac Newton und anderen formvollendet zum Ausdruck gebracht. Descartes lehrte, dass unser Eingreifen in die Natur zu dem Zweck erfolgt, damit wir „Meister und Herren" über die Natur werden (Descartes 1952, 50–64). Francis Bacon sagte, wir müssen die Natur so behandeln wie der Folterknecht der Inquisition sein Opfer behandelt: „sie so lange auf die Folter spannen, bis sie alle ihre

Geheimnisse preisgibt, sie uns dienstbar und zu unserer Sklavin zu machen". (vgl. Duchrow/Liedke 1988)

Damit wurde der Mythos vom gewalttätigen Menschen, vom heldenhaften Bezwinger, vom unbeugsamen Prometheus geschaffen, der stolz ist auf die pharaonischen Ausmaße seiner Werke. Mit einem Wort: Der Mensch steht *über* den Dingen, um aus ihnen die Bedingungen und Mittel seines Glücks und Fortschritts zu bereiten. Er sieht sich selbst nicht als einer, der mit den Dingen zusammen da ist, der ihnen angehört wie umgekehrt sie ihm und der zusammen mit den Dingen Teil des größeren Ganzen der Gemeinschaft des Lebens ist.

Das stellt eine echte Paradoxie dar: Gerade unser Herrschaftswille bewirkt, dass wir selbst beherrscht und den Imperativen einer zugrunde gerichteten Erde unterworfen werden. Die Utopie von der Verbesserung der konkreten Daseinsbedingungen des Menschen hat die Lebensqualität der großen Mehrheit der Menschheit verschlechtert. Der Traum von einem unbegrenzten Wachstum hat zur Unterentwicklung von zwei Dritteln der Menschheit geführt; die Begierde nach einer optimalen Ausnutzung der Ressourcen der Erde hat zur Erschöpfung der lebenswichtigen Systeme und zur Störung des ökologischen Gleichgewichts geführt. Sowohl im realen Sozialismus als auch im Kapitalismus wurde die Basis des Reichtums, die immer die Erde mit ihren Ressourcen zusammen mit der menschlichen Arbeitskraft ist, untergraben.

Heute befindet sich die Erde in einem Zustand fortgeschrittener Erschöpfung. Aufgrund der technologischen Revolution, der Informationstechnologie und des Einsatzes von Robotern bilden wir uns ein, wir könnten auf Arbeitskraft und Kreativität verzichten, und die Arbeiter werden sogar aus der Reservearmee der ausgebeuteten Arbeitskraft ausgeschlossen. Sowohl die Erde als auch die Arbeiterschaft sind verwundet und erleiden einen gefährlichen Blutverlust.

Innerhalb dieses Prozesses gab es also etwas Reduktionistisches und zutiefst Irreführendes; wie schwerwiegend dies ist, können wir erst heute erkennen und entsprechend in Frage stellen.

Die Frage, die hier spontan auftaucht, lautet: Kann man die Logik der Akkumulation und des unbegrenzten, stetigen Wachstums aufrechterhalten und gleichzeitig vermeiden, dass die Ökosysteme zusammenbrechen, ihre Zukunft aufgrund des Artensterbens aufs Spiel gesetzt wird, und die natürlichen Ressourcen, auf die auch die künftigen Generationen ein Recht haben, geplündert werden? Gibt es nicht einen unauflöslichen Widerspruch zwischen unserem herrschenden Paradigma des Lebens und der Erhaltung und Unversehrtheit der irdischen und kosmischen Gemeinschaft? Können wir es verantworten, dieses Abenteuer genauso weiterzuführen, wie wir es bisher getan haben?

Wäre es vom heutigen Problembewusstsein aus gesehen nicht höchst unverantwortlich und deshalb antiethisch, diese Richtung beizubehalten? Ist es nicht dringend an der Zeit, die Richtung zu ändern?

Es gibt Leute, die an die messianische Kraft von Wissenschaft und Technik glauben, die – so behaupten sie – schädlich sein, aber auch retten und befreien können. Angesichts dessen müssen wir bedenken, dass der Mensch sich weigert, von der Maschine ersetzt zu werden, auch wenn er aus einem Prozess Nutzen zieht, der mit Hilfe der Maschinen seine grundlegenden Bedürfnisse befriedigt. Doch der Mensch hat nicht nur einige grundlegende Bedürfnisse, die befriedigt werden wollen, er ist darüber hinaus mit einigen Fähigkeiten ausgestattet, die er entfalten und auf schöpferische

Weise ausleben will. Er ist ein Wesen der Teilhabe und der Schöpferkraft: Er möchte nicht nur einen Plan an die Hand bekommen, sondern er möchte auch zu dessen Entwicklung beitragen und sich auf diese Weise zum Subjekt seiner eigenen Geschichte machen. Er hungert nach Brot, aber auch nach Teilhabe, nach Schönheit und nach Dingen, die ihm die Mittel von Technik und Wissenschaft allein auf keinen Fall garantieren können.

Es gibt Leute, die sagen, der Richtungswechsel ist besser für die Umwelt, für die ökologischen Beziehungen insgesamt und auch für die des Menschen, für das gemeinsame Schicksal aller und für die Sicherstellung der Lebensgrundlagen der künftigen Generationen. Doch dafür bedürfe es tiefgehender Korrekturen wie bestimmter kultureller, gesellschaftlicher, spiritueller und religiöser Transformationsprozesse. Genau das schlägt die Erdcharta vor, der wir uns auch anschließen. Unsere Überlegungen möchten diesen Weg weiterbeschreiten und vertiefen.

Mit anderen Worten: Die Option für die Erde verpflichtet uns, uns auf einen Prozess des Paradigmenwechsels einzulassen. Es ist ein Wandel, der notwendigerweise komplex und deshalb dialektisch sein muss, das heißt der all das aus dem Paradigma der Moderne in sich aufnehmen muss, was assimilierbar und förderlich ist, und er muss dies in ein anderes, umfassendes und integrales Paradigma einbeziehen.

Wir möchten versuchen zu klären, was ein Paradigma ist und wodurch es sich auszeichnet.

2. Das Paradigma und seine Grundzüge

Der nordamerikanische Wissenschaftsphilosoph Thomas Kuhn hat in seinem berühmten Buch „Die Struktur wissenschaftlicher Revolutionen" zwei Bedeutungen des Ausdrucks „Paradigma" herausgearbeitet: In der ersten, weiteren Bedeutung, meint es „die ganze Konstellation von Meinungen, Werten, Methoden usw., die von den Mitgliedern einer gegebenen Gemeinschaft geteilt werden" und ein System begründen, mit Hilfe dessen sich diese Gemeinschaft selbst orientiert und die Gesamtheit ihrer Beziehungen regelt (Kuhn 1967, 186; 193–198).

Die zweite Bedeutung im engeren Sinne leitet sich von der ersten her und meint „die konkreten Problemlösungen, die, als Vorbilder oder Beispiele gebraucht, explizite Regeln als Basis für die Lösung der übrigen Probleme der ‚normalen Wissenschaft' ersetzen können" (Kuhn 1967, 186).

Es ist einleuchtend, dass für uns die erste Bedeutung von Nutzen ist: das Paradigma als eine organisierte, systematisierte und eingeübte Form, uns in Beziehung zu uns selbst und zu den Anderen zu setzen. Es handelt sich um Modelle und Orientierungspunkte für die Auffassung, die Erklärung und das Handeln im Hinblick auf die uns umgebende Wirklichkeit. Das Paradigma etabliert die logischen Beziehungen zwischen allen Ebenen, denn alle sind, so sehr sie sich auch voneinander unterscheiden mögen, miteinander verbunden.

Und hier ist es angebracht, unseren Zugang zur gesellschaftlichen und natürlichen Realität wissenschaftstheoretisch in einem bestimmten Kontext zu verorten (Pelizzoli 1999; Moraes 2004). Jede Kultur organisiert ihre eigene Art und Weise, die Natur, die konkrete

Umgebung und die Geschichte zu bewerten, zu deuten und in sie einzugreifen, und unsere Art ist eine unter vielen anderen, wenngleich sie heute auch weltweit dominiert. Deshalb ist es im Prinzip angemessen, dass wir auf jeden Monopolanspruch verzichten, was das von uns entwickelte Selbstverständnis und unseren Vernunftgebrauch in Vergangenheit und Gegenwart betrifft. Damit wird die Tatsache hervorgehoben, dass Wissenschaft und Technik kulturelle Praxisformen wie so viele andere auch sind, die deshalb auf eine bestimmte Kultur mit den ihr eigenen Interessen beschränkt sind. Es handelt sich übrigens um Praxisformen, die immer beschränkt sind, was die Gemeinschaft der Wissenschaftler seit einiger Zeit auch anerkennt.

Es gibt heute viele, die behaupten – ich beziehe mich insbesondere auf die zwei zeitgenössischen Wissenschaftler und Weisen Alexander Koyré (1973) und Ilya Prigogine (1986) –, dass heute der experimentelle Dialog unsere Beziehung zur Natur und zum Universum definiert. Dieser Dialog umfasst zwei konstitutive Dimensionen: *verstehen und verändern*. Aus dieser Praxis entstanden die moderne Wissenschaft als etwas *über* der Natur, mit dem Ziel, sie zu verstehen, und die Technik als Handlungsweise mit dem Ziel, sie zu verändern.

Unsere moderne Wissenschaft begann, anderen Formen des Dialogs mit der Natur – wie etwa der Sinngemeinschaft, dem traditionellen Wissen der indigenen Völker, der Magie und Alchimie – die Daseinsberechtigung abzusprechen. Sie verstieg sich sogar dazu, die Natur selbst zu verleugnen, ihre Komplexität zu ignorieren und zu unterstellen, dass sie eine von einer kleinen Zahl von Gesetzen geregelte Maschine sei, die gleichermaßen einfach wie unveränderlich seien (Newton und auch Einstein).

Doch der experimentelle Dialog selbst brachte Krisen und Entwicklungen hervor. Der Kontakt mit der Natur öffnete uns für Nachfragen und neue Problemstellungen; er veranlasste uns zu fragen, wer wir sind, mit welchem Recht wir in die Rhythmen der Natur eingreifen und was unser Anteil an der Gesamtevolution des Kosmos ist. Insbesondere die moderne Molekularbiologie und Genetik leisteten einen unschätzbaren Beitrag, indem sie die Allgegenwart des genetischen Codes aufzeigten: Alle Lebewesen, von der primitivsten Amöbe über die Dinosaurier und Primaten bis hin zum heutigen *homo sapiens/demens* benutzen dasselbe genetische Alphabet, das aus den vier grundlegenden Buchstaben (der Basensequenz) A (Adenin), C (Cytosin), G (Guanin) und T (Thymin) sowie aus zwanzig Aminosäuren besteht, um sich zu verwirklichen und zu vermehren. Deshalb sind wir alle miteinander verwandt und bilden Glieder der einen, heiligen Kette des Lebens (Watson 2005).

Franz von Assisi hat bereits im 13. Jahrhundert mit seiner kosmischen Mystik das tiefe Band der Geschwisterlichkeit intuitiv erfasst, das alle Lebewesen vereint. Er nannte sie alle in zärtlicher Weise Brüder und Schwestern und behandelte sie mit dem Respekt und mit der Liebe, die ihnen gebühren. Unser Dialog mit dem Universum vollzieht sich nicht nur auf dem experimentellen Weg von Wissenschaft und Technik, sondern auch, indem wir uns andere Zugangsweisen zur Natur aneignen. Alle Arten, in denen sich die unterschiedlichen Kulturen der Welt genähert haben, können dazu beitragen, dass wir uns und unsere Umgebung besser kennenlernen und erhalten. Hier kommt der Sinn für die Komplementarität, die gegenseitige Ergänzung und damit der Verzicht auf die Monopolstellung der Art und Weise der Moderne ins Spiel, die uns umgebende Welt zu deuten. Ilya Prigogine gelangt schließlich zu folgender Frage: „Wie soll man den modernen Wissenschaftsmenschen vom Magier oder der Hexe, ja selbst von dem unterscheiden, was von der menschliche Gesellschaft denkbar weit entfernt ist: dem Bakterium? Denn auch dieses stellt Fragen bezüglich der Welt und entschlüsselt unablässig die chemischen Zeichen, mit deren Hilfe es sich orientiert." (Prigogine 1986, 31)

Mit anderen Worten: Wir alle befinden uns in einem Prozess des Dialogs und der Wechselwirkung mit dem Universum. Wir alle schaffen Informationen, und alle können wir voneinander lernen – so wie Viren mutieren, das Plankton sich an die Veränderungen der Ozeane anpasst und die Menschen die Herausforderungen der unterschiedlichsten Ökosysteme aufnehmen. Das an der Komplexität orientierte Denken versucht, aufmerksam für all diese Verbindungen zu sein.

Unsere Zugangsweise zur Wirklichkeit ist nicht die einzige. Wir bilden ein Moment innerhalb eines immensen Prozesses universaler Wechselwirkung, die sich bereits bei den fundamentalen Energieformen in den ersten Augenblicken des Urknalls zeigt und bis hin zu den subtilsten Kodifizierungen des menschlichen Gehirns sichtbar wird.

3. Die Gemeinschaft des Lebens

Heute entsteht ein neues Paradigma, das heißt eine neue Form des Dialogs mit der Totalität der Dinge und ihren Beziehungen. Selbstverständlich ist das klassische Paradigma der Wissenschaften mit seinen berühmten Dualismen wie z.B. der Aufspaltung der Welt in Materie und Geist, der Trennung zwischen Natur und Kultur, zwischen Mensch und Welt, zwischen Vernunft und Gefühl, zwischen dem Weiblichen und dem Männlichen, Gott und Welt ... nicht verschwunden. Die Zersplitterung der wissenschaftlichen Disziplinen ist, besonders an den Universitäten und Forschungseinrichtungen, immer noch vorhanden. Weitgehend herrscht immer noch das vor, was Boaventura Sousa Santos (2000) die Monokulturen der Wissensformen nennt (Monokultur der Wissenschaft, des linearen Zeitverständnisses, der Hierarchien, des Universalen bzw. Globalen, der kapitalistischen Effizienz).

Doch trotzdem entwickelt sich aufgrund der aktuellen Krise eine neue Sensibilität hinsichtlich des Planeten als ganzen. Daraus entstehen neue, alternative Denkweisen – das komplexe Denken (Morin), die Chaostheorie (Prigogine), das „Querdenken" (Novo 2006, 44–46) – neue Werte, neue Verhaltensweisen, die von einer immer größeren Zahl von Menschen und Gemeinschaften übernommen werden.

Aus einer solchen vorgängigen Sensibilisierung entsteht nach Thomas Kuhn ein neues Paradigma; es ist noch im Werden, ist noch nicht ganz zur Welt gekommen, doch es lässt bereits die ersten Lebenszeichen erkennen. Es beginnt bereits eine neue Form des Dialogs mit der Natur und mit dem Universum. Dies ist die Grundlage, auf der unsere Option für die Erde aufruht.

Die Erde kann dennoch nicht auf eine bloße Anhäufung von natürlichen Ressourcen und Wohltaten oder auf ein schlichtes Depot physikalisch-chemischer Grundstoffe reduziert werden. Sie ist mit der eigenen Identität und Autonomie eines äußerst dynamischen und komplexen Organismus ausgestattet und erweist sich grundlegend als die große Mutter, die uns nährt und trägt.

Wir wollen die Erde „aus erster Hand" erfahren: Wir wollen die Brise auf der Haut spüren, ins frische Bergwasser eintauchen, in den noch naturbelassenen Wald eindringen und die Artenvielfalt in ihren unterschiedlichen Ausdrucksgestalten wahrnehmen. Eine Haltung des Staunens entsteht wieder neu. Eine neue Sakralität wird sichtbar, und ein Gefühl der Innerlichkeit und Dankbarkeit kommt auf. Wir möchten natürliche Produkte in unverfälschtem Zustand schmecken und keine gentechnisch veränderten oder von der Industrie und den menschlichen Interessen geprägten Dinge. Der *esprit de finesse* (Geist des Feingefühls), der von Franz von Assisi und Blaise Pascal so geschätzt wurde, erreicht hier seinen freiesten Ausdruck. Es entsteht eine postkritische „zweite Naivität" als Frucht der Wissenschaft selbst, insbesondere der Kosmologie, der Astrophysik, der Molekularbiologie und der Genetik. Sie alle haben uns Dimensionen der Wirklichkeit aufgezeigt, die man zuvor nicht geahnt hat: auf der Ebene des unendlich Großen, des unendlich Kleinen und des unendlich Komplexen. Das Universum der Dinge und Lebewesen erfüllt uns mit einem Gefühl der Achtung, der Verehrung und Würde. Eine emanzipatorische Utopie erscheint am Horizont, dank der Freisetzung eines neuen ethischen, ästhetischen, politischen, partizipativen und solidarischen gemeinsamen Empfindens, das ein neues Gefühl der Verzauberung im Hinblick auf das Leben und die Natur hervorbringt.

Der Gebrauch der instrumentellen Vernunft ist nicht die einzige Art, unsere intellektuellen Fähigkeiten einzusetzen. Es gibt auch die symbolische Vernunft und die Vernunft des Herzens, die emotionale und spirituelle Intelligenz und den Gebrauch all unserer leiblichen und geistigen Sinne. Die Vernunft ist weder die erste noch die letzte Instanz des Lebens. Wir sind ebenso sehr Affektivität und Begehren *(eros)*, Leidenschaft, Berührt-Sein, Kommunikation und Aufmerksamkeit auf die Stimme der Natur, die in uns spricht. Diese Stimme ertönt in unserer Innerlichkeit und bittet um Gehör und unsere Aufmerksamkeit (die Gegenwart des *daimonion*[5] in uns).

Wissen ist nicht nur eine Form, die Wirklichkeit zu beherrschen. Wissen heißt auch, mit den Dingen Gemeinschaft zu pflegen. Deshalb sagt Augustinus in der Gefolgschaft Platons: „Wir wissen in dem Maße, in dem wir lieben." Diese neue Liebe zu unserem Ursprung und unserer Heimat verleiht uns eine neue Sanftheit und öffnet uns einen höchst wohltuenden Weg der Beziehung zur Natur. Wir bekommen eine neue Wahrnehmung der Erde als einer riesengroßen Gemeinschaft, deren Teil wir sind. Wir sollten besser anstatt von „Umwelt" von der „Gemeinschaft des Lebens" sprechen, denn alle Lebewesen sind miteinander verwandt und voneinander abhängig. Wir erweisen uns als verantwortliche Mitglieder dieser Gemeinschaft, damit alle übrigen Mitglieder und alles, was sonst noch dazugehört – vom energetischen Gleichgewicht der Böden und der Luft angefangen über die Mikroorganismen, die Tiere und Pflanzen bis zu den Ethnien und jeden einzelnen Menschen – in ihr in Harmonie und Frieden zusammenleben können.

Letztlich macht sich hier das Gefühl der Notwendigkeit einer neuen Form bemerkbar, Wissenschaft und Technik einzusetzen: mit der Natur zusammen, für die Natur, und niemals gegen die Natur. Es stellt sich also die Aufgabe, alles, was wir tun und denken, zu „ökologisieren", die in sich abgeschlossenen Begriffe zurückzuweisen, dem monokausalen Denken und einzigen Lösungen zu misstrauen, integrativ zu sein und sich gegen jede Form von Ausgrenzung zu wenden, verbindend zu sein und jede Aufspaltung zu vermeiden, ganzheitlich zu sein und sich jeder Art von Reduktionismus und Verkürzung zu widersetzen, die Komplexität gegen jede Vereinfachung der Dinge ins Feld zu führen. Auf diese Weise wird das neue Paradigma seine Wirksamkeit innerhalb der Geschichte zu entfalten beginnen.

4. Das Universum: Ausdehnung, Selbstschöpfung und Selbstorganisation

Die Begriffe Ausdehnung/Selbstschöpfung/Selbstorganisation machen den historischen Charakter von Universum und Natur deutlich (Freitas Mourão 1992). Die Geschichtlichkeit ist keine Eigenheit, die ausschließlich den Lebewesen mit Bewusstsein, also uns Menschen, zukommt. Die Natur ist keine Uhr, die ein für alle Mal richtig eingestellt worden wäre, sie ist vielmehr das Ergebnis eines immensen kosmischen Prozesses, der sich als Quantenphänomen zeigt: Er ist von Unwägbarkeiten, Möglichkeiten, Bifurkationen, Rückschritten und Sprüngen nach vorne gekennzeichnet. Dieser Prozess ist die Kosmogenese. Die „Quantenuhr", um in diesem Bild zu bleiben, wurde nur langsam, Schritt für Schritt, eingestellt. Die verschiedenen Seinsarten sind nach und nach aufgetaucht und haben sich von den einfachsten Formen zu höchst komplexen entwickelt. Alle Faktoren, die mit den jeweiligen Organismen ein Ökosystem konstituieren, verfügen über ihre spezifische latente Anlage, ihre spezifische Herkunft in der Zeit und schließlich ihren Zeitpunkt, an dem sie in Erscheinung treten. Sie sind historisch. All diese natürlichen Prozesse haben eine grundlegende Irreversibilität, das heißt Unumkehrbarkeit, zur Voraussetzung, wie sie der historischen Zeit eigen ist.

Ilya Prigogine hat gezeigt, wie die offenen Systeme – die Natur und das Universum sind solche offene Systeme – den klassischen Begriff von der linearen Zeit, wie er von der klassischen Physik postuliert wurde, in Frage stellen. Die Zeit ist nicht länger ein bloßer Parameter der Bewegung, sondern das Maß der inneren Entwicklungen einer ständig im Wandel begriffenen Welt, eines Prozesses, der von Zuständen des gestörten Gleichgewichts zu einem Gleichgewicht auf höherer Ebene voranschreitet (Prigogine 1992, 209–224).

Die Natur zeigt sich als ein Prozess der Selbsttranszendenz und Selbstschöpfung. In ihr ist ständig ein kosmogenes Prinzip am Werk, das die Dinge entstehen lässt und demzufolge sie im Maße ihrer jeweiligen Komplexität auch das geschlossenen Systemen eigene unerbittliche Entropiegesetz transzendieren. Dies eröffnet die Möglichkeit zu einem neuen Dialog zwischen der öko-kosmologischen Sichtweise und der Theologie, denn diese Selbsttranszendenz könnte auf das verweisen, was die Religionen und spirituellen Traditionen immer schon „Gott" genannt haben, die absolute Transzendenz oder die absolute Zukunft, die nicht einfach die Wiederholung einer verlorenen Vergangenheit ist, sondern Entstehung des Neuen und Unerwarteten, eines Universums also, das nicht länger Gefangene des Entropiegesetzes ist, dessen „Zukunft" der Wärmetod wäre. Im Gegenteil, diese absolute Zukunft wäre die Verwirklichung der höchsten Ordnung, Harmonie und eines Lebens ohne Verschleiß (Peacocke 1979).

Damit erweist sich die strikte Trennung zwischen Natur und Geschichte, zwischen Welt und Mensch als nicht länger haltbar. Es ist eine Trennung, die so viele andere Dualismen legitimiert und verfestigt hat. Wie alle Seinsarten ist auch der Mensch mit seiner Intelligenz und seiner Fähigkeit zur Kommunikation und Liebe die Frucht des kosmischen Prozesses. Die Energien, die Informationen und die kosmischen Faktoren, die in den Konstitutionsprozess des Menschen einfließen, sind von der Entstehungsgeschichte des Universums selbst geprägt. Und so findet sich der Mensch in einer ursprünglichen Situation der Solidarität und der Schicksalsgemeinschaft mit allem übrigen Sein vor, er kann nicht ohne dieses kosmogene Prinzip als ein isoliertes Wesen verstanden werden, das von irgendeiner unbekannten Macht auf die Erde gesandt worden wäre. Alle, und nicht nur der Mensch, sind vom Geheimnis, oder wenn man so will, von der Gottheit gesandt.

Diese Einbeziehung des Menschen in die Gesamtheit der Seinsarten als Früchte des kosmogenen Prinzips verbietet uns das Festhalten am Anthropozentrismus (der konkreter gesprochen in Wahrheit ein Androzentrismus ist, das heißt eine Fixierung auf den Mann unter Ausschluss der Frau). Ein solcher Anthropozentrismus macht eine engstirnige und isolierte Sichtweise des Menschen deutlich, der von den übrigen Seinsarten gewaltsam getrennt ist und behauptet, dass der einzige Sinn der Evolution und der Existenz alles Anderen in der Hervorbringung des Menschen bestünde. Natürlich hat das gesamte Universum zur Entstehung des Menschen beigetragen; aber eben nicht allein zu seiner Entstehung, sondern auch zu der aller übrigen Seinsarten. Wir alle sind von den Sternen abhängig, denn sie sind es, die den Wasserstoff in Helium verwandeln, aus deren Kombination Sauerstoff, Kohlenstoff, Stickstoff, Phosphor und Kalium hervorgehen, ohne die es die Aminosäuren und Eiweiße nicht gäbe, die für das Leben unabdingbar sind.

Ohne die stellare Strahlung, die in diesem kosmischen Prozess freigesetzt wurde, würden Millionen von Sternen erkalten, und es gäbe möglicherweise die Sonne nicht. Und ohne sie gäbe es kein Leben auf unserer Erde. Ohne die bereits zuvor existierenden Faktoren, die zusammen das Leben formten und die sich selbst im Laufe von Milliarden Jahren herausgebildet haben, und – von der Entstehung des Lebens an – ohne das Auftauchen des menschlichen Lebens wäre niemals die individuelle Person ins Sein getreten, die jeder von uns ist.

Deshalb müssen wir – in vollendeter Form der Zirkularität – sagen, dass das Universum ebenso auf den Menschen hin orientiert ist, wie dieser an das Universum verwiesen ist, aus dem er hervorgeht. Wir gehören uns gegenseitig an: die Ursprungselemente des Universums, die Energien, die seit dem inflationären Prozess und dem Urknall am Werk sind, die übrigen Faktoren, die den Kosmos und uns selbst konstituieren, uns, die wir als Gattung zu einem sehr späten Zeitpunkt innerhalb des Evolutionsprozesses plötzlich auftauchten. Ohne sie alle zusammen gibt es keine Evolution des Universums.

Davon ausgehend müssen wir kosmozentrisch denken und ökozentrisch handeln. Das heißt, wir müssen das Zusammenwirken des gesamten Universums bei der Entstehung einer jeden Seinsform im Blick haben und im Bewusstsein der wechselseitigen Beziehungen handeln, welche alle in Form von Ökosystemen und Gattungen, innerhalb derer sich die einzelnen Individuen entfalten, miteinander unterhalten. Es ist deshalb angebracht, auf jede Art von Anthropozentrismus und Androzentrismus als etwas Illusorisches und Überhebliches zu verzichten: Sie stellen ökologische Wurzelsünden dar.

Wir dürfen aber den Anthropozentrismus nicht mit dem anthropischen Prinzip verwechseln, das im Jahr 1974 von Brandon Carter formuliert wurde (Alonso 1989). Er wollte damit die Frage beantworten, die wir uns in aller Selbstverständlichkeit zu stellen pflegen: Warum sind die Dinge so, wie sie sind? Und die Antwort kann nur lauten: Wenn sie anders wären, wären wir nicht hier. Doch fallen wir mit dieser Antwort nicht wieder in den Anthropozentrismus zurück, den wir eben kritisiert haben?

Natürlich ist diese Gefahr gegeben. Deshalb unterscheiden die Kosmologen zwischen dem *starken* und dem *schwachen* anthropischen Prinzip. Das Erstere behauptet, das die Anfangsbedingungen und die kosmologischen Konstanten in der Weise organisiert waren, dass zu einem bestimmten Zeitpunkt der Evolution das Leben und die Intelligenz notwendigerweise entstehen mussten. Diese Sichtweise würde die zentrale Stellung des Menschen unterstreichen. Das schwache anthropische Prinzip ist vorsichtiger und behauptet, dass die Anfangsbedingungen und sonstigen kosmologischen Voraussetzungen eine solche Verbindung miteinander eingegangen sind, dass das Leben und die Intelligenz entstehen konnten, wie es dann tatsächlich der Fall war. Diese Formulierung hält den Verlauf der Evolution offen, der übrigens von Heisenbergs Unschärferelation und dem Prinzip der Autopoiese von Maturana und Varela geprägt ist.

Doch wenn wir Tausende Jahre zurückblicken, dann stellen wir fest, dass das, was tatsächlich geschah, Folgendes war: Vor 3,8 Milliarden Jahren entstand das Leben, und vor etwa vier Millionen Jahren entstand die Intelligenz. Nur vom Standort des Menschen aus ergibt die Diskussion um das Universum und unsere Verbindung mit ihm überhaupt einen Sinn.

Der Mensch begründet so einen Bezugspunkt mit kognitiver Funktion. Er allein offenbart seine Besonderheit als denkendes und reflexives Wesen – eine Besonderheit, die nicht zum Bruch mit den übrigen Seinsarten führt, sondern die vielmehr die Verbindung mit ihnen stärkt, denn das Prinzip des Verstehens, der Kommunikation und der Reflexion ist zuerst im Universum vorhanden, und nur deshalb, weil es im Universum angelegt ist, kann es nach und nach auf der Erde realisiert werden: zuerst in den verschiedenen komplexen Lebewesen und schließlich in diesen höchst komplexen Wesen, den Söhnen und Töchtern der Erde. Wenn es im Universum selbst am Werk ist, dann ist es auch in den anderen Seinsarten vorhanden, und zwar in der ihnen jeweils angemessenen Weise. Das Prinzip ist dasselbe, lediglich die Grade seiner Manifestation und Verwirklichung im Kosmos sind unterschiedlich.

5. Das Paradigma der Komplexität und die Logik der Gegenseitigkeit

Vom Gesichtspunkt des neuen Paradigmas her gibt es eine Kategorie von grundlegender Bedeutung: die Komplexität (Fogelman-Soulié 1991; Morin 1980, 355–393; 1990, 165–315; 2001). Das Wirkliche ist aufgrund seines Beziehungsgeflechtes von vornherein komplex. Eine Vielzahl von Faktoren, Elementen, Energien, Informationen und irreversiblen zeitlichen Verläufen vereint sich in Synergie und Einklang miteinander, um jedes Ökosystem und seine individuellen „Schnittstellen" zu konstituieren. In besonders verdichteter Form begegnet uns die Komplexität in lebenden Organismen (Wilson 1994; 2002). Sie bilden offene

Systeme, in denen sich das Phänomen der Selbst-Hervorbringung und Selbstorganisation ausgehend von einem dynamischen Gleichgewicht, das neue Formen der Anpassung anstrebt, ereignet. Je näher der Organismus dem vollständigen Gleichgewicht kommt, um so näher ist er seinem Tod. Denn der Abstand zum Gleichgewicht, das heißt die Situation des Chaos, schafft Fluktuationen, neue Beziehungen und die Möglichkeit einer neuen Ordnung. Deshalb ist das Chaos produktiv und Prinzip der Schöpfung von Singularitäten und neuen Ereignissen. Mittels der inneren Selbstorganisation schaffen die Lebewesen dissipative Strukturen der Entropie (Ilya Prigogine) und eröffnen so allererst die Möglichkeit der Negentropie und Syntropie.

Die Komplexität lebender Organismen zeigt sich im in ihnen wirksamen Prinzip des Hologramms (Wilber 1991). Ihm zufolge ist in den Teilen das Ganze präsent, so wie die Teile im Ganzen da sind. So ist zum Beispiel in jeder einzelnen Zelle – so einfach sie auch sein mag, wie dies etwa bei einer Zelle der obersten Hautschicht, der Epidermis, der Fall ist – die gesamte genetische Information enthalten. Besonders komplex ist der Mensch, dessen Hirnrinde 100 Milliarden Neuronen und dessen gesamter Körper etwa eine Billion Zellen unterschiedlichen Typs enthält. In einer einfachen menschlichen Muskelzelle wirken eine Billion Atome zusammen.

Doch beeindruckender als diese bloßen Zahlen ist die Funktionalität all dessen im Sinne einer Logik der Integration und Wechselwirkung, die von der Ordnung zur Unordnung, zur Wechselwirkung und Schaffung einer neuen Ordnung voranschreitet und so aus diesem gesamten Prozess ein organisches Ganzes macht (Morin 2001). Und als ob dies nicht schon genug wäre, muss man noch hinzufügen, dass der Mensch ökologisch gesehen eine genetische, eine bio-sozio-kulturelle, eine zeitliche und eine transzendente Dimension umfasst.

Um die Komplexität zu begreifen, wurden die kybernetischen und die Systemtheorien (von sowohl offenen als auch geschlossenen Systemen) formuliert, mit deren Hilfe man versuchte, die gegenseitige Abhängigkeit aller Elemente voneinander und ihre umfassende Funktionalität zu verstehen, die dafür sorgt, dass das Ganze mehr ist als die Summe der Teile und dass sich in den Teilen das Ganze konkretisiert (Hologramm). So erschreckend es auch scheinen mag: Im offenen System gibt es neben der Ordnung die Unordnung, den Antagonismus, den Widerspruch und die Konkurrenz. Dies alles sind Dimensionen der Phänomene der Selbstorganisation. Sie zwingen uns dazu, dialektisch und nicht linear zu denken, wenn wir sie begreifen wollen.

So also stellt sich die Wirklichkeit des Komplexen dar, in der so viele Wechselwirkungen unterschiedlichen Typs stattfinden, dass Niels Bohr einmal in einem Augenblick des Erschreckens feststellte: „Die Wechselwirkungen, die einen Hund am Leben erhalten, sind solcherart, dass man sie unmöglich *in vivo* studieren kann. Um sie in gebührender Weise zu untersuchen, muss man den Hund töten." (zit. Nach Morin 1990, 167)

Hier stoßen wir an die Grenzen des Paradigmas der klassischen Naturwissenschaften, das auf der Physik der trägen Körper und auf der Mathematik beruht: Ihr gelingt es nur, Lebewesen zu untersuchen, wenn sie sie zu solchen trägen Körpern macht, sie also vernichtet. Aber was ist das für eine Wissenschaft, die Lebewesen töten muss, um sie zu studieren? Es bedarf anderer Methoden, die der Komplexität gerecht werden, welche die lebenden Organismen am Leben hält. Es bedarf einer anderen Logik, die der Komplexität der Wirklichkeit angemessen ist.

Diese Logik ist die der *Komplementarität* und *Reziprozität*, das heißt der gegenseitigen Ergänzung und Gegenseitigkeit. Sie wurde in der heutigen Zeit von den Quantenphysikern der Kopenhagener Schule (Bohr, Heisenberg) entwickelt, um die extreme Komplexität der subatomaren Welt zu erklären. Materie und Antimaterie, Teilchen und Welle, Materie und Energie, positive und negative Ladung der kleinsten Partikel, Informationen usw. sind hier auf solche Weise verbunden, dass sie ein Kräftefeld bilden. Es geht nicht so sehr darum, wie in der klassischen Physik die Gegensätze zu beobachten, sondern vielmehr die komplementären und reziproken Ereignisse, die immer dynamischere, komplexere und stärker vereinte Beziehungsfelder bilden. In diesem Zusammenhang prägt Niels Bohr seinen berühmten Satz: „Eine oberflächliche Wahrheit ist eine Aussage, deren Gegenteil falsch ist; eine tiefe Wahrheit ist eine Aussage, deren Gegenteil ebenfalls wahr ist." Die Logik der Komplementarität und Reziprozität bewährt sich bei allen Gruppen, die die Unterschiede, die dialektischen Gegensätze, das aufmerksame Hören auf die verschiedenen Positionen schätzen und die unterschiedlichen Beiträge akzeptieren, egal woher sie kommen. Kraft dieser Logik der Komplementarität und Reziprozität entstehen schöpferische Beziehungen zwischen den Geschlechtern, den Ethnien, den Weltanschauungen und Religionen ... und es entsteht eine Wertschätzung der verschiedenen Ökosysteme in derselben ökologischen Nische. Es ist das System der Win-win-Situation und nicht des Gewinns auf Kosten des Verlustes auf der anderen Seite: Alle leisten einen Beitrag, und vielleicht verzichten alle auf etwas, um zu Übereinstimmungen zu gelangen, in der sich alle wiederfinden.

Die Komplexität erfordert einen anderen Typ von Rationalität und Wissenschaft. Die klassischen Naturwissenschaften orientierten sich am Paradigma der Reduktion und der Vereinfachung. Vor allem wurde das Eingebettet-Sein eines Phänomens in sein Ökosystem vernachlässigt, um es an sich untersuchen zu können. Es wurde all das ausgegrenzt, was bloß vorübergehend-zufälliger, zeitlicher und kontingenter Natur war. Die Wissenschaft – so behauptete man – habe es mit dem Allgemeingültigen und nicht mit dem Singulären zu tun. Deshalb versuchte man das Komplexe auf das Einfache zu reduzieren, denn das Einfache offenbart die Invarianzen und die Konstanten, die immer reproduzierbar sind. Alles muss dem Prinzip der Ordnung, dem einzig Rationalen und Funktionalen gehorchen. Die Unwägbarkeiten, die Fluktuationen und die von einem dynamischen Gleichgewicht bewirkten Ereignisse wurden nicht in Betracht gezogen, und damit wurden weite Teile der Wirklichkeit verschattet.

Das ökologische Denken, das seine Grundlage in den Wissenschaften von der Erde hat, verleugnet keineswegs die Verdienste der reduktionistischen und simplifizierenden Methode, doch sie erkennt auch deren deutliche Grenzen. Man kann Wesen, Organismen und Phänomene nicht aus dem Gesamt der wechselseitigen Beziehungen herauslösen und isolieren, die sie allererst in ihrer konkreten Gestalt konstituieren. Deshalb müssen wir unterscheiden, ohne zu trennen. Ein Wesen zu kennen bedeutet, sein Ökosystem und das dazugehörige Beziehungsgeflecht zu kennen. Und deshalb kommt es darauf an, den Teil innerhalb des Ganzen und das Ganze zu erkennen, das in den Teilen präsent ist. Alle Phänomene stehen unter dem Vorzeichen der Zeitlichkeit, das heißt der Irreversibilität (Unumkehrbarkeit). Alles befindet sich in Evolution: Es kommt aus der Vergangenheit, konkretisiert sich in der Gegenwart und öffnet sich auf die Zukunft hin. Die Vergangenheit ist der Raum des Faktischen (die Zukunft, die sich bereits verwirklicht hat), die Gegenwart ist der Raum des Realen (die Zukunft verwirklicht sich und zeigt sich bereits jetzt), und die Zukunft ist der Horizont des Möglichen, dessen, was noch Wirklichkeit werden kann (von Weizsäcker 1964, 179 ff; Picht 1980, 362–374).

Wegen der Evolution muss man die Universalität der Bewegung ebenso aufmerksam in den Blick nehmen wie die Singularität, das heißt die Besonderheit des konkreten Ereignisses, wie etwa die lokalen Entwicklungen, die den Punkt darstellen können, an dem sich der gesamte Sinn des Universums verdichtet und an dem die Öffnung für einen Sprung nach vorne passiert.

Diese Logik vollzieht die folgende Bewegung: Ordnung – Unordnung – Wechselwirkung – Organisation – Neuschöpfung (Morin). Solche Verknüpfungen müssen von vorne nach hinten und umgekehrt, von hinten nach vorne gedacht werden. Dies schafft stets Raum für organische Totalitäten, ob nun auf der mikro- oder makrophysikalischen Ebene (Atome, Sterne, Sternhaufen, Galaxien ...), auf dem Gebiet der Biologie (morphogenetische Felder) oder im Bereich des Menschlichen (öko-bio-sozio-anthropologische Gebilde, Kulturen, gesellschaftliche Organisationsformen ...)

Die erwähnte Logik ermöglicht es uns, aus allen menschlichen Erfahrungen im Hinblick darauf zu lernen, wie sie mit der Natur umgegangen sind – ob es sich nun um die Erfahrungen handelt, die fälschlicherweise und abwertend „primitiv" genannt werden, um „magische", „alchimistische", „schamanische", „archaische" oder „religiöse" Erfahrungen, oder ob es sich um die aktuellen Erfahrungen im Zusammenhang mit dem empirischen, analytischen und wissenschaftstheoretischen Diskurs handelt. Sie alle offenbaren den Dialog des Menschen mit seiner Umgebung und sie alle bezeugen eine Wahrheit. Was uns Menschen angeht, so haben wir einen Weg voller Überraschungen zu bestaunen und eine großartige Botschaft zu hören.

Für diese Art des integralen Lernens war uns der Ökofeminismus eine große Hilfe (Ruether 1992; 1994, 199–204; Primavesi 1991; Boff/Murano 2002). Er verhalf den Kategorien *anima* und *animus* zur neuen Geltung – zwei Kräfte, die den Menschen – Mann oder Frau – ausmachen. Unsere Kultur hat den *animus* übertrieben, das heißt die Dimension der Rationalität, der Eroberung, der Ordnung und der Macht, während sie die Dimension der *anima* zurückgedrängt und ausgegrenzt hat, die für Sensibilität, Intuition, Wahrnehmung der Werte, insbesondere der symbolischen und spirituellen, steht, wie sie in jedem Menschen vorhanden sind, aber auf besondere Weise der Frau eignen. Sie steht ja auf natürliche Weise mit der Logik des Komplexen und der Dynamik des Lebens in Verbindung, das sie zur Welt bringt. Deshalb nehmen in ihr Fürsorge, Zärtlichkeit und die Logik des Herzens einen zentralen Platz ein: Es sind gleichzeitig Grundhaltungen für eine nicht zerstörerische Beziehung zur Natur.

In dieser kritischen Phase, die die Erde zur Zeit durchläuft, die der globalen Erwärmung ausgesetzt ist, werden es die Frauen sein, die den Zustand der Erde besser nachempfinden und besser imstande sind, ihre Schmerzen wahrzunehmen und ihr Erleichterung und Genesung zu verschaffen.

6. Hat das Universum eine geistig-spirituelle Dimension?

Innerhalb des klassischen Paradigmas sagte man, dass das Universum eine phänomenologische Seite (das, was erscheint und beschrieben werden kann) habe, die alle sogenannten „Naturwissenschaften" auf beeindruckende Weise analysieren. Und es gebe auch den Aspekt ihrer Innerlichkeit und Information, der auf nicht minder beeindruckende Weise von den „Geisteswissenschaften" studiert werde. Zunächst bestanden beide Gesichtspunkte nebeneinander: auf der einen Seite die Geistes- und auf der anderen Seite die Naturwissenschaften. Doch sowohl die philosophische als auch die naturwissenschaftliche Reflexion ausgehend von der Quantenphysik zeigten überzeugend auf, dass es sich nicht um zwei Parallelwelten handelt, sondern lediglich um zwei Aspekte ein und derselben Welt. Deshalb sagte man, letztlich sei die Trennung zwischen Natur- und Geisteswissenschaften, zwischen Materie und Geist, Körper und Seele, nicht sachgerecht, denn der Geist gehört der Natur an und die Natur zeigt sich als vom Geist durchdrungen. Das Unsichtbare ist Teil des Sichtbaren.

Innerhalb des neuen Paradigmas scheint diese Vereinigung der beiden Perspektiven sauberer vollzogen (Capra 1987; Sousa 1993, 47-70; Hedström 1997, 7-14; Cummings 1991, 27-40; Goswami 1998). Tatsächlich ist, von der Logik der Quantentheorie her gesehen, jeder Prozess unteilbar und umfasst das gesamte Universum, das an seiner Entstehung teilhat. Das Universum und jedes Phänomen werden als Ergebnis einer Kosmogenese betrachtet, für die unter anderem die *Autopoiese* kennzeichnend ist, wie sie von einigen Kosmologen und Biologen genannt wird (Swimme/Berry 1992, 75-76; Maturana/Varela 1995).

„Autopoiese" bedeutet die Fähigkeit der Selbstorganisation und Selbstschöpfung, wie sie im Universum und allen und jeder einzelnen Seinsform, bis hin zu den einfachsten Elementen, wirkmächtig ist. Ein Atom und alles, was ihm zugehört, bilden ein System der Autopoiese, der Selbstorganisation, ebenso wie ein Stern, der Wasserstoff, Helium und andere schwere Elemente sowie das Licht organisiert, das ausgehend von einer inneren, in sich zentrierten Dynamik ausstrahlt. Es genügt also nicht, lediglich die physikalisch-chemischen Elemente zu betrachten, aus denen sich die Dinge zusammensetzen. Es kommt vielmehr darauf an, darauf zu achten, in welcher Form sie sich organisieren, welchen Informationscode sie benutzen, auf welche Weise sie sich miteinander verbinden und wie sie sich selbst darstellen. Sie alle verfügen über eine Interiorität, eine Dimension der Innerlichkeit, von der aus die Formen ihrer Organisation, Information und Selbstdarstellung Gestalt annehmen. Selbst ein einfaches Atom verfügt über ein Quantum von Spontaneität in seiner Selbstmanifestation. Eine Spontaneität, die in dem Maße zunimmt, in dem auch die Komplexität wächst, bis zu jenem Punkt, an dem sie in den komplexesten, den sogenannten „organischen" Lebewesen, die Oberhand gewinnt.

Die Kategorie der Selbstorganisation ist grundlegend für das Verständnis von Leben (Dupuy 1983). Wie wir weiter oben bereits gesagt haben, ist das Leben ein Spiel von Beziehungen und Wechselwirkungen, die sich selbst organisieren und sich selbst schaffen und es so möglich machen, dass die Syntropie (Einsparung von Energie) über die Entropie (Eneregieverlust) die Oberhand gewinnt. Diese Prinzipien von Beziehung und Wechselwirkung finden sich bereits am Ursprung des Universums, als die ersten Energien begannen, miteinander in wechselseitige Beziehung zu treten und so die Kraftfelder und allerersten komplexen Einheiten bildeten. In Beziehung und Komplexität eröffnet sich der Raum für das Leben, und hier liegt die Wiege des Geistes, der das selbstbewusste Leben auf der Ebene des Menschen ist, dank der größeren Intensität der Selbstvernetzung und Interiorität.

Die Biochemiker und Biophysiker wie Prigogine, Stengers und andere haben das bewusst herausgearbeitet und bewiesen, was Teilhard de Chardin in den Dreißigerjahren des 20. Jahrhunderts intuitiv vorweggenommen hat: Je mehr der Evolutionsprozess voranschreitet, um so komplexer wird er; je komplexer er wird, um so mehr Interiorität (In-sich-Zentriertheit) kennzeichnet ihn; je mehr Interiorität vorhanden ist, um so mehr Bewusstsein entsteht und um so mehr wird er sich seiner selbst bewusst. Alles wirkt mit Anderem zusammen. Folglich besitzt alles ein gewisses Maß an Leben und Geist (Teilhard de Chardin 1959; 1961).

Das älteste Felsgestein, das sowohl von der Mikro- als auch von der Makrophysik so intensiv erforscht wurde, ist der Logik von Interaktion und Komplexität unterworfen. Es ist mehr als seine physikalisch-chemische Zusammensetzung. Es ist in Kontakt mit der Atmosphäre und hat Einfluss auf die Hydrosphäre. Es interagiert mit dem Klima und steht auf diese Weise mit der Biosphäre in Verbindung. Eine gleichsam unendliche Anzahl von Atomen, subatomaren Partikeln und Kraftfeldern bilden seine Masse. Ein Dichter, der sich von der Majestät der Berge hinreißen lässt, schreibt ein Gedicht voller Inspiration. Es bildet einen Teil der Wirklichkeit der Berge, die an dieser Mit-Schöpfung teilhaben und auf ihre Weise leben, denn sie stehen mit dem gesamten Universum in Wechselwirkung und

Rückbezug, einschließlich der Vorstellungskraft des Dichters. Deshalb sind die Berge auf ihre Weise und auf ihrer Ebene Träger von Geist und Leben. Und weil das so ist, können wir die Botschaft der Größe, Feierlichkeit und Majestät vernehmen, die sie unablässig an aufmerksame Geister richten. Für diese stehen in so überzeugender Weise die Indigenas, die Mystiker und die Dichter, welche die Sprache der Dinge vernehmen und die große Rede des Universums entschlüsseln (vgl. dazu die schönen Überlegungen von Daisaku Ikeda 1991, 35 ff.). Es genügt, als eines von vielen diesbezüglichen Zeugnissen auf einen mystischen Vers von William Blake zu verweisen: Man muss sich darauf verstehen, „die Welt in einem Sandkorn zu sehen und den Himmel in einer Waldblume; das Unendliche auf der offenen Hand zu tragen und die Ewigkeit in einer Stunde zu haben".

Die Aufteilung in biotische und abiotische Seinsformen, in lebende und tote, folgt also einem bestimmten Wirklichkeitsverständnis, das einzig und allein für ein geschlossenes System von anscheinend konsistenten und dauerhaften Dingen wie Sterne, Berge, physikalische Körper Geltung besitzt, die sich im Gegensatz zu den komplexen, dynamischen und lebendigen Wesen befinden. Dies ist das eingeschränkte Gebiet seiner Gültigkeit. Es wäre ein Irrtum, diese Erkenntnisweise mit der Wirklichkeit selbst gleichzusetzen, die unendlich komplexer ist und alle Möglichkeiten, sie darzustellen, übertrifft.

Wenn wir diese Schranke überwinden und das Beziehungs- und Interaktionsgeflecht sichtbar machen, das all diesen Versuchen zugrunde liegt, dann sind wir uns dessen bewusst, dass sich Konsistenz und Dauerhaftigkeit auflösen. Wir haben es mit einem offenen, nicht in sich abgeschlossenen System zu tun.

Alle Seinsformen verdanken sich auch den wechselseitigen Beziehungen, den Energien und Energiefeldern. Wie die Quantenphysiker behaupten und wie Einstein selbst in verständlicher Alltagssprache sagt, werden die großen Energiebündel als Materie erfasst und die kleinen als bloße Energie und Energiefelder. Alles ist also Energie in unterschiedlicher Konzentration und Stabilität in äußerst komplexen Beziehungssystemen, in denen alles mit allem verbunden ist und die Symphonie des Universums hervorbringt: die Berge, die Mikroorganismen, die Tiere, die Menschen. Alles verfügt über seine jeweilige Interiorität, In-sich-Zentriertheit. Deshalb ist alles in einem gewissen Maß Träger von Geistigkeit.

7. Der Gottespunkt im Gehirn

Um unsere Überlegungen zur spirituellen Dimension des Universums zu vervollständigen, sollten wir uns dem zuwenden, was Neurologen den „Gottespunkt im Gehirn" oder den „mystischen Geist" *(mystical mind)* nennen.

Die Erforschung des Gehirns und seiner zahlreichen Formen von Intelligenz stellt heute einen fortschrittlichen Teil der Naturwissenschaften dar. Dieser Forschungszweig hat zu Ergebnissen geführt, die für die Religion und Spiritualität bedeutsam sind. Man stellt drei Arten von Intelligenz heraus: Die erste ist die intellektuelle, verstandesmäßige Intelligenz, auf die im Lauf des 20. Jahrhunderts so viel Wert gelegt wurde. Es handelt sich dabei um die analytische Intelligenz, mittels derer wir Begriffe bilden und Wissenschaft betreiben, die Welt in eine Ordnung bringen und objektive Probleme lösen.

Die zweite Intelligenzform ist die emotionale Intelligenz, die besonders durch den in Havard lehrenden Psychologen und Neurowissenschaftler David Coleman bekannt wurde. In seinem berühmten Buch „Die emotionale Intelligenz" wies er etwas empirisch nach, wovon eine breite Tradition von Denkern von Platon über Augustinus bis Freud bereits überzeugt war: Die grundlegende Struktur des Menschen bildet nicht die Ratio *(logos)*, sondern die Emotion *(pathos)*. Wir sind vor allem Wesen der Leidenschaft, der Empathie und des Mitgefühls, und erst in zweiter Linie Vernunftwesen. Wenn wir diese beiden Intelligenzformen miteinander vereinen, dann gelingt es uns, uns selbst und andere zu motivieren. Die dritte Intelligenzform ist die spirituelle Intelligenz, deren Existenz erst in jüngster Zeit empirisch nachgewiesen wurde, und zwar durch Forschungsarbeiten von Neurologen, Neuropsychologen, Neurolinguisten und Spezialisten für die Magnetresonanztomographie (sie widmen sich dem Studium von magnetischen und elektrischen Feldern im Gehirn) seit den Neunzigerjahren des 20. Jahrhunderts.

Diesen Wissenschaftlern zufolge gibt es in uns eine weitere Intelligenzform, die wissenschaftlich nachgewiesen werden kann. Aufgrund dieser Intelligenzform sind wir nicht nur imstande, Fakten wahrzunehmen, Vorstellungen und Emotionen zu entwickeln, sondern wir haben auch ein Sensorium für die größeren Kontexte unseres Lebens, für signifikante Totalitäten, die uns spüren lassen, dass wir in das übergreifende Ganze eingebettet sind. Diese Art von Intelligenz macht uns empfänglich für die Werte, für die Fragen, die mit der Transzendenz und Gott zu tun haben. Sie wird „spirituelle Intelligenz" genannt, denn es zeichnet die Spiritualität aus, dass sie umfassende Totalitäten wahrnehmen und sich an transzendentalen Perspektiven orientieren kann.

Sie findet ihre empirische Grundlage in der Biologie der Neuronen (der Nervenzellen des Gehirns). Man hat empirisch nachgewiesen, dass die Erfahrung der Vereinigung ihre biologische Entsprechung in neuronalen Schwingungen von 40 Hertz hat, die vor allem in den Schläfenlappen des Gehirns zu lokalisieren sind. Durch sie wird eine Erfahrung der Ekstase, der intensiven Freude ausgelöst, als ob wir uns vor einer lebendigen Gegenwart befänden.

Oder umgekehrt: Immer, wenn religiöse Themen angesprochen werden (Gott oder Werte, die die tiefe Bedeutung der Dinge betreffen), und zwar nicht auf oberflächliche Art, sondern in ernsthafter und tiefer Hingabe an sie, entsteht dieselbe Schwingung von 40 Hertz.

Deshalb haben Neurobiologen wie Persinger, Ramachandran und die Quantenphysikerin Danah Zohar diese Hirnregion im Schläfenlappen als „Gottespunkt" bezeichnet (Zohar 2001). Andere bevorzugen, wie wir weiter oben bereits sagten, den Ausdruck „mystischer Geist" *(mystical mind)*.

Wenn es sich also tatsächlich so verhält, dann können wir aus der Perspektive des Evolutionsprozesses sagen, dass sich das Universum innerhalb von Milliarden Jahren so weit entwickelt hat, bis es schließlich im menschlichen Gehirn ein Sensorium geschaffen hat, das es dem mit Bewusstsein ausgestatteten Menschen ermöglicht, die Gegenwart Gottes wahrzunehmen, der natürlich stets da war, auch wenn er noch nicht bewusst wahrgenommen werden konnte. Die Existenz dieses „Gottespunktes" bedeutet für die Gattung Mensch einen evolutiven Vorteil, denn er ist ein Anhaltspunkt für einen Sinn des Lebens. Die Spiritualität zeichnet den Menschen aus; sie ist keineswegs auf die Sphäre der Religionen beschränkt. Doch umgekehrt setzen die Religionen die Spiritualität voraus und gehören zu den unterschiedlichen Ausdrucksformen dieses „Gottespunktes".

Leben und Geist finden also immer komplexere und reichhaltigere Ausdrucksformen. Auf dem derzeitigen Stand des Prozesses der Evolution des Kosmos, soweit er uns bekannt ist, findet der Geist seine dichteste und beständigste Ausdrucksform im Menschen (Mann und Frau), in dem Interiorität (In-sich-Zentriertheit) und Komplexität die Ausdrucksgestalt des Selbstbewusstseins erreicht haben. Sie haben also die Ebene einer eigenen Geschichte erreicht: die Geschichte der Inhalte dieses Bewusstseins (Phänomenologie).

Die Evolution schlägt eine zweifache Richtung ein: die anfängliche, mechanische Richtung, die der allgemeinen Logik unterworfen ist, welche alles, auch die Menschen, bewegt; und innerhalb dieser Logik und dank ihr vollzieht sich die Entwicklung von Selbstbewusstsein und Freiheit; sie geht vom Bewusstsein aus, das in die anfängliche Richtung eingreifen kann und sich entweder als Aggressor oder Beschützer der es umgebenden Welt erweisen kann. Dies ist die Ebene des Menschen und der Noosphäre der Evolution, die in der großartigen Zivilisationsleistung sichtbar wird, welche die Menschen in den letzten 2,6 Millionen Jahren vollbracht haben (seit dem Auftreten des *homo habilis*). Auf geheimnisvolle Weise haben sie kraft des kosmogenen und schöpferischen Prinzips des Universums Sprachen, Verständigungsformen und großartige Ausdrucksformen geschaffen. Sie griffen mit Hilfe ihrer revolutionären Umwälzungsprozesse – der Agrarrevolution, der Industriellen, der nuklearen und der kybernetischen Revolution des Informationszeitalters – ins chemische und physikalische Gleichgewicht des Planeten ein. Sie schufen starke Symbole, um dem

Universum Sinn zu verleihen, und gestalteten Ausdrucksformen für den historischen Weg der Menschen, als Einzelne und als Kollektiv. Sie erfanden die tausend Bilder Gottes als Beweger, Beseeler und Zielpunkt des Universums und als inneres Feuer eines jeden Bewusstseins. Und genauso, wie sie die Dimension des *sapiens* eines jeden Menschen gelebt haben, haben sie auch der Dimension *demens* freien Lauf gelassen und diese Seite ihres Seins in Gestalt von Kriegen, Umweltzerstörungen, Völkermorden, Brudermorden und Morden überhaupt entfesselt.

Dieses Prinzip von Leben, Intelligenz, Schöpferkraft und Liebesfähigkeit kann nur deshalb in den Menschen zur Blüte gelangen, weil es vorher schon im Universum angelegt und auf dem Planeten Erde vorhanden war. Es ist eine Eigenschaft unserer Galaxie, unserer Milchstraße, deren System auch wir angehören. Und unsere Galaxie verweist uns auf die kosmischen Ordnungen, die ihr und anderen, größeren Galaxien vorausliegen.

Dennoch beziehen sich die Fragen, welche die Menschen beschäftigen, nicht nur auf die überwältigende Majestät des Universums, auf die schwarzen Löcher (eine wahre kosmologische Hölle, denn jede Kommunikation ist hier unmöglich) und auf die unendlich kleine Welt der Mikrophysik und den Nullpunkt am Anfang, den Urknall. Was den Menschen – diese abgründige Tiefe der Leidenschaften und zugleich gemeine Kloake voller Elend, wie Pascal sagen würde – bewegt, sind die Bedürfnisse des Herzens, wo die großen Emotionen zu Hause sind. Sie bewirken, dass der Gang durch diese Welt traurig und das Leben tragisch ist, oder dass das Leben jubiliert und die tiefsten Wünsche Wirklichkeit werden lässt.

Diese spirituelle Dimension gehört dem Evolutionsprozess an, der dieses aktuelle Stadium erreicht hat und zugleich voller Verheißungen neuer künftiger Entwicklungen ist. Alles hat Zukunft. Das Universum brauchte 13,7 Milliarden Jahre, bis diese spirituelle Dimension in Erscheinung trat, die in einer Art kosmischen Liturgie voller Staunen und Faszination angesichts des geheimnisvollen Charakters ebendieses Universums ihren Ausdruck findet.

8. Das Ganze in den Teilen und die Teile im Ganzen

Zusammenfassend möchten wir einige Begriffe oder bildhafte Vorstellungen formulieren, die das im Entstehen begriffene ökologische Paradigma kennzeichnen:

Totalität/Unterschiedenheit: Das Universum, das System Erde und das Phänomen Mensch sind komplexe, organische und dynamische Totalitäten, die ständig dem Chaos ausgesetzt sind. Zusätzlich zu einer Analyse, die zerlegt, vereinfacht und verallgemeinert, brauchen wir auch eine Synthese, die verbindet, konkretisiert und Übereinstimmungen herstellt. Nur so wird man der genannten Totalität gerecht. Der Holismus, das ganzheitliche Denken, will diese Haltung zum Ausdruck bringen. Die Totalität besteht aus organisch miteinander verbundenen Unterschiedenheiten. Die Verbindung ist dergestalt, dass das Ganze in jedem seiner Teile präsent ist und dass jeder Teil das Ganze enthält. In einem vom Gleichgewicht entfernten Zustand, das heißt dem Chaos ausgesetzt, streben alle Seinsformen neue Gleichgewichte an und schaffen so neue Ordnungen.

Interdependenz (gegenseitige Abhängigkeit)/Religation (Rückbindung)/relative Autonomie: Alle Seinsformen sind miteinander verbunden und befinden sich in gegenseitiger Abhängigkeit voneinander, und deshalb sind sie immer in gegenseitiger Verwiesenheit rückgebunden: Die einen bedürfen der anderen, um zu leben. Dieser Tatsache ist es zu verdanken, dass es eine grundlegende kosmische Solidarität und Kooperation gibt und so ein komplexes Geflecht von Netzen und Netzen von Netzen entsteht. Doch jede dieser Seinsformen verfügt über relative Autonomie und hat Sinn und Wert in sich selbst, unabhängig von ihrem möglichen Nutzen für den Menschen. Einerseits behauptet eine jede sich selbst, um leben zu können, andererseits integriert sie sich in ein größeres Ganzes, um seine Zukunft zu sichern.

Beziehung/Kraftfelder: Alle Seinsformen existieren innerhalb eines Geflechts von Beziehungen. Außerhalb von Beziehung existiert nichts. Mehr als auf die einzelnen Seinsformen an sich kommt es darauf an, auf ihre Beziehungen zueinander zu achten. Und davon ausgehend muss man diese Seinsformen als stets miteinander in Beziehung und jede einzelne von ihnen als solche betrachten, die in die Konstitution des komplexen Universums mit eingehen. Das Universum wird nicht aus der Summe der existierenden und künftigen Seinsformen gebildet, es ist vielmehr das Gesamt der Beziehungsnetze, das sie alle umfasst. Andererseits befindet sich alles innerhalb von energetischen und morphogenetischen Feldern, dank derer alles mit allem an allen Orten und in jedem Augenblick zu tun hat.

Komplexität/Interiorität (In-sich-Zentriertheit): Alles ist mit Energien von unterschiedlicher Dichte und Wechselwirkung geladen. Die in höchstem Maße verdichtete und stabilisierte Energie nimmt die Form der Materie an. Und wenn sie weniger stabil und verdichtet ist, erscheint sie einfach als Energiefeld. Diese Tatsache bringt in den mit angesammelter Information ausgestatteten Seinsformen, besonders bei den höheren Lebewesen, ein immer höheres Maß an Komplexität hervor.

Dieses mit der Evolution einhergehende Phänomen legt die Zielgerichtetheit des Universums nahe, das auf Interiorität, reflexives Bewusstsein von höchster Komplexität hin orientiert ist. Eine solche Dynamik erlaubt es, das Universum als eine intelligente, sich selbst organisierende Totalität anzusehen, wie es das anthropische Prinzip zum Ausdruck bringt. Streng genommen kann man nicht von einem „Innen" und einem „Außen" sprechen. Von der Logik der Quantentheorie aus betrachtet ist der Prozess unteilbar; er vollzieht sich stets innerhalb der Kosmogenese als umfassender Prozess der Entstehung neuer Seinsformen. Diese Auffassung erlaubt es, die Frage nach einem leitenden Prinzip zu stellen, das sich innerhalb der Totalität des kosmischen Prozesses durchhält, nach einem gemeinsamen Nenner, der alles vereint, der dafür sorgt, dass das Chaos dergestalt ist, dass etwas aus ihm heraus entsteht, und der die Ordnung immer auf neue Wechselwirkungen hin offen hält (dissipative Strukturen). Die Kategorie *Tragender Abgrund allen Seins* oder *Ursprungsquelle aller Ereignisse* oder ganz einfach *Gott* könnte hermeneutisch dieser Bedeutung entsprechen.

Komplementarität/Reziprozität/Chaos: Alle Wirklichkeit ist in Form von Partikeln und Wellen, von Energie und Materie, von Ordnung und Unordnung, Chaos und Kosmos gegeben. Auf der Ebene des Menschen stellt sie sich als Gegensatz von *sapiens* (intelligent) und *demens* (geistesschwach) dar, als *sym-bolisch* und manchmal *dia-bolisch*. Es handelt sich dabei nicht um Mängel, sondern um Kennzeichen ein und derselben Realität. Es sind Kennzeichen, die einander ergänzen, also sich komplementär zueinander verhalten, und reziprok zueinander stehen, das heißt ein Verhältnis der Gegenseitigkeit bilden. Das Prinzip Komplementarität und Reziprozität liegt der ursprünglichen Dynamik des Universums zugrunde, das, bevor es zum Kosmos wird und zu höheren Ordnungen voranschreitet, das Chaos durchmacht.

Pfeil der Zeit/Entropie: Der Pfeil der Zeit jedoch bestimmt alle Beziehungen und Systeme und verleiht ihnen den Charakter der Irreversibilität, das heißt der Unumkehrbarkeit. Diese Kennzeichen sind in jedem Partikel und in jedem Kraftfeld vorhanden, so elementar sie auch sein mögen, und ebenso in den Informationen, deren Medium die Wechselwirkungen sind. Das heißt, nichts kann ohne einen Bezug auf die jeweilige Geschichte in Beziehung und auf den je eigenen Lauf durch die Zeit verstanden werden. Diese Zeitstrecke ist offen für die Zukunft, denn keine Seinsform ist vollkommen abgeschlossen, sondern vielmehr mit Möglichkeiten ausgestattet, die zur Verwirklichung drängen.

Theologisch gesprochen heißt das: Gott hat sein Werk noch nicht vollendet, er ist noch nicht damit fertig, uns zu schaffen, und hat das letzte Wort noch nicht gesprochen. Deshalb müssen wir uns dem Universum gegenüber als tolerant erweisen und Geduld mit uns selber haben, denn der abschließende Höhepunkt ist noch nicht erreicht. Die Worte der Bibel „.. und Gott sah, dass alles sehr gut war" (Gen 1,10.31) haben prophetischen Charakter. Erst am Ende der Evolutionsgeschichte werden sie ihren vollen Sinn erhalten und wahrhaftig gut sein. Die vollständige Harmonie ist eine Verheißung für die Zukunft und nicht Feier der Gegenwart. Die Geschichte des Universums unterliegt dem thermodynamischen Pfeil der Zeit, das heißt, man muss sich der Entropie bewusst sein, die mit der Evolution in der Zeit in geschlossenen oder für sich genommenen Systemen (die begrenzten Ressourcen der Erde, der Zustand der Sonne, usw.) einhergeht. Die Energien werden unvermeidlich dissipieren, und niemand kann etwas dagegen machen. Der Mensch kann jedoch die Wirkungen der Dissipation von Energie hinauszögern, sein eigenes Leben und das des Planeten verlängern und sich vermittels seines Geistes dem Geheimnis öffnen, das sich jenseits des Wärmetodes des geschlossenen Systems verbirgt, da das Universum als ganzes ein offenes System ist, das sich selbst organisiert und beständig die gegebene Situation auf immer höhere Ebenen des Lebens und der Ordnung hin überschreitet, welche die Entropie überwinden und sich auf die Syntropie und Synergie sowie auf die Dimension des Geheimnisses eines negentropischen und absolut dynamischen Lebens hin öffnen.

Gemeinsames Schicksal/persönliches Schicksal: Aufgrund der Tatsache, dass wir einen gemeinsamen Ursprung haben und alle miteinander verbunden sind, haben wir auch alle ein gemeinsames Schicksal in einer stets offenen und gleichermaßen gemeinsamen Zukunft. Innerhalb dieser gemeinsamen Zukunft muss sich das persönliche Geschick eines jeden einzelnen Wesens verorten, denn kein Wesen versteht sich aus sich selbst heraus, ohne entsprechendes Ökosystem und ohne die übrigen Arten, die mit ihm in Wechselwirkung stehen, und auch nicht ohne die anderen Individuen seiner eigenen Art. Trotz dieser gegenseitigen Abhängigkeit jedoch ist jedes Wesen einzigartig: Denn in jedes Wesen sind Abermillionen Jahre schöpferischer Arbeit des Universums eingeflossen. Die Erde – so bedroht sie auch, insbesondere durch den aktuellen Klimawandel und die Erderwärmung, sein mag – verwirklicht ihr Geschick in enger Verbindung mit dem Geschick von allem.

Kosmisches Gemeinwohl/Wohl des Einzelnen: Das Gemeinwohl betrifft nicht nur den Menschen, sondern die gesamte Gemeinschaft des Lebens und die kosmische Gemeinschaft. Das Wohl des Einzelnen entsteht aus dem Zusammenklang und dem Zusammenwirken mit der Dynamik des planetarischen und kosmischen Gemeinwohls. Jeder ist ein eng geflochtenes Netz von Beziehungen, und er kann sich nur in dem Maße selbst verwirklichen, in dem er die Gesamtheit dieser Beziehungen aktiviert. Deshalb ist das Individuum für sich genommen eine Abstraktion. Trotz seiner Besonderheit ist es stets in ein größeres Ganzes eingebettet.

Kreativität/Destruktivität: Dem Menschen (als Mann und Frau) eignet innerhalb des Gesamtgefüges von Wechselwirkungen und der Seinsformen, die mit ihm in Beziehung stehen, eine charakteristische Besonderheit. Er ist ein höchst komplexes und mit-schöpferisches Wesen, denn er kann in den Rhythmus der Schöpfung eingreifen. Als Beobachter steht er ständig in Wechselwirkung mit allem in seiner Umgebung und lässt so die Wellenfunktion kollabieren, die sich in Materieteilchen verfestigt (Heisenberg'sche Unschärferelation). Er geht in die Konstitution der Welt, wie sie sich zeigt, als Verwirklichung von Quantenwahrscheinlichkeiten, ein (Teilchen/Welle). Der Mensch ist darüber hinaus ein ethisches Wesen, denn er ist dazu berufen, das empfangene Erbe zu bewahren, und er kann das Für und Wider abwägen, gemäß der Logik seiner eigenen Interessen oder im Interesse der Schwächsten handeln; er kann sich aggressiv gegenüber der Natur verhalten, als Satan der Erde, aber ebenso kann er die verborgenen Möglichkeiten des Planeten stärken, sich als Partner der Schöpfung erweisen, das System Erde erhalten und seine Möglichkeiten erweitern. Dann erweist er sich als guter

Schutzengel des Gartens Eden. Er kann bewusst an der Evolution der Erde mitwirken.

Ganzheitlich-ökologische Haltung/Überwindung des Anthropozentrismus: Die Haltung der Öffnung und der Einbeziehung ohne Beschränkungen bringt eine im radikalen Sinne ökologische Haltung hervor (eine Haltung der allseitigen Relationalität und Rückbezogenheit von allem); sie trägt dazu bei, den veralteten Anthropozentrismus zu überwinden, und sorgt dafür, dass wir immer individueller, aber zur gleichen Zeit solidarischer, in gegenseitiger Ergänzung lebend und schöpferischer sind. Auf diese Weise befinden wir uns in Synergie mit dem gesamten Universum, das sich durch uns offenbart, vorwärtsbewegt und für nie zuvor ausprobiertes Neues öffnet, in Richtung einer Wirklichkeit, die sich hinter dem Schleier des Geheimnisses verbirgt und im Reich der Utopie und der unbegrenzten Sehnsucht des Menschen liegt. Wie wir bereits sagten, wiederholt sich das Mögliche und ereignet sich das Unmögliche: Gott, jene Leidenschaft, die all das hervorbringt, dieser Imam, der alles an sich zieht, dieses Herz, das alles liebt.

Siebentes Kapitel: Planetarische Ethik und Spiritualität

Die neue Situation, in der sich die Erde befindet – in einem bereits nicht mehr aufzuhaltenden Prozess globaler Erwärmung –, kann Katastrophen bisher ungekannten Ausmaßes nach sich ziehen, die die gesamte Biosphäre in Mitleidenschaft ziehen und die Zukunft der Gattung Mensch gefährden. Dies zwingt uns dazu, an eine andere Art von Moralität und an eine neue Sinngebung des Lebens zu denken, die ihre Grundlage in einer planetarischen Spiritualität haben. Das Problem besteht nicht darin, wie man die Erderwärmung aufhalten könne, sondern vielmehr darin, wie man verhindern kann, dass sie in die Katastrophe mündet. Daraus ergibt sich die Dringlichkeit, eine entschlossene Option für die Erde als ein Ganzes zu treffen, denn es geht darum, das Ganze zu retten, eben deshalb, weil dieses Ganze der Bedrohung ausgesetzt ist.

Die Option für die Erde setzt die Hoffnung voraus, dass wir uns diesen Bedrohungen widersetzen und sie in eine Chance für einen Sprung auf eine höhere Ebene der Menschheitsgeschichte verwandeln können, die dann gemeinsam gelebt wird.

1. Tragödie oder Krise und Chance?

Stehen wir vor einer Tragödie oder vor einer Krise und einer neuen Chance? Tatsächlich kann jede Bedrohung sowohl ein Drama als auch eine Chance für den Wandel darstellen. Wenn wir die verschiedenen warnenden Stimmen aus den unterschiedlichsten Bereichen der Wissenschaft und von den größten Autoritäten auf diesem Gebiet vernehmen, dann scheint es so, als würden wir direkt auf eine wahrhafte Tragödie zusteuern. Eine Tragödie, die gewiss nicht unwahrscheinlich ist, die aber auf der anderen Seite auch nicht in sich bereits vom Schicksal verhängt und unvermeidlich ist. Die Präambel der Erdcharta erinnert uns daran:

„Die Grundlagen globaler Sicherheit sind bedroht. Dies sind gefährliche Entwicklungen, aber sie sind nicht unabwendbar … Unsere ökologischen, sozialen und spirituellen Herausforderungen sind miteinander verknüpft, und nur zusammen können wir umfassende Lösungen entwickeln."

Darin besteht die Grundhaltung, die wir uns zu eigen machen, und die Hoffnung, die wir lebendig halten. Wir vermuten, dass die große Mehrzahl der *Ritter von der traurigen Botschaft* sich immer noch innerhalb des Paradigmas der modernen Naturwissenschaften bewegt, das linear, reduktionistisch und darüber hinaus auch materialistisch ist. Es ist eine Wissenschaft, die auf die Logik von Ursache und Wirkung beschränkt ist. In diesem Verständnis hätten die Ursachen der aktuellen ökologischen Krise eine auf fatale Weise tragische Wirkung.

Die Situation sieht völlig anders aus, wenn wir das heutige Paradigma zugrunde legen, das ausgehend von den wissenschaftlichen Erforschungen der Komplexität und des Chaos, der Quantenphysik usw., kurz: von den Wissenschaften der Erde, formuliert wird. Darin wird das Kausalitätsprinzip nicht mehr im linearen Verständnis aufgefasst. Die Natur des Universums ist nicht linear, sondern komplex, voller unterschiedlicher Faktoren, Brüche, Bifurkationen, Emergenzen und Sprünge. Das System als ganzes erreicht eine neue Ebene seiner Verwirklichung, nachdem es genügend Energie angesammelt hat. Alle Phänomene sind Quantenphänomene, denn sie werden vom Prinzip der Unbestimmtheit, der Unschärfe und der Wahrscheinlichkeit durchwaltet. Das Neue und bis dahin noch nicht Ausprobierte kann durchbrechen und den Entwicklungsprozess voranbringen.

Es ist möglich, dass die Erde in einer Situation des Chaos ein neues Gleichgewicht findet, das auch das kollektive Bewusstsein der Menschheit mit hinein nimmt und ihren Zustand verändert. Diese Möglichkeit scheint innerhalb des Horizontes eines an der Quantentheorie orientierten Verständnisses der Lebensprozesse Gaias auf, wie sie von Wissenschaftlern der Komplexität gesehen und ausgearbeitet wurden.

Dies kann am Beispiel des sogenannten „Schmetterlingseffekts" in idealer Weise veranschaulicht werden. In den Siebzigerjahren des vorigen Jahrhunderts stellte der Meteorologe Edward Lorenz bei der Erforschung des Verhaltens der Atmosphäre fest, dass eine geringe Abweichung in den Ausgangsdaten, wie zum Beispiel zwei oder drei Zehntelgrade, zu einem völlig anderen Endergebnis führte. Eine kleine Wolke am Morgen kann zu einem großen Sturm im Lauf des Tages an einem sehr weit entfernten Ort führen. Die sehr berühmte Veranschaulichung dieses Sachverhaltes ist der Flügelschlag eines Schmetterlings, der zum Beispiel im Süden Brasiliens stattfindet und sich in Form einer Kettenreaktion ausbreitet und schließlich auf der fernen Karibik einen Sturm verursachen kann.

Der Quantentheorie zufolge ist alles in Wechselwirkung und Rückkopplung miteinander verbunden. So kann der unbedeutende Flügelschlag eines schwachen Schmetterlings als Auslöser einer Kettenreaktion an einer anderen Stelle der Wirklichkeit eine ungeheure Wirkung hervorbringen. Lorenz brachte diesen „Schmetterlingseffekt" in folgender Weise zum Ausdruck: „In den komplexen Systemen können sich kleine Abweichungen in den Anfangsbedingungen des Systems ausweiten und zu einem in höchstem Maße unterschiedlichen Endzustand führen." (Novo 2006, 342)

Die Metapher vom Schmetterling bietet sich deshalb an, weil es sich um ein so kleines Lebewesen mit fast bedeutungsloser Kraft handelt, das aber dennoch ein riesiges Veränderungspotenzial hat. Und es gibt nicht nur den „negativen" Schmetterlingseffekt, sondern auch den positiven: Wenn man diese Metapher im positiven Sinne auf den gesellschaftlichen Bereich und auf den Bereich des richtigen ökologischen Verhaltens überträgt, dann betont man die Bedeutung von scheinbar kleinen Veränderungen, die von Einzelnen und kleinen Gruppen in Angriff genommen werden. Sobald sie ins Gesamtsystem eingehen, können sie dank der Kettenreaktion von miteinander verbundenen Elementen tiefgreifende Veränderungen im Ganzen bewirken. Das Gute, das man verwirklicht, bleibt nicht auf das enge Umfeld des Einzelnen oder der Gruppe beschränkt. Nichts ist nutzlos. Alles nimmt, sofern es gut ist, am Zusammenhang der guten Energien, Synergien und Verbindungen teil, die in mehr oder weniger großem Maße die Gesamtbedingungen des Systems beeinflussen können.

Dieser „Schmetterlingseffekt" ereignet sich weltweit durch Jugendliche, Frauen, alternative Gruppen, Wissenschaftler, Künstler, Ordensleute, soziale Bewegungen, selbstverwaltete Produktionsgenossenschaften sie alle sind vom Geist der Kooperation, der Solidarität, des Mitgefühls und der Sorge füreinander beseelt. Das Weltsozialforum ist das Ereignis, an dem solche Veränderungen im Weltmaßstab sichtbar werden. Sie sind es, die jene Kräfte stärken, die einen Paradigmenwechsel fördern, und deshalb verweisen sie auf die Tatsache, dass eine andere Welt möglich ist.

Und genau deshalb müssen die Bedrohungen nicht zwangsläufig in eine Tragödie münden, wenngleich sie sehr wohl eine Zivilisationskrise offenbaren (Boff 2002, Crise). Es liegt in der Natur einer Krise, dass sie wie ein Schmelztiegel wirkt, der den wesentlichen Gehalt von jeglicher Art Schlacke und von allem reinigt, das nicht damit vereinbar wäre, dass dieses Wesentliche eine neue Gestalt annimmt und der Geschichte der Menschen eine neue Richtung gibt. Die Chance bietet sich uns an, und wir dürfen nicht noch mehr Zeit verlieren und Energien verschwenden, die in mutige und erneuernde Initiativen fließen sollten.

2. Ein neues Modell der Produktion, der Verteilung und des Konsums

Das Nachdenken über die Krise dient uns als kritischer Bezugspunkt zur Beurteilung der aktuellen Maßnahmen der unterschiedlichen Regierungen und transnationalen Organisationen, um sich an die neue Situation der Erde anzupassen und die schädlichen Auswirkungen einzudämmen. Solche Maßnahmen sind notwendig, aber sie dürfen nicht einfach nur in der Weiterführung des alten und absterbenden Paradigmas bestehen. Sie müssen vielmehr offen für das überraschend Neue sein und so das Entstehen eines neuen zivilisatorischen

Paradigmas ermöglichen. Andernfalls blieben die Maßnahmen auf die Symptome beschränkt und könnten nicht zur Ursache der Krankheit vordringen.

Diese Maßnahmen gehen von einer irrigen Annahme aus: Man meint, man nähme dem Wolf seine Gefräßigkeit dadurch, dass man ihm die Zähne zieht. Das bedeutet: Wir könnten mit dem alten Produktions- und Konsummodell weitermachen und uns lediglich darauf beschränken, die Dosis zu ändern. Dabei würden wir vergessen, dass es gerade das Wesen des herrschenden Produktionssystems und Konsummodells ausmacht, die Erde wie ein Objekt zu behandeln, das zum Zweck der Anhäufung von – vor allem wirtschaftlichen – Gütern unbegrenzt ausgebeutet werden kann. Wir geben uns keine Rechenschaft darüber, dass die Erde ein lebendiger Gesamtorganismus mit beschränkten Ressourcen und Möglichkeiten ist und dass wir Teil von ihr sind, und zwar gerade der Teil, der für ihre Zukunft Verantwortung trägt.

Wenn wir mit diesem Paradigma fortfahren, dann verhindert das eine Lösung der ökologischen Krise, denn es ruht auf einer falschen Metaphysik (Weltbild) auf: der Vorstellung, wir könnten über die Ressourcen nach unserem Gutdünken verfügen, weil wir die Krone der Schöpfung sind. Von daher kommt es, dass unser Verhältnis zur Natur oftmals ausschließlich utilitaristisch ist, denn sie hat in diesem Verständnis lediglich dann einen Sinn, wenn sie auf den Menschen hin orientiert ist. Durch unsere radikal anthropozentrische Prägung sehen wir uns selbst als außerhalb der Natur, über ihr und gegen sie. Diese aber gehört nicht uns, sie gehört vielmehr der Gemeinschaft der Ökosysteme, die der Gesamtheit des Lebens dienen, indem sie die Klimata und die physikalisch-chemische Zusammensetzung der Erde regulieren (Houtart 2005, 13–27).

Diese Perspektive würde uns ein Verhältnis der Zusammenarbeit, des Respekts, ohne jede Aggression mit den Ressourcen und Möglichkeiten erschließen, die Gaia uns bietet. Dies könnte die Tragödie verhindern und einen glücklichen Ausgang der Krise gewährleisten.

In diesem Sinne sind die ausschließlich technisch-wissenschaftlichen Lösungen, die von den alten Voraussetzungen ausgehen, nicht viel wert. Natürlich müssen wir solche Wege ins Auge fassen, aber sie sind nicht der Schlüssel zur Lösung. Zuerst brauchen wir eine moralische Abwägung, die unsere Ziele, und nicht bloß die Mittel unserer Zivilisation verändert. Dies ist die Aufgabe der Ethik, der Moral und einer bestimmten Spiritualität, das heißt einer neuen Sinngebung des Lebens.

3. Orientierungspunkte für eine notwendige Moralität

Es gibt eine Reihe von Punkten, die man beachten muss, nun, da es darauf ankommt, eine geeignete Moral an die neue Situation der Erde anzupassen.

Zu allererst geht es darum, das Herz, das Gefühl, das Mitleid, die Sympathie und das Erbarmen, mit einem Wort die Dimension des *Pathos* im Gegensatz zu der des *Logos* wieder ins Recht zu setzen.

Diese Dimension wurde in der Moderne – die auf der analytischen und instrumentellen Vernunft, auf technisch orientierter Wissenschaft aufbaute, welche die größtmögliche Trennung von Subjekt und Objekt als Methode anstrebte – gründlich ignoriert. Alles, sofern es seinen Ursprung im Subjekt hat, wie Emotionen, Gefühl, Empfindsamkeit ... mit einem Wort das

Pathos, würde die analytische Sicht auf das Objekt verdunkeln. Diesen Dimensionen gegenüber müsse man misstrauisch sein, man müsse sie kontrollieren, ja sogar unterdrücken.

Die Technik und Wissenschaft bewirkten bei den Menschen eine Art Eingriff ins Gehirn. Sie empfanden sich nicht länger als Mitglieder einer Gemeinschaft, sondern als isolierte und mit Eigenständigkeit ausgestattete Individuen, die aus dem Netz der Beziehungen, welches alles mit allem verbindet, herausgelöst sind. Und da man dem Gefühl und dem Herzen keinen Raum gab, gab es keinen Grund, die Natur zu achten und auf die Botschaften zu hören, die sie ständig an uns richtet. Da man davon ausging, dass sie keinerlei Geist besäße, konnte sie als ein simples Objekt behandelt werden, das man erbarmungslos ausbeuten konnte ... (Boff 2002, Ethos, 101–106).

Diese Empfindungslosigkeit übertrug sich auch auf die gesellschaftlichen Beziehungen. Es entstanden Formen der Verdinglichung und Ausbeutung von Menschen, die das Maß einer ungeheuren Unmenschlichkeit erreichten, das bis heute noch fortbesteht. Das System liebt nicht die Menschen, sondern nur ihre Arbeitskraft, ihre Fähigkeit zu produzieren und zu konsumieren.

Die Wissenschaft selbst war es schließlich, die diese reduktionistische Haltung überwand: die Quantenmechanik in der Interpretation von Bohr/Heisenberg, die Biologie im Stile von Maturana/Varela und die psychoanalytische Tradition, die ihrerseits von der Existenzphilosophie (Heidegger, Sartre u. a.) verstärkt wurde. Diese Geistesströmungen zeigten den unzertrennlichen Zusammenhang von Subjekt und Objekt auf. Das Subjekt nähert sich dem Objekt mit einer bestimmten Art von Fragen, mit bestimmten gesellschaftlichen Interessen und Zwecksetzungen. Die Wissenschaften der Komplexität haben aufgewiesen, dass eine gemeinsame Textur alle vereint und Netze der wechselseitigen und rückgekoppelten Verbundenheit schafft, die alle betreffen.

Diese Sichtweise hat uns davon überzeugt, dass die grundlegende Struktur des Menschen nicht die Vernunft ist, sondern das Gefühl und das Empfindungsvermögen, wie wir bereits weiter oben gesehen haben (Maffesoli 1998; Duarte jr. 2004). Noch vor jeder Vernunft gibt es das Reich der Leidenschaften und Gefühle. Über der Vernunft steht die Intelligenz, die die Dinge durch Intuition erfasst und betrachtet. Daniel Coleman hat mit seinem Buch über die emotionale Intelligenz (1997) den empirischen Beweis erbracht, dass die Emotion der Vernunft vorausliegt.

Das wird verständlicher, wenn wir bedenken, dass wir Menschen nicht nur rationale *Lebewesen* (*animal rationale* lautet die Definition), sondern *rationale Säugetiere* sind. Als die Säugetiere vor mehr als hundert Millionen Jahren die Bühne des Lebens betraten, entstand auch das limbische System im Gehirn, das für die Gefühle, die Sorge und die Liebe zuständig ist. Die Mutter empfängt und trägt das Kind in sich aus, umgibt es mit Fürsorge und Zärtlichkeit, sobald es auf die Welt gekommen ist. Erst in den letzten drei oder vier Millionen Jahren entstand der Neokortex und damit die abstrakte Vernunft, das begriffliche Denken und die rationale Sprache.

Zum jetzigen Zeitpunkt besteht die große Herausforderung darin, dem, was in uns älter ist, einen zentralen Stellenwert zu geben: dem Gefühl und dem Empfinden. Kurz gesagt: Es ist notwendig, das Herz wieder ins Recht zu setzen, in dem unsere Mitte liegt: unsere Fähigkeit, tief zu empfinden, der Sitz der Gefühle und der Ort, wo die Werte verankert sind. Damit verdrängen wir die Vernunft nicht, wir integrieren sie vielmehr als unverzichtbares Instrument der kritischen Unterscheidung und als ordnende Instanz der Gefühle, ohne diese zu ersetzen. Wenn wir es heute nicht lernen, die Erde als Gaia zu empfinden, sie wie eine Mutter zu lieben und um sie zu sorgen wie um unsere Kinder, dann werden wir sie kaum retten können. Ohne das Empfinden wird die Intervention von Technik und Wissenschaft nicht ausreichen, denn diese sind allzu utilitaristisch, kalt und funktionalistisch.

Dieser zentrale Stellenwert des Gefühls und des Herzens wurde uns im Osten durch den Buddhismus und im Westen durch Franziskus von Assisi und Arthur Schopenhauer vermittelt. Franziskus versah seine Welt mit einem Zauber, indem er alle und jedes einzelne Lebewesen als Geschwister betrachtete, die Wehrlosen beschützte und angesichts der Schönheit der Natur ins Staunen geriet. Sein „Sonnengesang" ist ein Lobeshymnus für alle Geschöpfe, die er nicht einfach als Brücken betrachtete, um zu Gott zu gelangen, sondern vielmehr als sakramentale Wirklichkeiten, die die Gegenwart Gottes bereits in sich enthalten. Und Schopenhauer sagte in seinem Werk „Die beiden Grundprobleme der Ethik": „Verletze niemanden; vielmehr hilf allen, soweit du kannst."

Ein berühmter chinesischer Text aus dem 15. Jahrhundert aus dem „Buch der Belohnungen und Strafen" lautet: „Erweisen wir uns den Tieren gegenüber als menschlich. Es ist nötig, nicht nur die Menschen zu lieben, sondern auch die Tiere, denn wenn sie auch in ihrer Mehrzahl klein sind, so sind sie doch Träger desselben Lebensprinzips; sie klammern sich an dieses Prinzip und sträuben sich dagegen, zu sterben. Verfallen wir nicht der Barbarei, die uns dazu führt, sie zu töten. Fügen wir den Insekten, den Pflanzen, ihren Eiern und Samen keinen Schaden zu." (Monod 2000, 118)

Es kommt also darauf an zu erkennen, dass es in allem ein Herz gibt und dass letztlich das Herz der Welt, das Herz des Menschen und das Herz Gottes ein einziges großes Herz bilden, das im Rhythmus der Liebe und herzlichen Zuwendung schlägt.

Zweitens müssen wir das Prinzip der Vorsorge[6] und der Sorge ernst nehmen. Die Sorge stellt eine liebende Beziehung zur Wirklichkeit dar. Sie ist die offene Hand, die sich ausstreckt und die Liebkosung, auf die es so sehr ankommt, gewährt, oder eine andere Hand in einem Bund der Zusammenarbeit ergreift und umschließt. Entweder wir kümmern uns voller Sorge um das, was von der Natur übrig geblieben ist, und sorgen dafür, dass sie sich von der Verwüstung, die wir angerichtet haben, erholt, oder die Tage für unsere Art von Gesellschaft sind gezählt. Übrigens ist die Sorge philosophisch betrachtet die Grundvoraussetzung des Seins, und sie nimmt die Richtung, die jegliches Handeln einschlägt, vorweg.

In seinem Werk „Sein und Zeit" (1979, § 42, 196 ff.) hat Martin Heidegger herausgearbeitet, dass die Sorge zum Wesen des Menschen gehört. Ohne die Sorge hätten die ursprünglichen Energien und elementaren Teile zu keinem Gleichgewicht gefunden, sie hätten keine komplexen und höheren Ordnungen hervorgebracht, die schließlich die Entstehung des Lebens und des Bewusstseins ermöglichten. Der Mensch existiert, weil er die Sorge kultiviert und so verhindert, dass die Entropie ihr zerstörerisches Werk vollbringt. Alles, worum wir uns voller Sorge kümmern, hat länger Bestand und bringt die in uns vorhandenen Möglichkeiten zur Entfaltung.

Dieses Prinzip findet seine direkte Anwendung auf die Biotechnologie und die Nanotechnologie. Sie bilden ja die höchsten Errungenschaften der technischen Innovation, wie wir weiter oben bereits herausgestellt haben (Schnaiberg 2006, 79–86).

Daraus ergibt sich die zentrale Bedeutung des Prinzips der Vorsorge und der Sorge. Unter Berufung auf das Prinzip der Vorsorge verlangen Wissenschaftler und Politiker ein Moratorium für die Entwicklung und Vermarktung von Produkten der Nanotechnologie, bis vonseiten der Forschungseinrichtungen Bewertungen vorliegen und vonseiten der verantwortlichen politischen Instanzen, die für die Gesundheit der Menschen und die Umwelt zuständig sind, entsprechende Regeln geschaffen worden sind. Um Kriterien zu definieren, muss man die Gesellschaft berücksichtigen, breit angelegte Anhörungen durchführen und für transparente Informationen sorgen, die es der Bevölkerung ermöglichen, sich ein Urteil darüber zu bilden, was auf dem Spiel steht, und als verantwortliche Bürger an der Entscheidungsfindung teilzunehmen.

Eine solche Sichtweise erfordert ein anderes Paradigma für die Wissenschaft. Es geht um Wissenschaft, die nicht unabhängig von ihren Anwendungen betrieben wird, sondern diese als ihren Kontext mit berücksichtigt; um eine Wissenschaft, die sich nicht auf das jeweils eigene Fachgebiet beschränkt, sondern interdisziplinär und übergreifend vorgeht; eine Wissenschaft, die sich von den Forschungseinrichtungen nicht in Geiselhaft nehmen lässt, sondern die organisatorische Vielfalt und den Austausch zwischen den unterschiedlichen Wissensgebieten und Wissensweisen (auch traditioneller und populärer Wissensformen) in sich aufnimmt; eine Wissenschaft, die mit Gewissen betrieben wird und deshalb die Verantwortung für ihre möglichen Folgen für die Lebewesen übernimmt. Das nennt man heute *accountability*. Damit ist gemeint, dass man die nicht wissenschaftlichen Folgen der Wissenschaft mit in Betracht zieht. Dies würde eher einen *nachhaltigen Rückzug* an Stelle einer *nachhaltigen Entwicklung* zur Konsequenz haben.

Im Orient entspräche der Sorge das, was man dort *Mitleid* nennt. Im buddhistischen Sinne bedeutet Mitleid nicht, Schmerz angesichts derer zu empfinden, die leiden, sondern es meint die Fähigkeit, den Anderen als Anderen zu respektieren und sich nicht in sein Leben und Schicksal einzumischen, jedoch ohne ihn jemals in seinem Schmerz allein zu lassen. Es bedeutet, sich ihm zuzuwenden, mit ihm solidarisch zu sein, sich um ihn zu kümmern und mit ihm zusammen den Lebensweg zu entwerfen (Dalai Lama 2000).

Was wir heute brauchen, ist eine Ethik des Mitleids für das Leid der Erde, damit sie nicht den Wunden erliegt, die wir ihrem Leib zugefügt haben. Wir müssen uns dem Leben und dem Menschen gegenüber als fürsorgend erweisen. Das beginnt mit der Luft, den Gewässern, den Böden und dem Klima. Wir müssen uns um den Ausstoß der Treibhausgase, die Gesundheit der Menschen, die Kultur, die Spiritualität kümmern ... und auch um den Tod, damit wir in Dankbarkeit von diesem Leben Abschied nehmen können.

Im Jahr 1991 haben die UNO-Organisationen, die sich mit Themen des Umweltschutzes beschäftigen, einen wertvollen Text in zwei Versionen veröffentlicht: einer wissenschaftlichen und einer populären. Der Text trug den Titel *Caring for the Earth* („Sich um die Erde sorgen"). Andererseits ist eine der Säulen, auf die sich die schon so oft erwähnte Erdcharta stützt, die Kategorie der Sorge (in allen ihren Varianten) um den Planeten, das System Leben, die Art von Entwicklung und eine nachhaltige Lebensweise (Erdcharta, 2001). Das Umweltministerium der Regierung Lula hat unter der Leitung von Marina Silva folgendes Motto geprägt, das die regierungsamtlichen Aktivitäten qualifizieren soll: „Wir werden für Brasilien Sorge tragen". Die Kategorie der Sorge und das Vorsorgeprinzip sind für Reflexion und Praxis dieses Ministeriums zentral.

Man muss dennoch darauf aufmerksam machen, dass beide Prinzipien – das der Sorge und das der Vorsorge – keineswegs die Wirklichkeit erstarren lassen oder die nötigen Veränderungen verhindern. Es gibt etwas, das „Kühnheit" genannt wird. Zusammen mit der Klugheit schafft sie die notwendigen Voraussetzungen für die Lösung dringender Probleme.

An dritter Stelle ist die Ethik des Respekts vor allem Leben zu nennen. Jedes Sein besitzt einen Wert in sich selbst, hat seinen bestimmten Ort im Gesamtgefüge des Seins, innerhalb der Ökosysteme, und offenbart einige besondere Dimensionen des Seins. Die Mehrzahl der Seinsformen und Lebewesen ist viel älter als der Mensch. Deshalb verdienen sie Ehrfurcht und Respekt. Diese Haltung des Respektes ist es, die bei den indigenen Völkern so stark ausgeprägt ist und die der Gier unseres plündernden und Raubbau betreibenden Systems – dessen zentrales Strukturmerkmal der Wille zur Herrschaft über alle und alles ist – Grenzen setzt.

Am besten hat es Albert Schweitzer (gest. 1965) verstanden, eine solche Ethik des Respekts zu formulieren. Der aus dem Elsass stammende Arzt kümmerte sich um die Leprakranken in Lambarene (Kongo). Er schreibt: „Nur die Ethik des Erlebens der ins Grenzenlose erweiterten Verantwortung gegen alles, was lebt, lässt sich im Denken begründen." (Schweitzer 1994, 52) Da er auch ein hervorragender Theologe war, dehnte er die Geltung der Worte Jesu in der Gerichtsrede aus dem Matthäusevangelium (Mt 25: „Was ihr einem der Geringsten getan habt, das habt ihr mir getan") auf diese Weise auf die wehrlosesten Lebewesen aus.

Dieser Respekt dem Anderen gegenüber verpflichtet uns auch zur Toleranz, die gerade in unseren Tagen so dringend erforderlich ist, die so sehr von Fundamentalismus und Terrorismus geprägt sind. Aktive Toleranz bedeutet, die Grenzen und auch die Mängel der Anderen zu akzeptieren und mit ihnen in freundschaftlichem Umgang zusammenzuleben, indem wir Konfliktbewältigungsstrategien finden, die nicht zerstörerisch sind.

Ohne Toleranz, Respekt und Ehrfurcht können wir auch das Bewusstsein vom Heiligen und Göttlichen verlieren, das im Menschen zum Durchbruch gekommen ist. Beide durchdringen gemeinsam das gesamte Universum. Es geht hier um Werte, die der Gesellschaft Bestand verleihen und die Natur erhalten werden. Diese Werte verankern beide, Gesellschaft und Natur, in Dimensionen, die über die unmittelbaren Interessen hinausgehen und das Ganze und dessen Zukunft umfassen.

Viertens brauchen wir eine Ethik der *Solidarität* und der *Kooperation* (Boff 2009). Die Kooperation stellt die objektive Logik des Prozesses der Evolution des Lebens dar. Selbst das von Darwin formulierte Gesetz der natürlichen Auslese hat nur innerhalb eines umfassenderen Prinzips Sinn, das sich nicht nur auf die Lebewesen, sondern auf alle Seinsformen des Universums erstreckt (Sandín 2006, 135–161). Die Quantenphysik und die neue Kosmologie haben dieses Prinzip erforscht und gezeigt, dass im Universum *alles mit allem an jedem Ort und unter allen Umständen zu tun hat.* Alle Energien und alle Seinsformen kooperieren miteinander, damit ein dynamisches Gleichgewicht erhalten bleibt, die Vielfalt gewahrt bleibt und alle sich gemeinsam entwickeln können.

Die Evolution ist nicht daraufhin angelegt, dem Stärksten den Triumph zu sichern, sondern darauf, es möglich zu machen, dass alle Seinsformen, auch die schwächsten, ihre Möglichkeiten entfalten können, die aus dem Abgrund von Energie und Potentialen, aus dem alles entspringt und zu dem alles zurückkehrt, auftauchen.

Die Kooperation war es, die es unseren Vorfahren, den Anthropoiden, ermöglicht hat, den Bereich des bloß Tierischen hinter sich zu lassen und den Raum des spezifisch Menschlichen zu betreten. Wir sind Menschen, weil wir Wesen der Kooperation und Solidarität sind.

Natürlich gibt es neben der Kooperation im Menschen auch den Impuls zur Selbstbehauptung und zum Egoismus, der die Ausgrenzung des Anderen bedingt. Dies ist die empirische Basis, auf der bis heute Gesellschaftssysteme Bestand haben, die den Individualismus, die Ausbeutung des Nächsten, die private Anhäufung von materiellen Gütern und den Anreiz zum Konkurrenzverhalten zur Grundlage haben. All dies bringt gesellschaftliche Verhältnisse hervor, die von Ungleichheit, Hierarchie, Aufspaltung in soziale Klassen und jeglicher Art von Ungerechtigkeit geprägt sind. Wenn man es zulässt, dass diese Dimension Gestalt annimmt, entstehen Konflikte, Kriege, die Ausplünderung ganzer Länder und alle Arten von Bedrohungen für das gesamte System des Lebens. Und genau dies ist die aktuelle Gefahr (Houtart 2006, 37–40).

Daraus ergibt sich die Dringlichkeit der Aufgabe, das herrschende perverse Paradigma der Produktionsweise und der Verteilung der von der Arbeit aller erwirtschafteten Güter historisch zu überwinden. Es handelt sich um ein gegen das Leben und gegen die Natur gerichtetes System, das sehr streng bewacht werden muss, damit es uns nicht alle zusammen in eine nicht mehr korrigierbare Lage bringt und uns in einen Abgrund stürzt. Doch man muss sich die Tatsache vor Augen halten, dass es sich dabei um eine Entstellung und ein krankhaftes Phänomen handelt, um die Übersteigerung einer objektiven Dimension, die von jener anderen Dimension abgetrennt wurde, nämlich der Dimension der Kooperation und Solidarität, welche für das notwendige Gegengewicht und die nötige Ausgewogenheit sorgen könnte. Heute können wir nicht nur und auf spontane Weise kooperativ und solidarisch sein, weil dies in der Logik der Evolution des Lebens begründet ist. Wir müssen dies vielmehr bewusst anstreben und als Lebensprojekt in Angriff nehmen. Als Lebensprojekt, das uns den Ausweg aus der Krise eröffnet, in der wir uns gemeinsam befinden.

Fünftens ist heute eine *Ethik der Verantwortung* dringend geboten, wie sie ausführlich vom deutschen Philosophen Hans Jonas in seinem Buch „Prinzip Verantwortung" dargelegt wird (Jonas 1979).

Verantwortlich sein bedeutet, sich über die Folgen des eigenen Handelns Rechenschaft ablegen. Bisher konnten wir ohne Angst, unumkehrbare Situationen herbeizuführen, in die Natur eingreifen. Das ging sogar bis hin zur Erfindung von Atomwaffen, der chemischen und biologischen Kriegsführung und der Genmanipulation. Heute haben sich die Dinge radikal geändert. Wir haben das *Prinzip der Selbstzerstörung* hervorgebracht, wie es Carl Sagan genannt hat. Wir ergreifen die Maßnahmen, die geeignet sind, das menschliche Leben zu zerstören und die Biosphäre stark zu beschädigen. Dank der exzessiven Verunreinigung der Lebensmittel mit Chemie, der gentechnisch veränderten Pflanzen und der Manipulation des genetischen Codes können wir eine Katastrophe von unvorstellbaren Ausmaßen, die mit Sicherheit unumkehrbar ist, auslösen. Wir müssen also unsere Verantwortung für uns selbst, für das Gemeinsame Haus und für die uns allen gemeinsame Zukunft übernehmen.

Der kategorische Imperativ lautet: *Handle so verantwortungsvoll, dass die Folgen deines Handelns das Leben und die Zukunft nicht zerstören.* Oder besser, nämlich positiv formuliert: *Handle so, dass die Folgen deines Handelns das Leben, die Fürsorge, die Kooperation und die Liebe fördern.* Hier hat das für die gentechnische Veränderung von Lebewesen so bedeutende Vorsorgeprinzip seinen Platz.

Wenn wir diese neue und zugleich alte Moral als Richtschnur nehmen, dann wird es uns gelingen, das Verhalten von Staaten und einzelnen Personen der Natur gegenüber zu verändern und uns auf diese Weise selbst zu retten.

4. Spiritualität der Erde

Diese notwendige Moral bezieht ihre Kraft nicht allein aus einer ganzheitlicheren und stärker vom Herzen geleiteten Vernunft, sondern vor allem aus einer neuen Spiritualität. Es ist wichtig, dass wir das Wort „Spiritualität" so genau wie möglich definieren, um mit den mit ihm verbundenen Vorurteilen aufzuräumen, die es verhindern, dass es in gebührender Weise in seinem anthropologischen Reichtum aufgefasst wird (Boff 2001). Im Allgemeinen wird Spiritualität mit der Welt der Religion in Verbindung gebracht. Das ist jedoch nicht richtig, denn die Spiritualität liegt ihr voraus und ist ursprünglicher als jede Form von Religion. Die Religionen allerdings haben in der Spiritualität ihre Grundlage und verdanken ihr Entstehen einer tiefen spirituellen Erfahrung ihres jeweiligen Stifters, des Propheten oder Charismatikers. Die Spiritualität ist also nicht der ausschließliche Besitz der Religionen, sondern eine Tiefendimension des Menschen.

Der Mensch ist nicht nur Leib, vermittels dessen er einen Teil des Universums bildet und sich anderen körperlichen Wesen darbietet. Er ist auch nicht nur Psyche, worunter man dieses innere Universum der Leidenschaften, Sehnsüchte, Archetypen und Energien versteht, das den Menschen in so besonderer Weise auszeichnet. Er ist auch Geist. Und „Geist" meint jenes Moment des Bewusstseins, vermöge dessen der Mensch sich als Teil eines größeren Ganzen empfindet und sich unablässig sein Leben lang fragt: „Woher komme ich? Wohin gehe ich? Was ist der Sinn meines Daseins im Universum? Was kann ich über mein kurzes Dasein auf diesem Planeten hinaus erhoffen?"

Wenn der Mensch sich diese Fragen stellt, dann offenbart er seine spirituelle Dimension. Geist sein heißt die Botschaften wahrnehmen, die uns das Universum übermittelt, und das geheime Band begreifen, das alle Seinsformen miteinander eint und verbindet und sie so zu einem Kosmos im Gegensatz zum Chaos formt. Geist ist jenes Moment der Transzendenz, vermöge dessen der Mensch mit dem Anderen kommuniziert und jene höchste Energie erfassen kann, die das gesamte Universum beseelt und ihren Höhepunkt im Phänomen des Lebens, im bewussten und freien Leben erlangt. Die Heilige Schrift sagt in diesem Sinne: „Der Geist ist Leben." (Röm 8,10)

Dieser Auffassung zufolge ist Spiritualität jegliche Aktivität und jegliches Verhalten des Menschen, das

das Leben zum Mittelpunkt hat (und nicht den Willen zur Macht, die Anhäufung von materiellen Gütern oder das flüchtige Vergnügen), die die Förderung und Wertschätzung von allem, insofern es mit dem Leben in Verbindung steht, zum Ziel hat. Wenn der Geist Leben ist, dann ist das Gegenteil von Geist nicht die Materie, sondern der Tod. Zum Bereich des Todes gehört nicht nur das biologische Ende des Lebens, sondern alles, was das Leben zerstört, beleidigt und unterdrückt, wie etwa die Ungerechtigkeit, die Gewalt, die mangelnde Fürsorge für die Anderen. Das Projekt des Lebens ist also dem Projekt des Todes entgegengesetzt, dem Projekt jener Logik also, die Konflikte innerhalb der Gesellschaft erzeugt, die Würde der Person verletzt und sich in systematischer Weise aggressiv gegen das System Leben und Gaia verhält.

Die Werke der Spiritualität sind die Solidarität, das Mitgefühl, die uneigennützige Liebe, die Kooperation und die Fähigkeit zur Öffnung für jede Form von Andersheit. Es zeichnet den spirituellen Menschen ebenfalls aus, dass er die Fähigkeit hat, mit der Ursprungsquelle allen Seins in Dialog zu treten, die er wahrnimmt, wenn er die gesamte Wirklichkeit durchschreitet. Er kann in demütige Kommunikation mit jener höchsten Wirklichkeit treten und sie in sich selbst in Gestalt von Begeisterung, jener inneren Energie, die das Leben bewegt und alle Pläne beseelt, wahrnehmen. Die Religionen haben dieser Dimension innerhalb der Geschichte konkrete Gestalt verliehen. Doch ihre Rolle besteht nicht darin, den Platz der Spiritualität einzunehmen, sondern Räume und Zeiten zu schaffen, um die notwendigen Voraussetzungen dafür bereitzustellen und zu fördern, dass alle Menschen diese Spiritualität lebendig halten und in ihr tägliches Leben integrieren können.

So wie ein Stern nicht ohne eine Aura strahlt, so haben auch eine Ethik und Moral keinen Bestand, wenn sie nicht von der Aura der Spiritualität umgeben sind, das heißt wenn sie nicht in etwas sie Übersteigendem verankert sind, das sie vor Moralismus und der Tyrannei der kategorischen Imperative bewahrt, die zuweilen ein wahres, den Lebenswillen und die Lebensfreude bestrafendes Über-Ich bilden.

Zusammenfassend können wir sagen, dass es die Spiritualität mit Werten zu tun hat, die den Sinn des Ganzen betreffen, und mit einer Zukunft, die über unsere historische Zeit hinausweist. Sie stellt die Frage nach jener Energie, die all das bewegt, alle Seinsformen und das gesamte Universum durchdringt.

Diese Energie wurde auf vielfache Weise benannt: Schöpfergeist, Ursprungsquelle allen Seins, oder einfach Gott. Der Mensch erfreut sich des evolutiven Vorteils, auf dem Grund der Erscheinungen das Handeln dieser Gegenwart erkennen zu können. Er ist imstande, mit ihr in Dialog zu treten, sie anzurufen, dass sie komme und seine Sehnsucht nach Fülle stillen möge. Sie hat ihre biologische Grundlage in Neuronen des zentralen Nervensystems, die den sogenannten „Gottespunkt" oder „mystischen Geist" ausmachen, wie dies Neurologen und Neurolinguisten genannt haben (Zohar/Marshall 2001; Valle 2006), wie wir es weiter oben schon erwähnt haben.

Diese Spiritualität gibt den Gründen ein Fundament, die wir haben, um die Schöpfung zu erhalten, und sie spornt uns dazu an, eine Ethik der Fürsorge, des Mitleids, der Verantwortung und der Kooperation zu verwirklichen.

Überdies lässt sie uns begreifen, dass der Diskurs des Lebens wichtiger ist als der Diskurs der Methode. Das von rebellischen Jugendlichen des Jahres 1968 auf die Mauern von Paris geschriebene Motto ist immer noch aktuell: „Seien wir realistisch: Fordern wir das Unmögliche". Wirklich erleuchtend sind hier die Worte der Heiligen Schrift der Juden und Christen: „Ich rufe heute den Himmel und die Erde als Zeugen gegen euch auf: Leben und Tod lege ich dir vor, Segen und Fluch. Wähle das Leben, damit du mitsamt deinen Nachkommen leben mögest." (Dtn 30,19)

Die Option für die Erde setzt voraus, dass wir uns für das Leben entschieden haben. Wenn wir auch nur ein wenig von jenem Unmöglichen in die Tat umsetzen, das die Pariser Jugendlichen gefordert haben, dann werden wir das Leben retten und der Erde trotz aller Bedrohungen durch Klimawandel und Erderwärmung eine Zukunft sichern.

Achtes Kapitel: Die Erdcharta: jenseits der Entzauberung

Die Situation der Erde steckt voller Widersprüche: Einerseits werden allerorts Menschen mobilisiert, damit die Erde respektiert werde und damit man stärker von Wohlwollen geprägte Beziehungen zu ihr etabliert. Andererseits setzt sich die scharfe Aggression derer fort, die sich immer noch einbilden, dass die Ressourcen der Erde unerschöpflich seien und dass sie sich ganz von selbst wieder regeneriere.

Tatsächlich spüren wir, dass wir in der einen oder anderen Weise, wie Mc Luhan sagt, ein globales Dorf bilden: ein Dorf, das über eine herrliche und fruchtbare Natur verfügt, die ihm das Leben sichert; ein Dorf, das sich aus Mitmenschen mit den unterschiedlichsten Gesichtern, Philosophien, kulturellen und religiösen Traditionen zusammensetzt, und die spüren, wie notwendig es ist, zusammenzuleben, gastfreundlich und tolerant zu sein und gemeinsam am Tisch des einen Planeten Platz zu nehmen. Das heißt, wir entdecken die irdische Familie und die Menschheitsfamilie.

Je mehr diese Menschheit – praktisch seit dem Auftreten des *homo habilis* vor zirka zwei Millionen Jahren – Techniken entwickelt hat, um, in ihrem Bestreben, die Mittel zum Leben zu sichern und auszuweiten, in die Natur einzugreifen, um so mehr hat sie sich auch als mitfühlend, der Selbstbegrenzung und des rechten

Maßes zwischen dem grenzenlosen Begehren und den Grenzen der Nachhaltigkeit der Ökosysteme fähig erwiesen.

Die Menschheit erfand die Religion, die Welt der ethischen Werte, das Recht, die Philosophie, die Wissenschaft und so etwas Feinsinniges und Geistiges wie die Künste, die Poesie und insbesondere die Musik. All diese Wirklichkeiten verweisen nicht nur auf die transzendente Dimension des Menschen, sondern helfen ihm auch, solidarisch, in Respekt und in Ehrfurcht vor der Natur zu leben.

Wenn es auf der einen Seite einen Hitler und einen Stalin gab, dann lebten andererseits auch ein Franz von Assisi und ein Mahatma Gandhi. Diese Widersprüche markieren die Spannweite des Menschen, der *sapiens* und *demens* zugleich ist. Doch diese in höchstem Maße positiven Dimensionen entspringen nicht dem Nützlichkeitsdenken und dem Eigeninteresse, sondern der Herzlichkeit und der schöpferischen Vorstellungskraft, die auch zum Erbe des Menschen gehören. Wir sind davon überzeugt, dass es letztlich diese Eigenschaften sind, die das letzte Wort haben werden. Um der weltweiten ökologischen Krise zu begegnen und die Verheißung zu stärken, die in der Hoffnung auf die Möglichkeit einer anderen Welt enthalten ist, wurde die Erdcharta geschrieben.

1. Wie die Erdcharta entstand

Der Text der Erdcharta ist das Ergebnis eines Reifungsprozesses, der sich, ausgehend von einer breit angelegten weltweiten Debatte, über viele Jahre hinzog (Boff 2003, 15–38). Ein erster Denkansatz findet sich im Inneren der UNO selbst. Als diese im Jahr 1945 gegründet wurde, setzte sie sich die weltweite Sicherheit zum grundlegenden Ziel, die auf drei Säulen aufruhte: den Menschenrechten, dem Frieden und der sozioökonomischen Entwicklung. Obwohl die ökologische Frage mit keinem Wort erwähnt wurde, drängte sich diese mit dem Bericht des Club of Rome über die Grenzen der Entwicklung im Jahr 1972 machtvoll auf. Dieser Bericht war die erste große Bilanz der Situation der Erde. Die Krise des globalen Systems wurde hier aus umweltpolitischer Sicht aufgewiesen, und als Gegenstrategie empfahl man Maßnahmen zur Begrenzung des Wachstums.

Im selben Jahr organisierte die UNO in Stockholm das erste große weltweite Treffen zu Fragen der Umwelt. Hier zeigte sich das Bewusstsein davon, dass die Umwelt die zentrale Sorge der Menschheit und der konkrete Kontext für alle Probleme sein muss. In letzter Instanz hängen die Zukunft der Erde und der Menschheit vom Zustand der Umwelt und den ökologischen Bedingungen ab. Deshalb ist es unabdingbar, Werte herauszuarbeiten und Prinzipien aufzustellen, die das ökologische Gleichgewicht sicherstellen.

Im Jahr 1982 wurde als Konsequenz dieser Sorge die Weltcharta für die Natur veröffentlicht. 1987 schlug die weltweite Kommission für Umwelt und Entwicklung (die sogenannte Brundtland-Kommission) ein Leitbild vor, das sich bis heute allgemeiner Akzeptanz erfreut: *nachhaltige Entwicklung*. Diese Kommission machte den Vorschlag, eine Erdcharta auszuarbeiten, die die Beziehung zwischen den beiden Bereichen Umwelt und Entwicklung klären sollte. Im Jahr 1992 wurde anlässlich des „Erdgipfels" in Rio de Janeiro der Vorschlag für eine „Erdcharta" gemacht, die weltweit von Nichtregierungsorganisationen, Gruppen engagierter Wissenschaftler und auch einigen Regierungen diskutiert worden war. Diese Charta sollte so etwas wie das „ethische Gerüst" darstellen, das allen Projekten dieser wichtigen Versammlung, vor allem der Agenda 21, Kohärenz und Einheit verleihen sollte. Doch da sich in Bezug auf diese Charta kein Konsens unter den Regierungen herstellen ließ, wurde stattdessen die „Erklärung von Rio über Umwelt und Entwicklung" verabschiedet. Das löste bei denen, die das am stärksten ausgeprägte Bewusstsein und entschiedenste Engagement für die ökologische Zukunft der Erde an den Tag legten, eine enorme Frustration aus.

Dann trat der zweite und entscheidende Denkansatz auf den Plan, der von den international tätigen Nichtregierungsorganisationen „Rat der Erde" und „Internationales Grünes Kreuz" (dessen Leiter ist Michail Gorbatschow) ausging. Darüber hinaus zählte man auf die ausdrückliche Unterstützung der niederländischen Regierung, deren Premierminister damals Ruud Lubbers war. Sie alle nahmen die Herausforderung an, nach einem Weg für die Ausarbeitung einer Erdcharta zu suchen.

Im Jahr 1995 organisierten sie ein Treffen in Den Haag, an dem sechzig Vertreter zahlreicher Wissensgebiete und unterschiedlicher Engagements zusammen mit anderen an diesem Thema interessierten Personen die Kommission für die Erdcharta aus der Taufe hoben. Sie erhielt den Auftrag, in den zwei folgenden Jahren eine weltweite Konsultation durchzuführen. Deren Ziel sollte es sein, einen Entwurf der Erdcharta vorzulegen. Gleichzeitig stellte man die bereits existierenden Prinzipien und Instrumente des internationalen Rechtes in einer Informationsschrift zusammen. Sie trug den Titel „Prinzipien zur Erhaltung der Umwelt und nachhaltigen Entwicklung: Zusammenfassung und Würdigung."

Im Jahr 1997 wurde die Kommission für die Erdcharta gegründet. Sie setzte sich aus 23 Personen aus allen Kontinenten zusammen und sollte den Konsultationsprozess begleiten und den ersten Entwurf einer Erdcharta unter der Leitung des Kanadiers Mauricce Strong (oberster Koordinator des Erdgipfels in Rio) und des Russen Michail Gorbatschow (Präsident des Internationalen Grünen Kreuzes) redigieren. Im März desselben Jahres fand das Forum Rio+5 statt, an dem zum ersten Mal versucht wurde, eine Bilanz der Umsetzung der Leitlinien des Erdgipfels zu ziehen. Zu diesem Anlass stellte die Kommission den ersten Entwurf der Erdcharta vor.

Die Jahre 1998 und 1999 waren durch eine breite Debatte in allen Kontinenten und auf allen Ebenen über die Erdcharta gekennzeichnet. Das fing bei Grundschulen an und erstreckte sich über Basisgemeinden, Gruppen von Indigenas und Kirchen bis hin zu Forschungseinrichtungen. Etwa 46 Länder und mehr als hunderttausend Menschen waren an dieser Debatte beteiligt. Daraus entstanden zahlreiche Entwürfe für eine Erdcharta. Ich selbst hatte die Ehre, im Namen Amerikas einen dieser Entwürfe einzubringen. Im April 1999 wurde unter der Leitung von Steven Rockefeller (Professor für Religionsphilosophie und Ethik) ein zweiter Entwurf redigiert, der die wichtigsten Übereinstimmungen und Grundlinien aufnahm, die sich auf der Grundlage des ersten Entwurfs auf der ganzen Welt herauskristallisiert hatten. Vom 12. bis 14. März 2000 wurden am Sitz der UNESCO in Paris die letzten Beiträge eingearbeitet und die Erdcharta ratifiziert. Seit diesem Datum gilt sie als offizieller Text, der offen ist für eine weiterführende Diskussion und neue Beiträge.

Im Jahr 2003 verabschiedete die UNESCO eine Unterstützungserklärung für den Text und stellte fest, dass es sich um „eine ethische Grundlage für die nachhaltige Entwicklung" handle. Die Mitgliedsstaaten wurden in dieser Erklärung eingeladen, die Charta als ein Instrument der Bewusstseinsbildung einzusetzen. Eine wichtige Unterstützung kam im Jahr 2004 vonseiten der UICN (Internationale Union für die Erhaltung der Natur). Bei deren Kongress in Bangkok hielt man fest, dass die Erdcharta „ein ethischer Leitfaden für nachhaltige Lebensweisen" sei. Im selben Jahr fand in Mumbai (früher Bombay) ein Seminar für Erzieher statt, die sich die Erdcharta zueigen gemacht hatten. Dabei wurden Erfahrungen ausgetauscht wie zum Beispiel die der Universität des Friedens in Costa Rica oder des Paulo-Freire-Instituts in São Paulo und anderer Institutionen (Novo 2006, 338–343).

Im November 2005 wurde in Amsterdam der fünfte Jahrestag der Erdcharta begangen. Dabei wurde Bilanz über die Rezeption der Erdcharta auf den einzelnen Kontinenten, vonseiten von Unternehmen, der Jugendlichen, der Nichtregierungsorganisationen und anderer Institutionen gezogen. Der Überblick fiel im höchsten Maße positiv aus und spiegelte die weltweite Sensibilität für die Umweltprobleme, denen die Erdcharta ihr Entstehen verdankt. Es wurde eine weltweite Unterstützungskampagne für die Erdcharta ins Leben gerufen mit dem Ziel, immer mehr Einzelne, Institutionen und Regierungen für diese ethische und ökologische Vision zu gewinnen, die imstande ist, die Grundlage für ein zivilisatorisches Prinzip für die Zukunft der Erde und der Menschheit zu schaffen.

2. Die wichtigsten Inhalte der Erdcharta

Besser als die ethischen Inhalte zusammenzufassen ist es, die vier Grundsätze (hier kursiv gesetzt) und die sechzehn Orientierungspunkte (mit Spiegelstrichen gekennzeichnet) für eine *nachhaltige Lebensweise* aufzuzeigen.

Die Gemeinschaft des Lebens achten und für sie Sorge tragen

- Die Erde und das Leben in all seiner Vielfalt achten
- Für die Gemeinschaft des Lebens in Verständnis, Mitgefühl und Liebe sorgen
- Demokratische, gerechte, nachhaltige und friedliche Gesellschaften aufbauen
- Den Reichtum und die Schönheit der Erde für die heutige und künftige Generationen sichern

Ökologische Ganzheit

- Die Ganzheit der Ökosysteme der Erde schützen und wiederherstellen, vor allem die biologische Vielfalt und die natürlichen Prozesse, die das Leben erhalten
- Schäden vermeiden, bevor sie entstehen, als die beste Methode des Umweltschutzes. Bei begrenztem Wissen gilt es, das Vorsorgeprinzip anzuwenden
- Sich für Modelle der Produktion, des Konsums und der Reproduktion entscheiden, die die Erneuerungskräfte der Erde erhalten und die Menschenrechte sowie das Gemeinwohl sichern
- Das Studium der ökologischen Nachhaltigkeit vertiefen und den offenen Austausch sowie die weltweite Anwendung der erworbenen Kenntnisse fördern

Soziale und ökologische⁷ Gerechtigkeit

- Die Armut ausrotten als ethischer, sozialer, ökonomischer und ökologischer Imperativ
- Sicherstellen, dass wirtschaftliche Aktivitäten und Institutionen auf allen Ebenen die menschliche Entwicklung in sozialer Gleichheit und in nachhaltiger Weise voranbringen
- Die Gleichheit und Gleichberechtigung der Geschlechter als Voraussetzung für die nachhaltige Entwicklung bejahen und den universellen Zugang zu Bildung, Gesundheitsvorsorge und wirtschaftlichen Chancen gewährleisten
- Das Recht aller ohne jegliche Diskriminierung auf eine natürliche und soziale Umwelt verteidigen, die die Menschenwürde, körperliche Gesundheit und spirituelles Wohlergehen sichert. Besondere Aufmerksamkeit gilt dabei den Rechten von indigenen Völkern und Minderheiten

Demokratie, Gewaltfreiheit und Frieden

- Die demokratischen Einrichtungen auf allen Ebenen stärken und deren Transparenz und Glaubwürdigkeit bei der Ausübung von Regierungsgewalt sowie die Teilhabe aller an der Entscheidungsfindung und dem Zugang zur Gerechtigkeit sicherstellen
- In die formale Ausbildung und das lebenslange Lernen das Wissen, die Werte und die Fähigkeiten integrieren, die für eine nachhaltige Lebensweise nötig sind
- Alle Lebewesen ohne Ausnahme mit Achtung und Rücksichtnahme behandeln
- Eine Kultur der Toleranz, der Gewaltlosigkeit und des Friedens fördern

Zum Schluss bringt die Charta ihr Vertrauen auf die Regenerationsfähigkeit der Erde und auf die gemeinsame Verantwortung der Menschen zum Ausdruck, die gemeinsame Heimat lieben und umsorgen zu lernen. So schließt die Charta mit folgenden schönen Worten:

„Lasst uns unsere Zeit so gestalten, dass man sich an sie erinnern wird als eine Zeit, in der eine neue Ehrfurcht vor dem Leben erwachte, als eine Zeit, in der nachhaltige Entwicklung entschlossen auf den Weg gebracht wurde, als eine Zeit, in der das Streben nach Gerechtigkeit und Frieden neuen Auftrieb bekam, und als eine Zeit der freudigen Feier des Lebens." (Erdcharta 2001, 16)

Man muss schließlich betonen, dass wir mit diesen Prinzipien und Werten den Vorschlag einer Weltethik vor uns haben, der sicherlich der kohärenteste, allgemeingültigste und am elegantesten formulierte zu Beginn dieses 21. Jahrhunderts ist. Wenn diese Erdcharta allgemein angenommen würde, würde sie den Bewusstseinsstand der Menschheit verändern, und die Erde würde schließlich mitsamt all ihren Söhnen und Töchtern, die denselben Ursprung und dasselbe Schicksal haben wie sie, den zentralen Stellenwert erhalten. Und es gäbe auf der Erde keinen Platz mehr für Verarmung, Arbeitslosigkeit und Aggression gegen die Große Mutter. Ganz im Gegenteil, alle wären als Glieder der großen Menschheitsfamilie aufgenommen.

3. Verständnis, Mitgefühl und Liebe zur Erde

Im Hinblick auf unser Thema, die „Option für die Erde", möchten wir den zweiten Grundsatz näher erläutern: *Für die Gemeinschaft des Lebens in Verständnis,*

Mitgefühl und Liebe sorgen. Wir werden Schritt für Schritt vorgehen.

a) Für die Gemeinschaft des Lebens in Verständnis sorgen

Sorgen bedeutet, sich auf den anderen oder die Gemeinschaft des Lebens in eifrigem Bestreben, ja sogar Besorgnis einlassen (Boff 2000; Waldow 1988; Torralba 1998; Fry 1993; 175–179; Leininger/Watson 1990). Doch es geht darüber hinaus immer auch um eine Haltung des Wohlwollens: Man will nahe sein, begleiten und schützen. Das Verständnis möchte die Gemeinschaft des Lebens in affektiver Verbundenheit kennenlernen. Es möchte mit dem Herzen verstehen und nicht nur mit dem Kopf. Es hat also nichts mit einem Verstehen zu tun, dem es um das Beherrschen geht (Wissen ist Macht im Verständnis der Vertreter der Moderne wie Francis Bacon), es ist vielmehr ein Verstehen, um eine Gemeinschaft mit der Wirklichkeit einzugehen (Moltmann 1990, 400–414). Dafür brauchen wir das, was Blaise Pascal den *esprit de finesse* nannte (Geist der Vornehmheit, der Feinheit oder der Liebenswürdigkeit). Er setzt ihn dem *esprit de géometrie* entgegen (Geist der Geometrie, berechnender Geist).

Dieser *esprit de finesse* nimmt den Anderen als Anderen wahr, will ihn von seiner inneren Logik her verstehen und ihn so annehmen, wie er ist. Ein solches Verstehen setzt Liebe, Wohlwollen und die Überwindung von Bosheit und Misstrauen voraus. Mit Recht sagte der heilige Augustinus in Anschluss an Platon: *Wir erkennen in dem Maße, in dem wir lieben*. In Verständnis für die Gemeinschaft des Lebens sorgen bedeutet also, Technik und Wissenschaft stets im Einklang mit dieser Gemeinschaft gebrauchen, niemals gegen sie und niemals so, dass man ihre Integrität und Schönheit dabei opfert. Sorgen ist in dieser Hinsicht als eine Einladung zu verstehen, alles, was wir mit dieser Gemeinschaft des Lebens tun, in ökologischer Weise zu tun, das heißt alle Eingriffe abzulehnen, die die Ökosysteme beeinträchtigen oder den Mitgliedern dieser Gemeinschaft des Lebens Leid zufügen könnten. Die Erdcharta verlangt in Nr. 15, „alle Lebewesen rücksichtsvoll und mit Achtung" zu behandeln. Das bedeutet auch, deren Zusammenleben in Vielfalt zu erhalten und Monokulturen genauso zu vermeiden wie ein Denken mit Monopolanspruch, damit sich die Logik der Integration und eine ganzheitliche Sichtweise durchsetzen können (UNO 1991).

b) Für die Gemeinschaft des Lebens in Mitgefühl sorgen

Um das, was Mitgefühl meint, in rechter Weise zu verstehen, müssen wir zunächst die Sprache selbst einer Therapie unterziehen, denn dieser Begriff beinhaltet eine Reihe von abwertenden Konnotationen, die ihn seines höchst positiven Inhalts berauben.

Im landläufigen Verständnis heißt Mitgefühl haben „Schmerz verspüren" für den Anderen. Das ist ein Gefühl, das den Anderen zum Wehrlosen herabstuft, der weder über eigene Möglichkeiten noch über innere Energie verfügt, um seine Situation zu überwinden. Daher empfinden wir mit ihm und haben Mit-Leid mit seiner Situation.

Wir könnten Mitleid aber auch im Sinne des historischen Jesus oder des ursprünglichen Christentums vor der Entstehung der Kirchen verstehen, nämlich als Synonym für Barmherzigkeit, das einen höchst positiven

Sinngehalt hat (Sobrino 1992; Fox 1980). Barmherzigkeit haben (lat. *miseri-cor-dia*) bedeutet ein Herz *(cor)* haben, das fähig ist, mit denen, die im Elend *(miseria)* sind, zu fühlen und aus sich selbst herauszugehen, um ihnen zu helfen. Dies ist eine Haltung, die im Wortsinn von Mitleid (lat.: *com-passio*) enthalten ist: das Leid (und die Leidenschaft) des Anderen und mit dem Anderen zu teilen, mit ihm zu leiden und sich mit ihm zu freuen, den Weg mit ihm zusammen zu gehen. Doch dieses Verständnis hat sich im Lauf der Geschichte nicht durchgesetzt, denn es herrschte dieses andere, moralistische und ärmere Verständnis vor, in dem einer von oben herab sieht und ein Almosen in die ausgestreckte Hand des Leidenden legt. Barmherzigkeit erweisen wurde in diesem Verständnis damit gleichgesetzt, dem Anderen eine Mildtätigkeit zuteil werden zu lassen. Diese Art von Mildtätigkeit kritisiert der argentinische Dichter und Sänger Atahualpa Yupanqui in folgender Weise: „Ich verachte die Mildtätigkeit um der Scham wegen, die einen einsperrt. Ich bin wie der Löwe der Sierra, der in Einsamkeit lebt und stirbt." (Galasso 1992, 186)

Das buddhistische Verständnis von Mitleid ist hingegen ganz anders. Vielleicht ist das Mitleid einer der wichtigsten ethischen Beiträge des Ostens für die Menschheit. Das Mitleid hat mit dem grundlegenden Problem zu tun, von dem der Buddhismus als ethischer und spiritueller Weg seinen Ausgang nahm: Was ist das beste Mittel, um uns vom Leid zu befreien? Die Antwort Buddhas lautet: *das Mitleid, das unendliche Mitleid*. Der Dalai Lama aktualisiert diese traditionelle Antwort auf folgende Weise: „Hilf den Anderen immer, wenn du es kannst; und wenn du ihnen nicht helfen kannst, dann schade ihnen zumindest niemals." (1996, 264) Das ist eine Verstehensweise, die sich mit der bedingungslosen Liebe und Vergebung deckt, wie sie Jesus gelebt und verkündet hat.

Das „große Mitleid" (Sanskrit: *karuna*) beinhaltet zwei Haltungen: *Loslösung* von allen Lebewesen der Gemeinschaft des Lebens und *Sorge* um sie alle. Durch die Loslösung gehen wir auf Distanz zu ihnen und verzichten darauf, sie zu besitzen; wir lernen, sie in ihrer Andersheit und Unterschiedenheit zu respektieren. Durch die Sorge kommen wir ihnen nahe, um Gemeinschaft mit ihnen herzustellen, Verantwortung für ihr Wohlbefinden zu übernehmen und ihnen in ihrem Leid beizustehen.

Dies stellt ein solidarisches Verhalten dar, das nichts mit Schmerz oder der bloß assistentialistischen Mildtätigkeit zu tun hat. Für den Buddhisten stellt das Maß der Loslösung den Grad der Freiheit und Reife dar, den eine Person erlangt hat. Und das Maß der Sorge zeigt den Grad des Wohlwollens und der Verantwortung an, den eine Person hinsichtlich der Gemeinschaft des Lebens und aller Wirklichkeiten des Universums erreicht hat. Das Mitleid beinhaltet beide Dimensionen und erfordert also Loslösung, Altruismus und Liebe.

Die tibetische Kultur bringt dieses Ideal des Mitleids mittels der Gestalt des Buddha mit den tausend Armen und tausend Augen zum Ausdruck, mit denen er eine unbegrenzte Zahl von Menschen mitleidend aufnehmen kann. Das Ethos des Mitleidens im buddhistischen Verständnis lehrt uns, wie unser Verhältnis zur Gemeinschaft des Lebens auszusehen hat: Wir müssen sie in ihrer Andersheit respektieren, mit ihr zusammenleben und als solche, die ihr selbst angehören, für sie Sorge tragen, besonders für die Lebewesen, die leiden oder von Auslöschung bedroht sind. Nur dann haben wir auch das Recht, im rechten Maße ihre Gaben zu genießen, sofern wir sie brauchen, um in angenehmer und bescheidener Weise leben zu können.

c) Für die Gemeinschaft des Lebens in Liebe sorgen

Die Liebe ist die bestimmende Kraft im Universum, in den Lebewesen und in den Menschen. Denn die Liebe ist eine Kraft der Anziehung, der Einheit und der Verwandlung. Bereits der alte griechische Mythos formulierte dies in folgender Weise: „Eros, der Gott der Liebe, schwang sich empor, um die Erde zu schaffen. Vorher war alles Stille, Nacktheit und Unbeweglichkeit. Nun ist alles Leben, Freude, Bewegung." Die Liebe ist die höchste Ausdrucksform der Sorge, denn alles, was wir lieben, umgeben wir auch mit Sorge. Und wenn wir uns um etwas sorgen, dann ist dies immer ein Zeichen dafür, dass wir es lieben.

Humberto Maturana, einer der Hauptvertreter der zeitgenössischen Biologie, hat in seinen Forschungen zur Autopoiese, also zur Selbstorganisation der Materie, aus der das Leben entsteht, gezeigt, wie die Liebe aus dem Inneren des kosmischen Prozesses hervorgeht. Maturana behauptet, dass man in der Natur zwei Arten von Verbindungen der Daseinsformen untereinander und mit der Umwelt nachweisen kann: eine *notwendige*, die an die eigene Subsistenz der jeweiligen Daseinsform gebunden ist, und eine *spontane:* Hier geht es um freie und nicht notwendige Verbindungen aus reiner Freude, als Ausfluss des eigenen Lebens. Wenn das passiert, dann tritt die Liebe als kosmisches und biologisches Phänomen in Erscheinung, auch bereits auf den primitivsten Stufen der Evolution vor Milliarden Jahren. In dem Maß, in dem sich das Universum ausdehnt und immer komplexer wird, weist diese spontane und liebevolle Vereinigung eine zunehmende Tendenz auf. Auf der Entwicklungsstufe des Menschen erlangt sie Kraft und wird zum Hauptantrieb menschlichen Handelns. Dieses Verhältnis der Liebe und Fürsorge war es, das unseren Vorfahren, den Hominiden und Anthropoiden, den Sprung zum Menschsein ermöglichte. Die Fähigkeit zu sprechen, die für den Menschen so bezeichnend ist, entstand aus dem Inneren dieser Dynamik der gegenseitigen Liebe und Fürsorge.

Die Liebe orientiert sich immer am Anderen. Sie stellt stets ein abrahamitisches Wagnis dar: das Verlassen der eigenen Wirklichkeit und das Sich-Einlassen auf die Begegnung mit dem Anderen, mit dem man ein Verhältnis des Bundesschlusses, der Freundschaft und der Liebe eingeht. Dies ist der Ursprungsort der Ethik (Boff 2003).

Wenn der Andere vor meinem Angesicht auftaucht, entsteht die Ethik. Denn der Andere zwingt mich dazu, eine praktische Haltung einzunehmen (eine Haltung der Aufnahme, der Gleichgültigkeit, der Ablehnung, der Zerstörung ...). Der Andere stellt ein Wort dar, das nach einer Ant-wort in Ver-ant-wortung verlangt.

Das westliche Paradigma stößt auf dramatischste Weise an seine Grenze, wenn es um den Anderen geht, denn es räumt ihm keinen besonderen Platz ein. Es hat ihn entweder einverleibt, unterworfen oder zerstört (Boff 2008). Dies gilt auch für die Gemeinschaft des Lebens. Das westliche Paradigma leidet an einem starren Anthropozentrismus, der keinerlei Raum für die Andersheit der Natur lässt. Das Verhältnis war nicht von Gemeinschaft und Integration geprägt, sondern von Ausbeutung und Unterwerfung. Indem es den Anderen verleugnete, verspielte es die Möglichkeit zum Bundesschluss, zum Dialog und zum gegenseitigen

Lernen. Was sich durchsetzte, war das Paradigma der aufgeblasenen Identität, dem jede Differenz fremd ist. Es bewegte sich damit im Kielwasser des Vorsokratikers Parmenides, der die einfache These aufstellte: Das Sein ist und das Nichtsein ist nicht. Wo bleiben da der Andere und das Werden, der Prozess der Entstehung und Veränderung des Seins durch das Zusammenwirken der zahlreichen Faktoren, die das Wir bilden?

Der Andere ist es, der die Ethik entstehen lässt. Angesichts des Anderen fühlen wir uns verantwortlich, und es eröffnet sich uns die Möglichkeit, den, der anders ist als wir, zu lieben und einen Bund mit ihm einzugehen. Beispielhaft für dieses Ethos ist das ursprüngliche Christentum, das sich vom späteren Christentum und dessen Kirchen durch die Tatsache unterscheidet, dass Letzteres stärker durch die griechischen Denker als durch die Botschaft Jesu beeinflusst war. Das ursprüngliche Christentum hingegen räumt der Nächstenliebe, die für Jesus mit der Gottesliebe identisch ist, einen zentralen Ort ein. Die Liebe ist so zentral, dass derjenige, der die Liebe hat, zugleich alles hat. Das ursprüngliche Christentum ist von der heiligen Überzeugung getragen, dass Gott die Liebe ist (1 Joh 4,8), dass die Liebe von Gott kommt (1 Joh 4,7) und dass die Liebe niemals sterben wird (1 Kor 13,8). Und diese Liebe ist bedingungslos und universal, denn sie schließt auch den Feind mit ein (Lk 6,35). Das Ethos, das Verantwortung übernimmt und liebt, findet seinen Ausdruck in der „Goldenen Regel", von der alle Traditionen der Menschheit Zeugnis geben: „Liebe deinen Nächsten wie dich selbst; handle am Anderen nie so, wie du selbst nicht behandelt werden willst."

Die Liebe ist also zentral, weil für das Christentum der Andere zentral ist. Gott selbst hat sich in der Menschwerdung zum Anderen gemacht. Ohne den

Anderen, ohne den am allermeisten Anderen (den Hungernden, den Armen, den Fremden, den Nackten) ist es nicht möglich, Gott zu begegnen und zur Fülle des Lebens zu gelangen (Mt 25,31–46). Dieses Herausgehen aus sich selbst in Richtung auf den Anderen zu, um ihn zu lieben, ohne im Gegenzug etwas dafür zu erhoffen, in bedingungsloser Weise, begründet das am stärksten integrierende und humanisierende Ethos, das man sich vorstellen kann. Diese Liebe ist eine einzige Bewegung auf den Anderen, auf die Gemeinschaft des Lebens und auf Gott zu.

Im Westen ist niemand so sehr zum Urbild dieser Liebes- und Herzensethik geworden wie Franz von Assisi. Er vereinigte in sich beide Arten von Ökologie: die innere, indem er seine Gefühle integrierte, und die äußere, indem er sich zum Bruder aller Daseinsformen machte. Eloi Leclerc, einer der hervorragendsten franziskanischen Denker unserer Zeit und Überlebender des Vernichtungslagers Buchenwald, schreibt: „Anstatt sich zu verhärten und sich in überheblicher Absonderung zu verschließen, hatte er sich aller Dinge entledigt ... war klein geworden ... hatte er sich in großer Demut den anderen Geschöpfen zugesellt. Er war den niedrigsten von allen nahe und ihr Bruder. Er war zum Bruder der Erde geworden, seinem Mutterboden mit seinen dunklen Wurzeln. Und ‚unsere Schwester, die Mutter Erde', hatte vor seinen erstaunten Augen einen Weg der Geschwisterlichkeit ohne Grenzen und Schranken eröffnet. Eine Geschwisterlichkeit im Maßstab der gesamten Schöpfung. Der demütige Franziskus war zum Bruder der Sonne, der Sterne, des Windes, der Wolken, des Wassers, des Feuers und von allem, was lebt, geworden." (Leclerc 1999, 124)

Dies ist die Frucht einer wesenhaften Liebe, die die gesamte Gemeinschaft des Lebens zärtlich umfängt.

Diese Art von Ethik begründet einen neuen Lebenssinn. Den Anderen zu lieben, ob es sich nun um den Menschen oder einen anderen Vertreter der Gemeinschaft des Lebens handelt, heißt, ihm einen Grund zum Leben zu geben. Im Prinzip gibt es keinen Grund, um zu leben. Das Leben ist reine ungeschuldete Gabe. Den Anderen lieben heißt wollen, dass es ihn gibt, denn die Liebe gibt dem Anderen Bedeutung. „Jemanden zu lieben heißt ihm zu sagen: Du wirst niemals sterben" (G. Marcel), du musst leben, du darfst nicht sterben. Wenn jemand oder etwas für den Anderen Bedeutung erlangt, dann entsteht ein Wert, der alle Lebensenergien mobilisiert. Deshalb wird jemand wieder jung und erweckt den Eindruck, das Leben neu zu beginnen, wenn er liebt. Die Liebe ist die Hauptquelle der Werte.

Nur dieses Liebesethos ist auf der Höhe der Herausforderungen, vor die uns die geschundene und in ihrer Zukunft bedrohte Gemeinschaft des Lebens stellt. Diese Liebe respektiert die Andersheit, sie öffnet sich ihr und strebt eine Gemeinschaft an, die alle bereichert. Aus den Fernstehenden macht sie Nächste und aus den Nächsten Brüder und Schwestern.

4. Die Erdcharta: von Neuem bezaubert

Heute begreifen wir, dass eine ethische Revolution unabdingbar ist, die das Verständnis, das Mitgefühl und die Liebe umfasst. Da die Sorge zum Wesen des Menschen gehört, kann sie als ein Minimalkonsens dienen, auf welchem eine planetarische Ethik aufbauen kann, die für alle nachvollziehbar und praktizierbar ist (Boff 2003).

Zwei Denker gibt es, die uns helfen, diese dringende Aufgabe zu verstehen: Max Weber und Friedrich

Nietzsche. Für Weber ist die moderne Gesellschaft vom Säkularisierungsprozess und von der Entzauberung der Welt geprägt. Es ist keineswegs so, dass die Religionen verschwunden wären. Sie bestehen weiter fort und kehren sogar mit erneutem Elan zurück, doch sie sind kein bestimmendes Element mehr für den Zusammenhalt der Gesellschaft. Jetzt herrschen die Produktion und die Funktion vor, Wert und Sinn hingegen haben ihre Profilschärfe verloren. Die Welt hat ihren Zauber eingebüßt.

Nietzsche wiederum verkündete den Tod Gottes. Doch es ist wichtig, Nietzsche richtig zu verstehen. Er sagt nicht, dass Gott gestorben wäre, sondern dass wir ihn getötet haben. Das heißt, Gott ist im gesellschaftlichen Sinne tot. In seinem Namen werden keine Gemeinschaften mehr gegründet, und er bildet nicht mehr das Fundament für irgendeine Art von Gesellschaft.

Über Tausende von Jahren war es die Religion, die die Menschen miteinander verband und die gesellschaftlichen Bindungen schuf. Doch dem ist nicht mehr so. Das bedeutet keineswegs, dass nun der Atheismus regiert. Das Gegenteil von Religion ist nicht der Atheismus, sondern der Bruch und die Zerstörung der Beziehung. Heute ist unser kollektives Zusammenleben von innen her zerrüttet und geschwächt. Praktisch nichts lädt uns dazu ein, gemeinsam zu leben und einen gemeinsamen Traum zu verwirklichen. Dennoch braucht die Menschheit etwas, das ihr einen Lebenssinn bietet, ihr ein stimmiges Bild ihrer selbst liefert und Hoffnung für die Zukunft gibt (Toolan 2001).

In diesem umfassenderen Kontext muss man die Erdcharta lesen, die ein Ensemble von Visionen, Werten und Prinzipien in sich vereint, die der Weltgesellschaft eine neue Faszination verleihen können. Wie wir bereits gesehen haben, stellt die Erdcharta die Gemeinschaft des Lebens in den Mittelpunkt, der die Erde und die Menschheit als Momente des in Evolution begriffenen Universums angehören. Alle Probleme (ökologische, gesellschaftliche, wirtschaftliche, kulturelle und spirituelle) werden in ihrer gegenseitigen Durchdringung gesehen, was uns dazu zwingt, integrative Lösungen zu suchen.

Die Herausforderung, die uns aus der gegenwärtigen Situation der Erde (besonders angesichts der Tatsache der globalen Erwärmung und des unvermeidlichen Klimawandels) erwächst, fasst die Erdcharta in folgender Weise in Worte: „Entweder bilden wir eine globale Partnerschaft, um für die Erde und füreinander zu sorgen, oder wir riskieren, uns selbst und die Vielfalt des Lebens zugrunde zu richten." (Erdcharta 2001, 8)

Zwei Prinzipien könnten dieses Bündnis möglich machen: die *Nachhaltigkeit* und die *Sorge*. Nachhaltigkeit wird dadurch erreicht, dass wir die Ressourcen der Erde in vernünftiger Weise, in Harmonie mit der Logik des Lebens und in Solidarität mit den künftigen Generationen benutzen. Und die Sorge ist ein wohlwollendes Verhalten, voller Respekt und ohne Aggression gegen die Natur, die es ermöglicht, dass sie sich von den Verwüstungen wieder erholt; sie wacht über das, was von der Natur noch übrig ist, zu der wir selbst gehören und mit der wir das Schicksal teilen.

Der afrobrasilianische Dichter und Sänger Milton Nascimento ruft in einem seiner Lieder aus: „Wir müssen die Knospe schützen, damit das Leben uns die Blüte und die Frucht schenkt." Das lässt sich auf die Erde und alle Ökosysteme anwenden: Wir müssen „die Erde mit Verständnis, Mitgefühl und Liebe behüten", die Erde, die wir als Gaia begreifen. Dann kann sie sich ihre Vitalität, ihre Integrität und Schönheit bewahren. Erde und Menschheit bilden eine einzige Einheit, sie haben denselben Ursprung und dasselbe Schicksal. Nur ein behütender und sorgfältiger Umgang wird die Nachhaltigkeit des Systems Erde und aller Glieder der Gemeinschaft des Lebens garantieren können, zu denen auch der Mensch als ein kleiner Teil im großen Strom des Lebens zählt.

Neuntes Kapitel: Praktische Vorschläge, um Gaia zu schützen

Zum Abschluss möchten wir unsere Überlegungen weiter vorantreiben und auf eine Reihe von praktischen Vorschlägen hinweisen. In Wahrheit ist es nämlich das praktische Handeln und nicht die Predigten (so penetrant sie auch sein mögen), welches die Wirklichkeit verändert. Niemals zuvor ist es so dringend gewesen wie jetzt, beflügelt von den Träumen, Visionen und Idealen, die innerhalb der Menschheit entstehen, einen Neuanfang zu wagen.

Was wir auch benennen mögen, es wird nicht vollständig sein. Wir bieten nicht mehr als Vorschläge in dem Sinne an, dass jeder seine eigenen Mikrorevolutionen in Angriff nehmen soll, worauf Felix Guatarri so sehr beharrt. Mikrorevolutionen fangen bei den Einzelnen an, die an die in ihnen schlummernden Möglichkeiten glauben und davon überzeugt sind, dass der große Wandel ausgehend von einer Reihe kleiner Veränderungen ins Werk gesetzt wird – Veränderungen, die das darstellen, was wir weiter oben den „Schmetterlingseffekt" genannt haben.

Jede richtige und sachgemäße Maßnahme, die wir treffen, wirkt sich auf das Ganze aus. Deshalb ist alles von Bedeutung, ob es nun in einem großen Labor stattfindet, ob es sich im Bereich der politischen Entscheidungen vollzieht oder ob es sich um eine Demonstration von Indigenas gegen den Irakkrieg im verborgensten Winkel des Amazonas-Regenwaldes handelt. All das wirkt zusammen für die Rettung, Gesundung und Wiederherstellung des Lebens Gaias und unseres eigenen Lebens.

Wir werden eine Reihe von Wegen vorschlagen, die uns dabei helfen, die Erde zu lieben und das Leben zu retten. Alle wichtigen Veränderungen in der Geschichte beginnen im Denken, in den Träumen und im Bewusstsein der Menschen. Um Veränderungen zustande zu bringen, müssen wir das zuerst wollen und einen bestimmten Weg in einer bestimmten Richtung festlegen.

1. Veränderungen in unserem Denken

1. Stärke stets die Überzeugung und die Hoffnung, dass eine andere Art von Beziehung zur Erde möglich ist: eine Beziehung, die sich stärker an ihren Kreisläufen orientiert und ihre Grenzen respektiert.

2. Nähre in dir die Überzeugung, dass die ökologische Krise nicht zwangsläufig in einer Tragödie enden muss, sondern dass daraus eine neue Chance für den Wandel hin zu einer anderen Art von Gesellschaft erwachsen kann, einer Gesellschaft, die die Natur mehr achtet und alle Menschen stärker mit einbezieht.

3. Räume dem Herzen, der Empfindung, dem Gefühl, dem Mitleid und der Liebe den zentralen Stellenwert ein. Ohne sie werden wir uns nie dazu aufraffen, die Mutter Erde und ihre Ökosysteme zu retten.

4. Anerkenne, dass die Erde eine lebendige, aber begrenzte Wirklichkeit ist, ähnlich einem geschlossenen System wie etwa einem Raumschiff, und dass ihre Ressourcen knapp sind.

5. Verschaffe dem Prinzip der wechselseitigen Rückbindung Geltung: Alle Seinsformen, insbesondere die Lebewesen, sind voneinander abhängig und bringen die Lebenskraft dieses Ganzen zum Ausdruck, das das System Erde darstellt. Deshalb haben wir alle ein gemeinsames Schicksal und müssen uns gegenseitig wie Geschwister und ohne Furcht annehmen.

– Begreife, dass die weltweite Nachhaltigkeit nur dann gewährleistet ist, wenn die natürlichen Kreisläufe respektiert werden, wenn die nicht erneuerbaren Ressourcen in einer vernünftigen Weise gebraucht werden und wenn der Natur die nötige Zeit gelassen wird, die erneuerbaren Ressourcen wieder entstehen zu lassen.

– Lass der Artenvielfalt die gebührende Wertschätzung zuteil werden, das heißt, achte alle und jede einzelne Daseinsform, ob lebendig oder nicht, denn sie alle haben einen Wert an sich und ihren je eigenen Ort im Ganzen. Die Artenvielfalt ist es, die das Leben als ganzes sichert, denn sie sorgt für die Zusammenarbeit von allem mit dem Ziel des gemeinsamen Überlebens.

6. Empfinde Wertschätzung für die Möglichkeiten, die im Kleinen und in dem enthalten sind, was von unten kommt; diese Wirklichkeiten können umfassende Lösungen bereithalten, wie es im „Schmetterlingseffekt" im positiven Sinne wunderbar zum Ausdruck kommt.

7. Wenn du in Verwirrung gerätst und überhaupt keine Perspektive mehr erkennst, dann vertraue auf die schöpferische Phantasie, denn sie enthält jene Lösungen, die unserer Konsterniertheit entgehen.

8. Überzeuge dich voll und ganz davon, dass es für die Probleme der Erde nicht nur eine einzige Lösung gibt, sondern viele, die sich im Verlauf des Dialogs, des

Austauschs und in einem Prozess der gegenseitigen Ergänzung aller Völker herauskristallisieren müssen.

9. Betrachte die Wirklichkeit niemals als etwas Einfaches, denn sie ist stets komplex und enthält eine unüberschaubare Vielzahl von Faktoren, die in jedem Augenblick ihres Daseins und ihrem dauerhaften Bestand innerhalb des Ökosystems zusammenwirken. Deshalb müssen wir die Probleme von allen ihrer Seiten her angehen.

10. Übe das Querdenken ein, das heißt versetze dich an die Stelle des Anderen und versuche, mit seinen Augen zu sehen. Auf diese Weise wirst du die Wirklichkeit auf eine andere, und aufgrund der gegenseitigen Ergänzung auf vollständigere Weise wahrnehmen.

– Respektiere die kulturellen Unterschiede, denn sie alle zeigen die Vielschichtigkeit des menschlichen Wesens und bereichern uns alle. Denn alles im Menschen ist komplementär. Wir können auf sehr verschiedene Art und Weise Mensch sein, und all diese Arten sind reichhaltig und bereichernd.

– Überwinde das Denken mit Monopolanspruch der herrschenden Wissenschaft und entwickle eine Wertschätzung für das Alltagswissen in den alten Kulturen und im bäuerlichen Milieu, die bei der Suche nach umfassenden Lösungen sehr hilfreich sein können.

11. Fordere, dass die Wissenschaft mit einem Gewissen betrieben wird und dass ihre Praxis ethischen Kriterien unterworfen wird, damit die errungenen Fortschritte dem Leben und der Menschheit mehr nützen als dem Markt und dem Profit.

12. Schätze stets den Beitrag der Frau, die von ihrer Natur her mit der Logik des Komplexen vertraut ist und mehr Gespür für alles hat, was mit dem Leben zu tun hat.

13. Setze die Gleichheit und das Gemeinwohl an die oberste Stelle, denn die Errungenschaften des Menschen müssen allen zugute kommen, nicht nur den 18 % der Menschheit, die heute davon profitieren.

14. Entscheide dich bewusst für ein einfaches und bescheidenes Leben, das sich dem Konsumismus widersetzt.

15. Versichere dich, dass du mit weniger besser leben kannst, indem du dem Sein mehr Bedeutung zumisst als dem Schein.

16. Kultiviere die unzerstörbaren Werte, das heißt jene Güter, die mit unverdientem Geschenk und Schönheit zu tun haben: die persönlichen Begegnungen, den Erfahrungsaustausch, die Pflege der Kunst und insbesondere der Musik. Bei alle dem ist es nicht die Menge und der Preis, die zählen, sondern die Qualität und der Wert.

17. Glaube fest an die *Resilienz*, das heißt an die psychische Widerstandsfähigkeit. Es ist die Fähigkeit, die Niederlagen und die Hindernisse zu überwinden, aus ihnen zu lernen und sie zu deinem Vorteil zu nutzen.

18. Betrachte dich selbst eher als Teil der Lösung des Problems denn als Teil des Problems selbst.

2. Veränderungen im alltäglichen Leben[8]

19. Suche immer den Weg des Dialogs und der Flexibilität. Sie garantieren eine Lösung, die alle zufriedenstellt, und reduzieren die Konflikte.

20. Versuche mehr zuzuhören als zu reden, damit bei allen Unterschiedenheiten eine Übereinstimmung gefunden werden kann.

21. Entwickle eine Wertschätzung für alles, was der Erfahrung entstammt, und widme denen, die von der

Gesellschaft nicht beachtet werden, besondere Aufmerksamkeit.

22. Halte dir stets vor Augen, dass der Mensch ein widersprüchliches Wesen ist, dass er zugleich *sapiens* und *demens* ist. Deshalb sind kritische Distanz genauso wie Verständnis und Toleranz angesichts seiner dunklen Seiten am Platz.

23. Nimm die Tatsache ernst, dass die geistigen und spirituellen Möglichkeiten des Menschen ein praktisch unerforschtes Gebiet darstellen. Denn nur ein verschwindend geringer Teil davon wurde entwickelt. Deshalb bleibe ständig offen für das überraschende Erscheinen von Unwahrscheinlichem und Unbekanntem.

24. So viele Probleme du auch immer haben magst: Die Demokratie ohne Einschränkungen ist immer der beste Weg, den Konflikten zu begegnen und sie zu lösen. Die Demokratie muss innerhalb der Familie, in der Gemeinde, in den gesellschaftlichen Beziehungen und innerhalb des Staatswesens gelebt werden. Die Demokratie bringt den Willen zur Teilhabe aller und jedes Einzelnen zum Ausdruck und ermöglicht ihn auch. Sie kann stets wachsen und ist deshalb „grenzenlos". Betrachte den ethischen und politischen Sozialismus als die Radikalisierung der Demokratie.

25. Informiere dich und engagiere dich politisch überall dort in deiner Region, wo die Umwelt durch ein konkretes Projekt bedroht wird, zum Beispiel durch den Bau eines Kohlekraftwerkes, einer Erweiterung eines Flughafens etc.

26. Engagiere dich in Bürgerinitiativen und Verbänden, die sich die Erhaltung der Umwelt zum Ziel gesetzt haben, sowie in globalisierungskritischen Bündnissen (z. B. attac).

27. Sprich oft zu Hause, mit den Freunden und Nachbarn sowie den Leuten auf der Straße über Um-

weltthemen und unsere Verantwortung im Hinblick auf die Lebensqualität und die Zukunft der Natur. Bringe diese Themen gezielt in die Zusammenhänge ein, in die du eingebunden bist, zum Beispiel in deine Kirchengemeinde, in die politische Partei, der du angehörst. Arbeite in diesen Zusammenhängen an konkreten Alternativen und Vorschlägen.

3. Veränderungen in Bezug auf die Umwelt

28. Weniger, Wiederverwenden, Wiederverwerten, Wiederaufforsten, sich Wehren (gegen den Konsumismus und die übertriebene Werbung): diese fünf „W" helfen uns zu mehr Verantwortungsbewusstsein angesichts der knappen natürlichen Ressourcen und unterstützen uns in der Vermeidung von Kohlendioxid und anderen für die Atmosphäre schädlichen Gasen.

29. Überlege, welche Produkte du mit deinen Freunden und Nachbarn gemeinsam nutzen kannst, damit weniger produziert wird (z. B. Rasenmäher, PC …)

30. Reparieren ist immer besser als eine Neuanschaffung. Für die ältere Generation war das noch selbstverständlich. Diese Erfahrungen sollten wir uns wieder zunutze machen.

31. Vermeide den Gebrauch von Wegwerfprodukten bei dir zu Hause. So kann man zum Beispiel Getränkedosen (die in der Herstellung sehr viel Energie verbrauchen), Plastikgeschirr etc. ganz vermeiden. Überlege, auf welche Produkte du möglicherweise ganz verzichten kannst.

32. Versuche bei Neuanschaffungen, z. B. von Kleidung, das Angebot der Second-Hand-Läden zu nutzen (in jeder größeren Stadt gibt es z. B. die Second-Hand-Läden der Entwicklungshilfeorganisation Oxfam).

33. Geh mit Stofftaschen zum Einkaufen, um Plastiktüten zu vermeiden.

34. Papier, Dosen, Glas und Kunststoff können recyclet werden. Achte auf eine entsprechende Mülltrennung und fachgerechte Entsorgung.

35. Wenn du Batterien, Elektronikschrott etc. entsorgen musst, dann suche die dafür vorgesehenen Sammelstellen auf.

36. Während du dir die Zähne putzt, lass den Wasserhahn zugedreht und öffne ihn nur, um dir den Mund zu spülen oder die Zahnbürste zu reinigen.

37. Benutze die Toilettenspülung nicht mehr als nötig.

38. Verbring nicht unnötig viel Zeit unter der Dusche. Duschen ist sparsamer als ein Bad nehmen.

39. Lass niemals das Licht brennen, wenn du einen Ort verlässt. Nimm den Fernsehapparat, die Musikanlage, den Computer und die Videospiele vom Netz. Vermeide Stand-by-Schaltungen.

40. Versuche, die Temperatur ohne eine Klimaanlage zu regeln. Vermeide eine übertrieben hohe Raumtemperatur im Winter zum Beispiel dadurch, dass du in der kalten Jahreszeit im Haus wärmere Kleidung trägst (Pullover).

41. Informiere dich über die Möglichkeiten einer besseren Warmedämmung für dein Haus. Es gibt dafür Förderprogramme, und die nötigen Investitionen rechnen sich aufgrund der eingesparten Heizkosten sehr schnell. Informiere dich ebenso über die Möglichkeit der Installation einer besseren Heizanlage (Brennwertkessel, Holzpellets statt Öl oder Gas) und den Einbezug erneuerbarer Energien (Installation von Sonnenkollektoren bzw. Photovoltaikanlagen auf dem Dach). Gerade in diesen Bereichen existiert ein großes Einsparpotenzial. Auch als Mieter kann man zusammen mit den anderen Hausbewohnern entsprechenden

Druck auf den Hausbesitzer ausüben bzw. ihn von den Vorteilen überzeugen.

42. Ersetze die Glühbirnen durch Energiesparlampen. Sie verbrauchen um 60% weniger Energie und sparen im Durchschnitt 68 kg Kohlendioxid pro Jahr. Verzichte auf sehr viel Strom verbrauchende Geräte, die nicht unbedingt nötig sind (zum Beispiel Wäschetrockner!). Achte bei der Anschaffung von Elektrogeräten (Kühlschrank, Waschmaschine ...) auf die besten Energiestandards. Die Mehrkosten bei der Anschaffung machen sich aufgrund des niedrigeren Energieverbrauchs sehr schnell bezahlt.

43. Fahre weniger mit dem Auto: Gehe zu Fuß, benutze ein Fahrrad, teile das Auto mit anderen oder benutze die öffentlichen Verkehrsmittel. Pro Kilometer wirst du durchschnittlich 0,5 kg Kohlendioxid einsparen, wenn du auf das Autofahren verzichtest. Vor der Neuanschaffung eines Autos überlege, ob du einer Car-Sharing-Initiative beitreten kannst, die dir in den wenigen Fällen, in denen du wirklich auf das Auto angewiesen bist, preiswert und auf unkomplizierte Weise eines zur Verfügung stellen kann.

44. Vermeide möglichst Flugreisen. Der Flugverkehr trägt in erheblichem Maß zum Klimawandel bei. Überlege dir Alternativen für den Urlaub in der näheren Region oder Bahnreisen.

45. Gewöhne es dir an, alles, was du kannst, der Wiederverwertung zuzuführen. Du kannst 1000 kg Kohlendioxid im Jahr einsparen, wenn du nur die Hälfte deines Hausmülls dem Recycling zuführst.

46. Vermeide Produkte mit viel Verpackungsmaterial: Du kannst 545 kg Kohlendioxid einsparen, wenn du deinen Müll um 10% reduzierst. Der Ökohandel bietet zum Beispiel auch Spülmittel, Hygieneprodukte etc. in Mehrwegflaschen an.

47. Kaufe Lebensmittel aus deiner Region, vorzugsweise aus biologischem Anbau. Das bedeutet weniger Transport und fördert die lokale Wirtschaft.

Dies sind einige praktische Vorschläge, die aus einem neuen Bewusstsein für die ökologischen Rechte und für die Notwendigkeit der großen Revolution hervorgehen, die nur dann stattfinden wird, wenn zuvor Mikrorevolutionen von Einzelnen und kleinen Gruppen ausgehen.

4. Ökologische Ratschläge des P. Cícero Romão

P. Cícero Romão Batista ist einer der religiösen Gestalten, die bei der Bevölkerung des Nordostens Brasiliens Verehrung genießen. Bereits zu Beginn des vorigen Jahrhunderts legte er einen bemerkenswerten Sinn für die Ökologie an den Tag. Das regte ihn dazu an, zehn Gebote auszuarbeiten, die er den Bauern des Sertão beibrachte (Romão 1988).

- Reiß kein Gestrüpp aus, ja nicht einmal einen unbedeutenden Stecken.
- Leg kein Feuer, weder auf der Waldlichtung noch in der wilden Vegetation der *caatinga*.
- Jage nicht; lass die Tiere am Leben.
- Lass weder das Rind noch die Ziege allein. Errichte Zäune und lass die Weiden ruhen, damit sie sich erholen können.
- Pflanze nichts auf den Anhöhen an und schlage keine Lichtungen auf einem sehr steilen Abhang. Lass zu, dass das Gestrüpp die Erde schützt, damit sie das Wasser nicht wegschwemmt und sie ihre Reichhaltigkeit nicht verliert.

- Baue in der Nähe deines Hauses eine Zisterne, um das Regenwasser zu sammeln.
- Errichte alle hundert Meter in den kleinen Flüssen ein Wehr, auch mit losen Steinen.
- Pflanze jeden Tag wenigstens einen neuen Johannisbrotbaum, einen Cashewnussbaum, einen Sabiá-Baum oder irgendeinen anderen Baum, bis aus dem Sertão ein Wald geworden ist.
- Lerne, aus den Pflanzen der *caatinga* Vorteil zu ziehen; sie können dir helfen, die Trockenheit zu ertragen.
- Wenn derjenige, der im Sertão lebt, sich nach diesen Geboten richtet, dann wird die Trockenheit nach und nach abnehmen, der Viehbestand wird besser und die Bevölkerung wird immer zu essen haben.

Doch wenn er sich nicht daran hält, dann wird sich der ganze Sertão innerhalb kurzer Zeit in eine Wüste verwandeln.

5. Ökologische Prinzipien eines Meisters und Weisen

Zum Abschluss dieser Orientierungspunkte für das Handeln möchten wir eine Reihe von Prinzipien des französischen Denkers Edgar Morin wiedergeben. Er ist wahrhaftig ein Meister und Weiser, der bedeutende Beiträge zur denkerischen Durchdringung von Komplexität und Ökologie geleistet hat. Wir haben diese Prinzipien in ihrer Formulierung vereinfacht. Es handelt sich um Prinzipien, die den Nachdruck auf alle Prozesse der Vorstellungskraft und Erneuerung legen.

- Klammere dich an das *Prinzip Hoffnung*. Es macht das Wesen des Menschen aus und lässt uns an die

Möglichkeiten glauben, die im natürlichen und evolutiven Prozess angelegt sind und die jederzeit zum Durchbruch kommen und die Ausweglosigkeiten der gegenwärtigen Situation überwinden können.
- Öffne dich für das *Prinzip des Unbegreiflichen:* Alle großen Veränderungen oder Schöpfungen wurden, bevor sie verwirklicht wurden, als undenkbar beurteilt.
- Verinnerliche das *Prinzip des Unwahrscheinlichen:* Alles, was im Lauf der Geschichte an Gutem passiert ist, war vorher immer von vornherein unwahrscheinlich.
- Eigne dir das *Regenwurmprinzip* an: Der Regenwurm gräbt den Boden unter der Erde beständig um, bevor er an die Oberfläche kommt. Das heißt: Gib dich nicht mit den bloß sichtbaren Lösungen zufrieden, sondern bemühe dich, den Problemen auf den Grund zu gehen.
- Mach dir das *Prinzip* zu eigen, *der Gefahr ins Auge zu sehen:* Wenn wir die Risiken und Gefahren bereits vorher wahrnehmen, dann können wir sie vermeiden oder wir sind zumindest darauf vorbereitet, ihnen zu begegnen.
- Nimm das *anthropogene Prinzip* an: Der Mensch ist ein unendliches Projekt und befindet sich noch im Stadium der Geburt und des Wachstums. Er ist ganz, aber noch nicht vollendet. Lediglich einige in ihm angelegte Möglichkeiten wurden im Lauf der Geschichte verwirklicht, die stets für weitere neue Möglichkeiten offen sind, die sich abzeichnen könnten. Der Tod ist jener Moment, an dem die Begrenzungen der Raum-Zeit verschwinden und die notwendigen Bedingungen dafür entstehen, dass diese Möglichkeiten ihre volle Verwirklichung erfahren.

Die Umsetzung dieser Prinzipien kann die Krise in eine Chance für theoretische und praktische Veränderungen verwandeln, dem Planeten Erde zur Nachhaltigkeit verhelfen, die Überwindung der schweren aktuellen Bedrohungen erleichtern und die Durchsetzung einer nachhaltigen Lebensweise bewirken. Die Option für die Erde und das Prinzip Erde sind nicht länger bloß Zukunftsprojekte, aus ihnen entspringt vielmehr innovatorisches Handeln, sie werden bereits von jetzt an zu tragenden Prinzipien der Erneuerung und leiten auf diese Weise eine neue Zivilisation ein – diesmal auf Weltebene.

Schluss: Feier der Mutter Erde

Am Weltumwelttag saß ich allein in einer Ecke des Gartens, von wo aus ich alles sehen konnte, ohne selbst gesehen zu werden. Ich wurde ergriffen von der Majestät der Berge, die wie eifrige Wächter mein Haus beschützen, und von dem tiefen Blau des Morgenhimmels.

Da ergriff mich die Sehnsucht, wie früher die Eucharistie zu feiern. Der Horizont war der Altar. Die ganze Erde war das heilige Brot. Der Kelch wurde von zwei Bergen repräsentiert, die eine V-förmige Öffnung bildeten. Ich las einige Texte aus der Heiligen Schrift. Ich meditierte einige Psalmen, die die Größe der Schöpfung preisen. Ich erinnerte mich an die Messe über die Welt, die Pierre Teilhard de Chardin in den Fünfzigerjahren des vorigen Jahrhunderts in der Wüste Gobi (China) am Ostertag ohne Brot und Wein zelebrierte. Auf der Patene des Horizonts brachte ich das gesamte Universum als Opfergabe dar – das Universum mit seinen Galaxien, seinen Myriaden von Sternen und seinen unzähligen Planeten.

Dann kam der mystische und geheimnisvolle Augenblick der Konsekration. Da sprach ich – meine Hände zitterten angesichts der kosmischen Energie, die das gesamte Universum durchströmt, und meine Lippen brannten vom Feuer der heiligen Worte – voll großer Ehrfurcht: Meine geliebte Erde, Große Mutter und Gemeinsames Haus, endlich ist für dich die Stunde gekommen, dich mit der Quelle allen Seins und allen Lebens zu vereinen. Du bist vor Abermillionen Jahren geboren, du gingst schwanger mit schöpferischen Energien, um nach und nach diesen Moment zu erreichen. Dein Leib, der aus kosmischem Staub geformt ist, war ein Same im Mutterschoß der großen roten Sterne, die später explodierten und dich ins grenzenlose All hinausschleuderten. Du konntest dich im embryonalen Stadium im Mutterschoß einer alten Sonne im Inneren der Milchstraße einnisten, die sich dann in eine Supernova verwandelte. Und auch sie erlag so vielem Glanz. Sie explodierte, und ihre Elemente wurden in alle Richtungen ins Universum hinausgeschleudert.

Du gelangtest schließlich in den aufnehmenden Schoß eines Nebels, um dort eine Heimat zu suchen. Der Nebel verdichtete sich, wurde zu unserer heutigen Sonne, strahlend vor Licht und Wärme. Sie verliebte sich in dich, zog dich an sich und lud dich zusammen mit Mars, Merkur, Venus und den anderen Planeten in ihr Haus ein. Sie feierte schließlich Hochzeit mit dir. Und aus dieser deiner Ehe mit der Sonne entstanden Söhne und Töchter. Sie entsprangen deiner grenzenlosen Fruchtbarkeit und sie reichen von den allerkleinsten wie etwa den Bakterien, Viren und Pilzen bis zu den größten und komplexesten Lebewesen. Als edle Ausdrucksgestalt der Geschichte des Lebens brachtest du uns Menschen, als Mann und Frau, mit Bewusstsein, Intelligenz und Willen begabt, hervor.

Durch uns, geliebte Erde, fühlst du, denkst du, liebst du, sprichst du und verehrst du. Und obwohl du schon erwachsen bist, wächst du weiter im Inneren des Universums auf Gott zu, den Vater und die Mutter von unendlicher Zärtlichkeit. Von ihm kommen wir her und zu ihm kehren wir zurück, und was uns an Vollkommenheit fehlt, kann nur er ergänzen und in Überfülle geben. Oh Gott, wir wollen in dich eintauchen und ein für allemal mit dir sein, in Gemeinschaft mit der Erde. Nun, geliebte Erde, vollziehe ich in der Kraft des Geistes Jesu das, was er selbst getan hat. Wie er, der Gesalbte, nehme ich dich in meine unreinen Hände, um das heilige Wort über dich zu sprechen, das im Universum verborgen liegt und das du so sehr zu hören ersehnst:

Hoc est enim corpus meum, dies ist mein Leib. Hoc est sanguis meus, dies ist mein Blut. Und dann fühlte ich, dass das, was Erde war, sich in ein Paradies verwandelt hat, und das menschliche Leben in göttliches Leben verwandelt wurde. Was Brot war, wurde zum Leib Gottes, und was Wein war, wurde heiliges Blut. Endlich, Erde, bist du zusammen mit deinen Söhnen und Töchtern bei Gott angekommen, nimmst an seiner Gottheit teil. Endlich zu Hause.

Tut dies zu meinem Gedächtnis. Deshalb erfülle ich immer wieder den Auftrag des Herrn. Ich spreche über dich, geliebte Erde, und über das gesamte Universum das entscheidende Wort. Und zusammen mit dem Universum und mit dir empfinden wir uns als Gottes Leib, im vollen Glanz seiner Herrlichkeit. Amen. Amen.

Anmerkungen

[1] So lautet der Titel des portugiesischen Originals; d. Übers.
[2] Zur Erklärung dieses Ausdrucks vgl. weiter unten.
[3] Diesen Überblick über die Entwicklung des Lebens bis hin zur gegenwärtigen Globalisierung hat Boff in ähnlicher Weise bereits in seinem Buch „Tugenden für eine bessere Welt" (Kevelaer 2009) gegeben.
[4] Allerdings wurde diese Art von Geotechnik nun wegen des Verdachts schwer kalkulierbarer Auswirkungen auf die Umwelt einem Moratorium unterworfen, was dem Vorsorgeprinzip entspricht, für das Leonardo Boff selbst stark plädiert (s. weiter unten). Inzwischen gilt es als gescheitert; Anm. d. Übers.
[5] So nannten die Griechen in der Antike die warnende Stimme des göttlichen Gewissens; das Wort hat also nicht direkt mit unserem „Dämon" zu tun; Anm. d. Übers.
[6] Das Vorsorgeprinzip ist eines der wichtigsten umweltethischen und umweltpolitischen Prinzipien. Es besagt, dass auch bei unsicherer Wissensbasis das Nötige zum Schutz der Lebensgrundlagen zu tun ist und bei Unsicherheiten über Folgewirkungen mögliche Schäden für die Umwelt vorausschauend zu vermeiden sind. Die „Agenda 21" bietet folgende Definition: „Angesichts der Gefahr irreversibler Schäden soll ein Mangel an vollständiger wissenschaftlicher Gewissheit nicht als Entschuldigung dafür dienen, Maßnahmen hinauszuzögern, die in sich selbst gerechtfertigt sind. Bei Maßnahmen, die sich auf komplexe Systeme beziehen, die noch nicht voll verstanden worden sind und bei denen die Folgewirkungen von Störungen noch nicht vorausgesagt werden können, könnte der Vorsorgeansatz als Ausgangsbasis dienen." Anm. d. Übers.
[7] In der deutschen Übersetzung der Erdcharta ist hier von *ökonomischer* Gerechtigkeit die Rede; d. Übers.
[8] Die praktischen Vorschläge dieses und des nächsten Abschnittes sind im Original zum Teil sehr stark vom spezifischen (brasilianischen) Kontext des Autors geprägt. Ich habe sie in Absprache mit dem Autor behutsam der europäischen Situation angepasst. d. Übers.

Literaturverzeichnis

ABDALLA, M., O princípio de cooperação. Em busca de uma nova racionalidade, São Paulo 2002.
AB'SABER, A., Uma voz contra a corrente, in: Forum Nr. 52, 8–13.
ALONSO, J. M., Introducción al principio antrópico, Madrid 1989.
ATTALI, J., Une brève histoire de l'avenir, Paris 2006.
AUER, A., Umweltethik, Düsseldorf 1985.
BARRÈRE, M., Terra, patrimonio comum, São Paulo 1992.
BOFF, L., América Latina: da conquista à nova evangelização, Campinas 2004.
ders., Civilização planetária. Desafios à sociedade e ao cristianismo, Rio de Janeiro 2003.
ders., Crise. Oportunidade de crescimento, Campinas 2003.
ders., Dass ich liebe, wo man hasst. Das Friedensgebet des Franz von Assisi, Düsseldorf 2000.
ders., Ecologia: grito da terra, grito dos pobres, Rio de Janeiro 1995.
ders., Do iceberg à arca de noé, Rio de Janeiro 2003.
ders., Espiritualidade, caminho de realização, Rio de Janeiro 2001.
ders., Ethik für eine neue Welt, Düsseldorf 2000.
ders., Ethos mundial, Rio de Janeiro 2003.
ders., Ética da vida, Rio de Janeiro 2004.
ders., Ética e eco-espiritualidade, Campinas 2003.
ders., Ética e sustentabilidade, Agenda 21, Brasilia 2006.
ders., Gott erfahren. Die Transparenz aller Dinge, Düsseldorf 2004.
ders., Die Logik des Herzens. Wege zu neuer Achtsamkeit, Düsseldorf 1999.
ders., Novas fronteiras da Igreja, Campinas 2004.
ders., Princípio do cuidado e da campaixão, Petrópolis 2001.
ders., Saber cuidar: ética do humano – Compaixão pela Terra, Petrópolis 1999.

ders., Tugenden für eine bessere Welt, Kevelaer 2009.
ders., Und die Kirche ist Volk geworden. Ekklesiogenesis, Düsseldorf 1987.
ders., Was kommt nachher? Das Leben nach dem Tode, Kevelaer 2009.
ders., Zärtlichkeit und Kraft. Franz von Assisi mit den Augen der Armen gesehen, Düsseldorf 1995.
BOFF, L./MURAO, R. M., Masculino/feminino, Rio de Janeiro 2002.
BOHR, N., Atomtheorie und Naturbeschreibung, Berlin 1931.
BRAHIC, A., u. a., La plus belle histoire de la terre, Paris 2001.
COLLINS, F. S., A linguagem de Deus, São Paulo 2007.
COX, H., Stadt ohne Gott, Stuttgart 1967.
CAPRA, F., Wendezeit. Bausteine für ein neues Weltbild, München 2004.
CAPRA, F./STEINDL-RAST, D., Belonging to the Universe. Exploration on the Frontiers of Science and Spirituality, San Francisco 1991.
CONLON, J., From the Stars to the Street, Toronto 2007.
CUMMINGS, C., Eco-spirituality, Mahwah 1991.
DALAI LAMA, Uma ética para o novo milenio, Rio de Janeiro 2000.
DAVIS, M., Planet der Slums, Berlin 2007.
DE DUVE, C., Poeira vital. A vida como imperativo cósmico, Rio de Janeiro 1997.
DESCARTES, R., Abhandlung über die Methode, Hamburg 1952.
DUARTE JR., J.-F., O sentido dos sentidos. A educação (do) sensível, Curitiba 2004.
DUCHROW, U./LIEDKE, G., Schalom – Der Schöpfung Befreiung, den Menschen Gerechtigkeit, den Völkern Frieden, Stuttgart 1988.
DUPUY, J.-P., Ordres et désordres. Essai sur un nouveau paradigme, Paris 1982.
Die Erdcharta. Deutsche Übersetzung hg. von Ökumenische Initiative Eine Welt und BUND, Diemelstadt-Wethen 2001.
FOGELMANN-SOULIÉ, F. (Hg.), Théories de la complexité, Paris 1991.
FOX, M., Creation Spirituality, San Francisco 1991.
ders., A Spirituality Named Compassion, San Francisco 1990.
FREI BETTO, A obra do artista. Uma visão holística du universo, São Paulo 1995.
FREITAS MOURAO, R. R., Ecologia cósmica. Uma visão cósmica da ecologia, Rio de Janeiro 1992.
FRY, S. T., A Global Agenda of Caring, New York 1993.

GALASSO, N., Atahualpa Yupanqui, Buenos Aires 1992.
GEORGESCU-ROEGEN, N., The Promethean Destiny, New York 1987.
GIRARD, R., Das Ende der Gewalt, Freiburg i.Br. 2008.
GLEICK, J., Chaos – die Ordnung des Universums. Vorstoß in Grenzbereiche der modernen Physik, München 1990.
GORE, A., Wege zum Gleichgewicht, Frankfurt a.M. 1992.
GOSWAMI, A., O universo auto-consciente, Rio de Janeiro 1998.
GRIBBIN, J., Deep Simplicity, London 2004.
GRÜNEWALD, J. L., Grandes sonetos de nossa lingua, Rio de Janeiro 1987.
HAECKEL, E., Allgemeine Entwicklungsgeschichte der Organismen, Berlin 1868.
HAECKEL, E., Natürliche Entwicklungsgeschichte, Berlin 1879.
HART, J., Sacramental Commons. Christian Ecological Ethics, New York 2006.
HAWKING, S., Eine kurze Geschichte der Zeit, Reinbek 2001.
ders., Das Universum in der Nussschale, Frankfurt a.M. 2002.
HEDSTRÖM, I., Somos parte de un gran equilibrio, San José 1997.
HEIDEGGER, M., Sein und Zeit, Tübingen 1979.
HIGA, T., Eine Revolution zur Rettung der Erde, OLV, Organischer Landbau, Xanten 2002.
HOBSBAWM, E., Das Zeitalter der Extreme. Weltgeschichte des 20. Jahrhunderts, München 1998, 720.
HOUTART, F., Délégitimer le capitalisme, reconstruire, l'espérance, Brüssel 2005.
IANNI, O., A era do globalismo, Rio de Janeiro 1966.
IKEDA, D., La Vita, misterio prezioso, Mailand 1991.
JONAS, H., Das Prinzip Leben. Ansätze zu einer philosophischen Biologie, Frankfurt a.M. 1997.
ders., Das Prinzip Verantwortung. Versuch einer Ethik für die technologische Zivilisation, Frankfurt a.M. 1979.
KOIRÉ, A., Études d'histoire de la pensée scientifique, Paris 1973.
KÜNG, H., Der Anfang aller Dinge. Naturwissenschaft und Religion, München 2005.
KUHN, T., Die Struktur wissenschaftlicher Revolutionen, Frankfurt a.M. 1967.
LANGANEY, A., u.a., A mais bela historia do homem, Rio de Janeiro 2002.
LECLERC, E., Le soleil se lève sur Assise, Paris 1999.
LEININGER, M./WATSON, J., The Caring Imperative in Education, New York 1990.

LINFIELD, M., A dança da mutação. Uma abordagem ecológica e espiritual, para a transformação, São Paulo 1992.
LÁSZLÓ, E., A conexão cósmica, Rio de Janeiro 2001.
LOVELOCK, J., Gaia. Die Erde ist ein Lebewesen, Bern 1992.
ders., Das Gaia-Prinzip. Die Biographie unseres Planeten, Zürich 1991.
ders., Gaias Rache. Warum die Erde sich wehrt, Berlin 2008.
LUTZENBERGER, J., Conceito de ecologia, in: Vozes, Januar/Februar 1979.
ders., Fim do futuro?, Porto Alegre 1980.
ders., Gaia, o planeta vivo, Porto Alegre 1990.
MAFFESOLI, M., Elogio da razão sensível, Petrópolis 1998.
MARGULIS, L./SAGAN, D., Micro-cosmos. Quatro bilhões de anos de evolução microbiana, Lissabon 1990.
MARTINS, P. R. (Hg.), Nanotecnologia, sociedade e meio ambiente, São Paulo 2006.
MASSOUD, Z., Terre vivante, Paris 1992.
MATURANA, H./VARELA, F., A árvore do conhecimento – As bases biológicas do entendimento humano, Campinas 1995.
MCDANIEL, J. B., With Roots and Wings. Christianity in an Age of Ecoogy and Dialogue, Maryknoll 1995.
MEADOWS, D., u. a., Die Grenzen des Wachstums, Reinbek 1973.
MIRANDA, E. E., Quando o Amazonas corría para o Pacífico, Petrópolis 2007.
MOLTMANN, J., Die Entdeckung des Anderen. Zur Theorie des kommunikativen Handelns, in: Evangelische Theologie 50 (1990).
ders., Die Erde und die Menschen. Zum theologischen Verständnis der Gaia-Hypothese, in: Evangelische Theologie 53 (1990)
MOLTMANN-WENDEL, E., Gott und Gaia. Rückkehr zur Erde, in: Evangelische Theologie 53 (1990)
MONOD, TH., Et si l'aventure humaine devait échouer?, Paris 2000.
MORAES, M. C., Pensamento eco-sistémico, Petrópolis 2004.
MORIN, E., La mente bien ordenada, Barcelona 2000.
ders., La Méthode, Bd. 2, La vie de la vie, Paris 1980.
ders., Science avec Conscience, Paris 1990.
ders. (Hg.), A religação dos saberes, Rio de Janeiro 2001.
MORRIS, R., O que sabemos do unverso, Rio de Janeiro 2001.
NEUMANN, E./KERÉNY, K., La Terra Madre e Dea. Sacralità de la natura che ci fa vivere, Como 1989.
NOVO, M., El desarrollo sostenible: su dimensión ambiental y educativa, Madrid 2006.

ders., u. a., El enfoque sistémico: su dimensión educativa, Madrid 2002.
OBERHUBER, T., Camino de la sexta gran extinción, in: Ecologista, Nr. 41, Madrid 2004.
O'MURCHU, D., Evolutionary Faith, New York 2002.
PEACOCKE, A., Creation in the World of Science, Oxford 1979.
PELIZZOLI, M. L., A emergencia do paradigma ecológico, Petrópolis 1999.
PICHT, G., Die Zeit und die Modalitäten in: Hier und Jetzt, Stuttgart 1980.
POLANYI, K., The Great Transformation, Frankfurt a. M. 2001.
PRIGOGINE, I., La nouvelle alliance. La métamorphose de la science, Paris 1986.
ders., Vom Sein zum Werden. Zeit und Komplexität in den Naturwissenschaften, München 1992.
ders., Order out of Chaos, London 1984.
PRIGOGINE, I./STENGERS, I., Dialog mit der Natur. Neue Wege naturwissenschaftlichen Denkens, München 1986.
PRIMAVESI, A., From Apocalypse to Genesis: Ecology, Feminism and Christianity, Turnbridge Wells 1991.
REES, M., A hora final: o desastre ambiental ameaça o futuro da Humanidade, São Paulo 2005.
ROMAO, B., Cícero, Pensamento vivo do Padre Cícero, Rio de Janeiro 1998.
RUETHER, R. RADFORD, Gaia and God, San Francisco 1992.
dies., Eco-feminism and Theology, in: Hallmann, D. G. (Hg.), Ecotheology. Voices from South and North, Maryknoll 1994.
SAHTOURIS, E., Gaia: The Human Journey from Chaos to Cosmos, New York 1989.
SALATI, E., Amazonia: desenvolvimento, integração, ecologia, São Paulo 1983.
SANDÍN, M., Pensando la evolución, pensando la vida, Madrid 2006.
SARKAR, S., Die nachhaltige Gesellschaft. Eine kritische Analyse der Systemalternativen, Zürich 2001.
SARKAR, S./KERN, B., Ökosozialismus oder Barbarei. Eine zeitgemäße Kapitalismuskritik, Köln/Mainz 2008, pdf-Datei und Bezugsadresse: www.oekosozialismus.net
SCHNALBERG, A., Contradições nos futuros impactos socioambientais oriundos da nanotecnologia, in: Martins, P. R. (Hg.), Nanotecnologia, sociedade e meio ambiente, São Paulo 2006, 79–86.
SCHRENK, F., Die Frühzeit des Menschen – Der Weg zum homo sapiens, München 1997.

SCHWEITZER, A., Ehrfurcht vor dem Leben. Grundtexte aus fünf Jahrhunderten, München 1966.
ders., Was sollen wir tun?, Heidelberg 1968.
ders., Wie wir überleben können. Eine Ethik für die Zukunft, Freiburg i.Br. 1994.
SILVA, C. L., Desenvolvimento sustentável, Petrópolis 2006.
SILVA, C. L./MENDES, J. T. G. (Hg.), Reflexões sobre desenvolvimento sustentável, Petrópolis 2005.
SOBRINO, J., El principio-misericordia. Bajar de la cruz a los pueblos crucificados, Santander 1992.
SOUSA, W., O novo paradigma, São Paulo 1993.
SOUSA SANTOS, B., A crítica da razão indolente, São Paulo 2000.
SWIMM, B./BERRY, TH., The Universe Story. From the Primordial Flaring Forth to the Ecozoic Era, San Francisco 1992.
TEILHARD DE CHARDIN, P., Die Entstehung des Menschen, München 1961.
ders, Der Mensch im Kosmos, München 1959.
TIEZZI, E., Tempi storici, tempi biologici. La Terra o la morte: I problemi della nuova ecologia, Mailand 1989.
TOOLAN, D., At Home in the Cosmos, New York 2001.
TOURAINE, A., Um novo paradigma. Para comprender o mundo de hoje, Petrópolis 2006.
TOYNBEE, A., Erlebnisse und Erfahrungen, München 1970.
UNO, Cuidando do planeta Terra. Uma estratégia para o futuro da vida, São Paulo 1991.
Verschiedene, „Sinergetica", in: Saggi sulla coerenza e autoorganizzazione in natura, Rom 1988, 161–178.
VIVEIRO DE CASTRO, E., Sociedades indígenas e natureza na Amazonia, in: Tempo e presença, Nr. 261, 1992.
WALDOW, V. R., Cuidado humano – resgate necessário, Porto Alegre 1998.
WARD, P., Fim da evolução, Rio de Janeiro 1997.
WATSON, J., DNA, o segredo da vida, São Paulo 2005.
WEIZSÄCKER, C. F. von, Die Tragweite der Wissenschaft. Schöpfung und Weltentstehung, Stuttgart 1964.
WHITE, F., The Overview Effect, Boston 1987.
WILSON, E. O., Die Zukunft des Lebens, Berlin 2002.
ZIEGLER, J., Das Imperium der Schande. Der Kampf gegen Armut und Unterdrückung, München 2007.
ZOHAR, D./MARSHALL, I., SQ, Spirituelle Intelligenz, Bern 2001.

Weitere Titel in dieser Reihe:

LEONARDO BOFF, **Tugenden für eine bessere Welt**
352 Seiten, Format: 13 x 21 cm, gebunden mit Schutzumschlag
ISBN 978-3-7666-1285-4
In Gemeinschaft mit Publik-Forum Edition

JÜRGEN HOLTKAMP, **Verblöden unsere Kinder?**
Neue Medien als Herausforderung für Eltern
239 Seiten, Format: 13 x 21 cm, gebunden mit Schutzumschlag
ISBN 978-3-7666-1286-1

HANS KESSLER, **Evolution und Schöpfung in neuer Sicht**
221 Seiten, Format: 13 x 21 cm, gebunden mit Schutzumschlag
ISBN 978-3-7666-1287-8

UTE LEIMGRUBER, **Der Teufel**. Die Macht des Bösen
206 Seiten, Format: 13 x 21 cm, gebunden mit Schutzumschlag
ISBN 978-3-7666-1358-5

HANS MAIER, **Mit Herz und Mund**. Gedanken zur Kirchenmusik
231 Seiten, Format: 13 x 21 cm, gebunden mit Schutzumschlag
ISBN 978-3-7666-1318-9

THOMAS RUSTER, **Die neue Engelreligion**
Lichtgestalten - dunkle Mächte
264 Seiten, Format: 13 x 21 cm, gebunden mit Schutzumschlag
ISBN 978-3-7666-1356-1

ALOIS SCHIFFERLE, **Die Pius-Bruderschaft**
399 Seiten, Format: 16,5 x 24,5 cm, gebunden mit Schutzumschlag
ISBN 978-3-7666-1281-6

HANS-RÜDIGER SCHWAB (HG.), **Eigensinn und Bindung**.
Katholische deutsche Intellektuelle im 20. Jahrhundert. 39 Porträts
812 Seiten, Format: 16,5 x 24,5 cm, gebunden mit Schutzumschlag
ISBN 978-3-7666-1315-8

REINER SÖRRIES, **Ruhe sanft**. Kulturgeschichte des Friedhofs
331 Seiten, Format: 13 x 21 cm, gebunden mit Schutzumschlag
ISBN 978-3-7666-1316-5

ALEX STOCK, **Liturgie und Poesie**. Zur Sprache des Gottesdienstes
237 Seiten, Format: 13 x 21 cm, gebunden mit Schutzumschlag
ISBN 978-3-7666-1357-8